传媒集刊

China Computer-Mediated Communication Studies

第 15 辑

中国网络传播研究

计算传播

夏倩芳◎主编

中国传媒大学出版社
·北京·

目　录

CONTENTS

专题研究：计算传播

理论前沿

实践观察

专题研究：计算传播

移动应用程序的受众分化研究:以中国新闻及视频类应用为例的网络化对比分析*

Research on Audience Fragmentation of Mobile Applications: A Comparative Networking Analysis of News and Video Applications as Examples in China

◈ 黎樟浩　塔　娜　王一清　姚雪雅**
Li Zhanghao　Ta Na　Wang Yiqing　Yao Xueya

摘要:本研究以2019年某市单月移动应用程序用户($N=8,333$)严格脱敏后的使用数据为例,借助网络分析方法,对移动应用程序的受众分化进行量化研究。通过对比新闻类与视频类应用程序,以两类应用程序使用共现网络的密度、网络中心势、子群规模等测度进行受众分化分析。目前国内用户对新闻类应用的使用具有核心—边缘模式特征;而视频类应用的用户使用模式介于多元模式和核心—边缘模式之间,受众在表现出多元一体特征的同时又呈现出初步向外分化的趋势。在未来的研究中,新闻传播研究者可以考虑从网络研究视角开展跨平台的受众研究。

Abstract: Taking the single month usage data of mobile applications users (N=8,333) in a city in 2019 as an example, which was strictly anonymized, this study conducted a research on the audience fragmentation of mobile applications with network analysis method. By comparing news and video applications, audience fragmentation was analyzed by adopting the co-occurrence network density, centrality, subgroup size and other measures. At present, the way of using news applications by Chinese presents the characteristics of

---

* 本文系北京市社会科学基金项目“异构社交网络传播模型及其上北京影响力最大化问题研究”(项目编号:18XCC011)和国家社科基金重大项目“大数据时代计算传播学的理论、方法与应用研究”(项目编号:19ZDA324)的研究成果。

** 黎樟浩、王一清、姚雪雅,中国人民大学新闻学院硕士研究生;塔娜,博士,中国人民大学新闻与社会发展研究中心研究员,中国人民大学新闻学院副教授。

Core-Periphery Model. Yet, the usage pattern of video applications is between the Pluralism Model and the Core-Periphery Model, and the audiences show the initial trend of outward fragmentation. In future studies, researchers may consider conducting cross-platform audience research from the perspective of network research.

关键词:受众分化,用户分析,移动应用程序,网络分析

Keywords: audience fragmentation, user analysis, mobile applications, network analysis

一、引言

信息技术快速发展使媒介形态实现了从电视到个人计算机再到移动互联网加智能移动端的演进。随着今日头条、抖音短视频等以推荐算法为核心技术的内容平台崛起,移动应用程序(Application,简称 App)的用户群体规模已经超过传统媒体。根据第 44 次《中国互联网络发展状况统计报告》,截至 2019 年 6 月,尽管我国网络新闻用户规模庞大(用户规模为 6.86 亿,占网民整体的 80.3%),但网络视频(用户规模为 7.59 亿)等类型的应用也已具备庞大的用户群体(中国互联网络信息中心,2019)。由此可见,App 已成为用户获取内容资讯的重要途径。

媒介受众研究认为,在受众高度分化的情况下会产生难以计数的小圈群,各圈群之间由于信息交换的不通畅而筑起壁垒,进而出现"过滤气泡"现象。在当前媒介环境下,受众会出现怎样的分化情况?在不同的 App 之间,受众切换使用的 App 共现网络是怎样的?这是本研究试图回答的问题。

二、文献综述

本部分对受众分化的概念、模式及过程,现有分析方法,以及我国移动端 App 市场现状进行梳理。

(一)受众分化

丹尼斯·麦奎尔(Denis McQuail)在《受众分析》(2006)中提出,随着媒介数量和内容的增长,受众对媒介的使用呈现出四个相互连接、逐渐递进的模式,

即“受众分化的四个阶段”,发展程度由低到高依次为:一元模式(Unitary Model)、多元模式(Pluralism Model)、核心—边缘模式(Core-Periphery Model)和分裂模式(Breakup Model)。在互联网、移动终端等传播技术不断发展的今天,人们发现,麦奎尔关于受众分化的这套理论仍然保持着生命力(Webster, 2005; Webster & Ksiazek, 2012;Fletcher & Nielsen, 2017)。

在受众分化的四个阶段中,一元模式是指媒介发展早期数量和内容极为有限,每个受众接触的内容基本相同。分裂模式是指受众分化程度极高时期,受众群更广泛地分化以及核心的淡化。这两者均与国内移动端 App 市场现状不相符,多元模式和核心—边缘模式更能说明我国情况(见数据分析部分)。

多元模式是在一元模式的基础上形成的内在多元,即在一元的框架内出现更多样的媒介和内容选择。在多元模式下,媒介市场中会出现更多的分化和选择,但仍然存在较大程度的重合:每个用户对各个不同媒介和各类不同内容都有接触和使用,虽然不像一元模式那样几乎有完全相同的媒介接触,但仍然未能超出原本的框架,同质化明显。

核心—边缘模式是多元模式后的一个阶段。此时的媒介市场更为多元化,用户可以在原本的框架之外有更多选择,可以接触和使用与主流偏好不同的内容,整个结构呈现为用户因主流内容而聚集为一个中心、在边缘存在子群并向外延伸四散的多元一体的样态。在该模式中,绝大多数用户都是首先接触主流的一个(类)或若干个(类)媒体(内容),由此会形成少数几个在媒介网络中度中心性很高的节点;此外,用户还会根据自身兴趣点去接触更“小众”的内容,并由此形成核心点以外的较小群落。本研究将分析不同类别 App 的受众分布模式,并结合网络结构进行讨论。

(二)受众分化研究的两条进路

受众分化的概念可以从两个方面来理解,一方面是使原本集中于少数阅读选项上的受众分散到越来越多的选项中的过程,也可理解为“受众碎化”(喻国明,2009);另一方面是随着媒体渠道或内容数量的增加,受众在媒体渠道或内容选择上分散注意力的程度(Yuan & Ksiazek, 2015)。新媒体时代到来后,受众的需求发生了根本性的转变,受众分化趋势变得更为显著。

国内的相关工作主要以受众分化作为事实基础,进行新闻生产模式(范叶妮,2018)、传统媒体提升竞争力措施(高贵武、柏莹,2012)等方面的研究。也有学者通过用户调查发现,网络视频、手机电视等新的传播形态确实正在不断分化传统电视的注意力资源(王虎,2014)。

在国外,受众分化在传媒经济和受众研究领域都受到了关注,但二者对受众分化的使用却不尽相同:前者以媒体为中心,后者以受众为中心。

传媒经济领域的相关研究侧重于传媒内容或平台。以电视市场为例,研究者提出应观察观众的注意力如何在同一频道内以及多频道之间进行分配(Young, 2000)。近年来,研究者通过长尾、幂律分布等形式,描述了在媒体或网站构成的网络中,受众对少数节点的使用占主导、对其他大多数产品则较少使用的不平衡使用模式。通过可视化的呈现形式,可以直观地判断哪些媒体更受欢迎,但无法判断受众是在若干媒体之间游移,还是单纯地只使用一种媒体。而这两种截然不同情形的存在可能会导致受众严重分化的态势出现,同时也会影响基于媒体分析的结论。因此,仅以媒体为中心进行受众分化的研究是不全面的(Webster & Ksiazek,2012)。

在受众研究中,受众的自主权经常被作为研究重点,研究者认为个人日常通过固定使用某些可接触到的媒体,以抵抗日益复杂的渠道和内容所带来的信息焦虑。这类研究在一定程度上弥补了传媒经济领域受众分化研究的缺陷,但大多数研究集中于解释受众的规模,鲜有提及其构成,且未涉及公众如何通过媒体分配注意力(Webster & Ksiazek,2012)。

以媒体或受众为中心的两个研究视角先割裂地分析媒体和每个渠道的受众,再行汇总、形成对总体分布的描述(Morris, 2007; Vishwanath & Hollander,2008)。这种方法忽略了不同渠道中受众的重叠,很大程度上会造成统计偏差。为了打破受众研究与传媒经济各自为战的局面,有学者借用了"结构二元性"的综合理论框架(Webster,2011),提出了网络分析方法,从受众行为的角度对市场结构进行了实证检验(Yuan & Ksiazek,2015)。

(三)受众分化的网络分析方法

近些年来,逐渐有一些学者将网络分析方法引入媒介研究和受众研究领域,并取得了一些理论和模型上的成果。网络分析方法把受众研究和传媒经济视角全面纳入考察范围,有助于更全面地理解受众行为的总体模式。

西亚泽克(Ksiazek,2011)较早地运用网络分析方法研究了电视和互联网平台(谷歌、YouTube、雅虎等)的跨平台使用行为。该研究以广播电视公司和互联网平台为节点,根据不同平台的受众重叠(audience duplication)程度连接节点,将重叠数据转化成网络数据,并分析了受众分化现象。随后,韦伯斯特和西亚泽克(Webster & Ksiazek,2012)对共计 236 个电视频道和互联网站点进行了分析,发现受众对不同媒介的消费呈现重叠状态,而并非对某一个或某几个媒介表现出“忠诚”。

当前,数字媒体在许多国家成为受众最主要的新闻来源(Newman et al.,2017)。穆克吉等人(Mukerjee et al.,2018)修正了过去关于在线受众行为研究(Ksiazek, 2011;Taneja & Webster, 2016;Webster & Ksiazek, 2012)中模型的不足,在方法上实现了两点重要改进:过滤掉节点间的非重要重叠、通过阈值处理确定受众网络中心。这项研究对于如何在数字时代将受众行为理论化具有重要意义。

(四)我国移动端 App 市场现状

QuestMobile 2018 年 6 月数据显示,从用户使用需求来看,35 个 App 已经能够满足个体用户社交、娱乐、电商、新闻工具等多方面的需求。其中,移动视频、移动音乐、数字阅读用户使用多个 App 的趋势在加强,用户受内容驱动影响更大(QuestMobile, 2019a)。

由于新闻资讯 App 和移动视频 App(包括在线视频和短视频)在用户使用中占据重要地位,因此本研究将重点进行这两类 App 的受众研究。

在新闻资讯 App(简称“新闻类 App”)方面,手机新闻客户端逐渐成为我国居民获取资讯的主要途径,预计 2019 年中国手机新闻客户端用户规模将达 6.93 亿(艾媒大文娱产业研究中心,2019)。从产权归属划分,我国新闻类 App 可分为三种:①网络巨头类:大部分由外资主导,重于客户引流和功能延伸,如腾讯、百度、新浪等;②传统媒体类:主要为国资背景,背靠母体,强于内容平移,如《人民日报》、新华社、凤凰新闻、澎湃新闻等;③其他市场化公司类:以民营资本和风险投资为主,优于内容集成和内容聚合,如今日头条、ZAKER、Flipboard 等(梁智勇、郭紫薇,2015)。

在移动视频 App(简称“视频类 App”)方面,长视频(在线视频)和短视频的月人均使用时长在 2019 年 6 月分别达到了 12.8 小时和 22.3 小时(QuestMobile,2019b)。在短视频 App 方面,目前我国短视频 App 可分为社交型(如抖音短视频、微视)、工具型(如秒拍)以及媒体型(如梨视频)(王晓红、包圆圆、吕强,2015)。各方面数据显示,由于短视频的碎片化、场景适应、情感唤起直接、用户代价低、强社交资本等特点,近两年我国短视频消费出现了火山喷发式的快速兴起(彭兰,2019)。

总体来看,新闻类 App 和视频类 App 都在一定的政策监管下进行自由竞争,BATT 系(百度、阿里巴巴、腾讯、今日头条)应用占有大量用户,而传统媒体转型而来的应用有着更丰富的政治和新闻资源。但两类 App 的定位不同,各自采用不同的内容策略实现自身定位以吸引目标用户。另外,用户对 App 的使用模式、需求情况也可能存在差异。

(五)小结

麦奎尔提出的“受众分化”以及后续的相关研究为本研究提供了理论视角和方法论的支持。在中国的媒体市场上,移动端 App 成为用户获取新闻资讯的重要渠道。简单的 App 使用排行榜并不能全面地刻画我国资讯 App 的受众分化情况,网络分析方法为此提供了新的可能。本研究选择新闻类 App 和视频类 App 的用户使用情况作为研究对象,前者倾向于资讯类信息,后者则更加娱乐化。此外,用户在面对种类众多的 App 时需要做出主动选择。而另一方面,App 也在不断地更新迭代,通过异质化的内容或不同的推送策略吸引被细分的目标用户,同时提高用户忠诚度。用户对 App 的不同使用行为在某种程度上反映了用户对内容信息的选择。

三、研究假设

本研究将 App 市场结构和用户行为结合起来,采用网络分析方法研究移动 App 市场中用户行为及分化。通过将该市场结构模型化为网络,以单个 App 为节点,以 App 在个体用户使用行为中共现为边,形成无向网络,在此基础上对各个网络的网络密度、网络集中度以及受众使用模式分别进行独立分析和对比分析。

在整体网络层面,可以使用网络密度和中心势刻画用户的分化与集中程度。网络密度 D (Network Density)被定义为具有 N 个节点(node)的网络中实际存在的边(edge)的个数 E 与该网络中最大可能出现的边数 E_{max} 之比:

$$D=\frac{E}{E_{max}}\text{,其中 }E_{max}=\frac{N(N-1)}{2}$$

网络中心势包括三种,分别为网络的度中心势(Degree Centrality)、网络的中介中心势(Betweenness Centrality)以及网络的接近中心势(Closeness Centrality)(Linton & Freeman, 1979;刘军,2014)。其中,网络的中介中心势考虑了处于多对行动者之间的节点具有重要的“中介”作用;网络的接近中心势则考虑了节点之间的路径依赖(“距离”),适用于不需要考察节点之间直接关系的网络。本研究关注用户使用 App 的共现网络,考虑的是“直接关系”,不考虑间接关系,也不存在“中介”关系和“距离”,故采用网络的度中心势 C_D 作为衡量受众分化的指标:

$$C_D = \frac{\sum_{i=1}^{n}(c_{Dmax} - c_{Di})}{n-2}$$

其中 c_{Di} 是第 i 个节点的度(Degree,即连接该节点的边的总数),c_{Dmax} 是整个网络中节点度的最大值。由于本研究使用无向图建模,因此不再区分节点的入度、出度。

综上所述,本研究主要使用网络密度和网络的度中心势来衡量受众 App 使用网络的情况。具体来说,网络密度高,即节点之间的连接多,意味着该网络中权力及信息相对分散,不易受个别节点(App)影响,受众分化程度较高,也就是用户倾向于使用多款该类 App;反之,网络密度低,则意味着容易受到个别节点影响,受众分化程度较低,也就是用户倾向于使用某款或少数款该类 App。与网络密度相反,网络的度中心势越高,说明网络中越有可能存在中心节点,受众分化程度更低;反之,网络的度中心势越低,说明网络中越有可能不存在中心节点,受众分化程度更高。

针对本研究数据集中的上万个 App,我们重点考察为用户提供内容消费的新闻类和视频类 App。前者侧重资讯获取,后者侧重泛娱乐功能。依据 App 品类及用户使用行为,经过降噪处理后,综合考虑用户的使用时长与使用次数,本研究选取了国内新闻类和视频类各 20 款 App 作为研究对象(见表 1)。以 App 作为网络节点,若用户使用了同一类别内两款 App,则在对应 App 节点之间生成一条无向边(Undirected Edge),进而可形成两类 App 的共现网络。除此之外,根据用户对两类 App 使用情况将两类 App 用户群体进行聚类,将频繁使用相同 App 组别的用户分为不同的用户子群,用于分析受众结构。

表 1　新闻类和视频类 App 条目

新闻类 App	**视频类** App
今日头条、腾讯新闻、趣头条、一点资讯、天天快报、搜狐新闻、腾讯体育、网易新闻、惠头条、凤凰新闻、淘新闻、中青看点、东方头条、微鲤看看、新浪新闻、想看、搜狐资讯、天天趣闻、淘最热点、央视体育	抖音短视频、爱奇艺、腾讯视频、快手、优酷视频、火山小视频、小米视频、哔哩哔哩、西瓜视频、芒果 TV、好看视频、刷宝、咪咕视频、全民小视频、韩剧 TV、人人视频、央视影音、360 影视大全、麻花影视、搜狐视频

在新闻类 App 中,存在腾讯新闻、网易新闻、一点资讯等界面、算法、内容不尽相同的 App;尽管如此,每个 App 大致又是根据价值相似的推荐算法推送内容的,且其中的硬新闻均引自具有采编权的媒体。因此,我们认为新闻类 App 的使用呈现为用户在一个核心内部的分化与相对的区隔。而在视频类 App 中,混合存在着平台生成的内容(Platform Generated Content,PGC)和用户生成的内容(User Generated Content,UGC)。除去头部具有专业运营团队的视频生产者,不同的内容生产者在视频类 App 平台上的交集较少,用户在若干个视频类 App 之间切换以满足自身泛娱乐需求的合理性存在。因此,我们认为视频类 App 的使用呈现为多个 App 抢占用户注意力资源的态势。

基于以上分析,本研究提出三个假设:

H1:新闻类 App 共现网络的密度低于视频类 App 共现网络。

H2:新闻类 App 共现网络的度中心势高于视频类 App 共现网络。

H3:新闻类 App 和视频类 App 的受众结构不同,前者呈现"核心—边缘模式",后者呈现"多元一体模式"。

四、研究方法

(一)数据收集

本研究采用的数据集是 2019 年 5 月中国某城市 8,333 名手机用户的各 App 使用情况数据。该数据集由某通信运营商提供,经过了严格的匿名化脱敏处理。每条记录包括用户的移动设备虚拟 ID、App 名称、使用时长、打开次数、使用 Wi-Fi 流量、使用数据流量等指标。移动设备唯一的虚拟 ID 能够帮助本研究对齐用户数据,使用时长等指标则被用于评价用户使用 App 的情况。本研究只探究用户使用 App 的网络结构,绝不也无须涉及任何个人隐私信息。

(二)App 共现网络分析

本研究以 App 作为网络节点,采用 Gephi 软件[①]进行复杂网络分析,数据分析部分代码使用 Python 3.6 编程实现。基于前述数据预处理步骤,新闻类和视频类 App 共现网络各有 20 个节点。若用户使用了同一类下两款 App,则在这两款 App 节点之间生成一条无向边。例如,如果某一用户使用了抖音短视

① Gephi 是一款开源免费跨平台基于 JVM 的复杂网络分析软件。

频、快手、腾讯视频三款视频类 App,则在 App 共现网络中这三款 App 之间生成三条边,分别是"抖音短视频—快手""抖音短视频—腾讯视频"及"快手—腾讯视频"。若用户只使用了某一类下的一款 App,则此行为不会在 App 共现网络中新增边。

为验证假设 H1 和 H2 是否成立,可分别计算新闻类 App 和视频类 App 共现网络的密度和度中心势。一般来说,共现网络的低密度和高度中心势是伴随出现的,这意味着受众倾向于关注少数的主流 App;反之则意味着受众倾向于使用多款同类别的 App。本研究将采用双样本 t 检验验证结果在统计学意义上是否具有显著性。

(三)受众分化聚类子群分析

对本研究数据集上使用相关 App 的用户进行分析发现,平均每个用户使用 1.32 个新闻类 App、2.32 个视频类 App,因此个体用户使用的前二、三个新闻类或视频类 App 具有更典型的研究价值。我们根据每个用户使用新闻类 App 和视频类 App 的时长进行排序,认为个体用户使用时长前二、三名的新闻类/视频类 App 相同的用户为同一个用户子群,并以此聚类。例如,用户 A、B 使用时长前二的新闻类 App 均为网易新闻和央视体育,则认为用户 A 与 B 属于同一个用户子群。需要注意的是,在使用时长最长的 App 组合中,不再对 App 使用时长进行排序区分。例如,用户 A 使用时长最长的新闻类 App 为网易新闻,其次为央视体育;而用户 B 使用时长最长的新闻类 App 为央视体育,其次为网易新闻,则统一认为用户 A 与 B 属于同一个用户子群。在个体用户层面,同一个用户只出现在一个子群中。由此划分出两类 App 用户子群后,再删去只有一个用户的子群,形成最终用户子群划分结果。

根据两类 App 用户子群的数量、规模及分布状况,可以分析判断不同的受众结构,进而验证假设 H3。如果子群数目越多,子群之间的关系越异质,子群的分布越分散,则说明受众分化程度越高;反之,如果子群数目越少,子群之间的关系越同质,子群的分布越集中,则说明受众分化程度越低。在网络呈现方面,分别以用户及其子群对应的 App 组合为节点,如果用户使用了某个 App 组合,则生成一条由用户指向 App 组合的有向边(Directed Edge),可制成两类 App 的用户子群分布图。

五、研究发现

研究发现,两类 App 的共现网络在网络结构和受众分化模式上都存在显著差异:对于 20 个新闻类 App 的共现网络,共生成了 125 条无向边,共现网络的密度为 0.658,共现网络度中心势为 0.425;对于 20 个视频类 App 的共现网络,共生成了 164 条无向边,共现网络的密度为 0.863,共现网络度中心势为 0.170(见表 2)。这两个结果分别证实了假设 H1 和 H2。关于新闻类和视频类 App 的点度中心性的 t 检验结果见表 3。该分析表明,观察到的差异具有统计学意义,并为前两个假设提供了进一步的支持。

表 2　新闻类和视频类 App 共现网络统计

	新闻类 App	**视频类** App
只使用一款 App 的用户占比	1,842/2,397(76.85%)	1,808/5,066(35.69%)
共现网络密度	0.658	0.863
共现网络度中心势	0.425	0.170

表 3　新闻类和视频类 App 共现网络点度中心性之 t 检验统计

	平均值	**标准差**	**t**	**Sig(two-tailed)**
新闻类 App	12.50	3.804	14.694	<0.0001
视频类 App	16.40	2.458	29.838	<0.0001

在 20 款新闻类或视频类 App 的使用中,综合上述三个方面的比较可得,手机用户在新闻类 App 的使用行为中,更加依赖平台,如图 1 中的中心节点今日头条;而在视频类 App 的使用行为中,用户更倾向于使用多款 App,如图 2 中的抖音短视频、快手、爱奇艺、腾讯视频、优酷视频等。

对每个用户的 App 使用行为进行用户聚类分析后,得到 115 个新闻类 App 用户子群,281 个视频类 App 用户子群。两类 App 的用户子群统计信息见表 4 和表 5(C 为子群编号;N 为子群规模;"+"表示该子群的目标节点,即 App 组合)。对两类子群的用户规模进行 t 检验的分析表明,观察到的差异具有统计学意义(见表 6)。

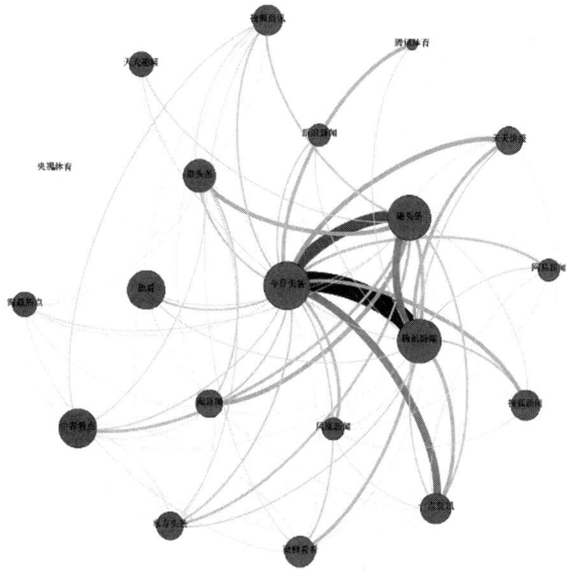

图 1　新闻类 App 共现网络

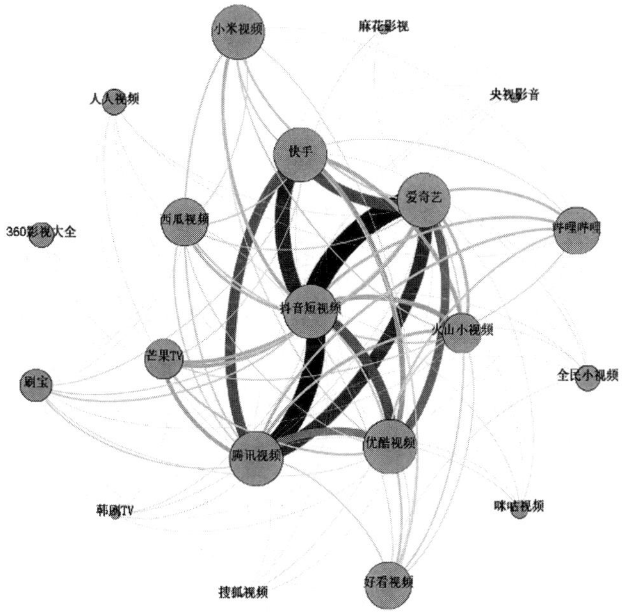

图 2　视频类 App 共现网络

表 4 新闻类 App 用户子群统计(部分)

C	1	2	3	4	5	6	7
N	212(16.2%)	92(7.07%)	63(4.87%)	59(4.71%)	57(4.56%)	41(3.19%)	38(2.97%)
腾讯新闻	+	+		+			+
今日头条	+		+		+		+
一点资讯		+			+	+	
趣头条			+	+			+
天天快报						+	

表 5 视频类 App 用户子群统计(部分)

C	1	2	3	4	5	6	7	8	9	10
N	461 (8.51%)	299 (5.52%)	275 (5.08%)	239 (4.42%)	210 (3.89%)	164 (3.04%)	161 (2.98%)	137 (2.54%)	122 (2.27%)	95 (1.77%)
抖音短视频	+	+	+	+	+	+	+			
爱奇艺	+		+	+		+		+	+	+
腾讯视频	+	+			+		+	+	+	+
快手		+	+						+	
优酷视频						+	+	+		

表 6 新闻类和视频类 App 用户子群聚类 t 检验统计

	平均值	标准差	t	Sig(two-tailed)
新闻类 App	10.47	23.56	4.765	<0.0001
视频类 App	18.34	45.376	6.775	<0.0001

以用户作为源节点(source),以 App 组合作为目标节点(target),当某一用户使用了某一 App 组合,则在两者之间生成一条有向边。比如,在观察的数据集中,如果用户 A 和用户 B 使用时长最长的两款新闻类 App 都是腾讯新闻和今日头条,则生成 3 个节点(用户 A,用户 B,App 组合“腾讯新闻+今日头条”)和 2 条有向边(用户 A→“腾讯新闻+今日头条”,用户 B→“腾讯新闻+今日头条”)。据此得到两类 App 的用户子群分布图(见图 3、图 4)。在图中,每一个独立的用户子群由位于中心的 App 组合以及指向中心节点的该子群所有用户节点组成。

用户聚类结果表明,新闻类 App 用户子群呈现出核心—边缘模式的特征(见图 3),视频类 App 用户子群呈现出多元一体模式的特征(见图 4)。值得注意的是,尽管视频类 App 的用户子群数远多于新闻类 App,但频繁出现的 App 都是 5 个。其中新闻类 App 包括今日头条、腾讯新闻、一点资讯、趣头条和天天快报,视频类 App 包括抖音短视频、快手、腾讯视频、爱奇艺和优酷视频。这在一定程度上表明,虽然用户在视频类 App 的使用上呈现出更多元的趋势,但整体上子群之间的关系具有较高的同质化。这也进一步验证了视频类 App 的多元一体模式。

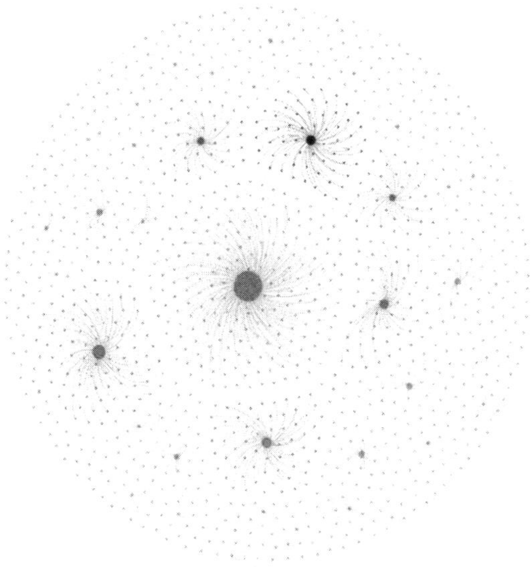

图 3　新闻类 App 用户子群分布

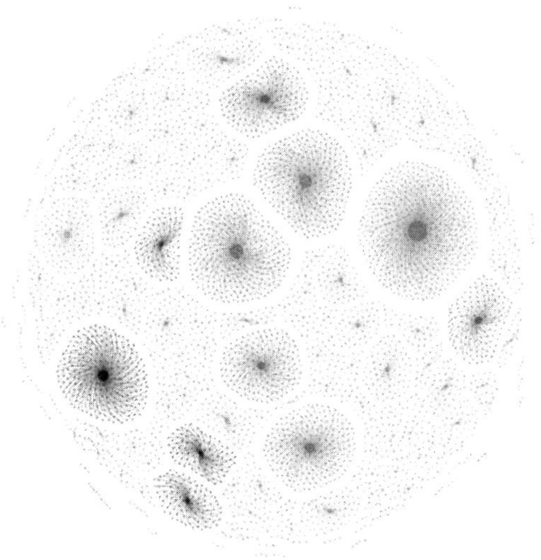

图 4　视频类 App 用户子群分布

六、结论与讨论

研究结果表明,根据麦奎尔的受众分化模型,我国受众对新闻类 App 的使用具有“核心—边缘”模式特征,对视频类 App 的使用介于多元模式和核心—边缘模式之间,尚处于发展中的过渡阶段。

(一)新闻类 App

对新闻类 App 而言,约七成手机用户只使用一款新闻类 App,而同时使用一种以上新闻类 App 的用户呈现出低网络密度、高度中心势的格局。尽管在新闻类 App 中有传统媒体、门户网站等丰富渠道选择,但从研究结果中我们可以看到,今日头条、腾讯新闻成为受众新闻类 App 使用的核心,近半数用户的新闻类 App 使用模式为“今日头条+腾讯新闻”。根据施拉姆的选择或然率公式,用户会更青睐这种获取新闻成本低的 App。在中国,今日头条是算法推送新闻的代表,通过计算机算法与海量数据匹配将个性化内容推荐给不同用户。前人的研究也指出,在移动社交的环境下,人们的新闻接触通常是不连贯的或碎片化的,但今日头条因其技术优势获得了较强的用户黏性,从而使其用户的新闻使用行为成为一种生活常规(崔迪、吴舫,2019)。这反映了技术在新闻应用市场中的地位,以及技术特性与信息资讯之间充满张力的竞争与耦合。根据本研究中获取的数据,微信是目前用户使用时长、使用 Wi-Fi 流量以及数据流量均最多的平台化社交类 App,以微信为中心聚集了大量用户。而腾讯新闻依托微信,用户接收新闻推送可以在经常使用的微信界面接入,在易用性上具有极大优势。

新闻的消费具有强烈的时效性也是导致受众分化的原因之一。新闻价值理念产生的前提之一是受众对具有新闻价值的事实的“不知”(陈力丹,2008)。当用户在一个 App 上已经获得了他所不知而应知、欲知的新闻,此 App 成为其获取新闻资讯的“端口”(胡翼青、罗喆,2018),其他 App 上的同类信息对他而言就失去了新闻价值,用户对其他新闻 App 的使用就会减少。

值得一提的是,传统主流媒体转型而来的新闻类 App,无论从其在网络中的点度中心度还是 App 共现程度看,似乎并不太受用户青睐。总体上看,用户群体存在较少传统媒体类 App 使用与较多聚合类新闻 App 使用并存的现象,而后者是市场化新闻媒体的代表。因此,在客观实践层面上,传统主流媒体新闻类 App 的议程设置和内容把关的作用或存在被减弱的可能。但从我国国情出发,虽然用户在新闻类 App 的选择上存在多种可能性,但用户的选择性接触仍然是在相关政策范围之内的弹性选择(方惠、刘海龙,2019)。这意味着,尽管用户对新闻类 App 的使用呈现出核心—边缘的分化模式,但是实际的受众分化情况可能并不十分严重。

(二)视频类 App

对视频类 App 而言,用户对视频类 App 的使用网络呈现高网络密度、低度中心势的特征,受众在不同 App 之间不断游移。多元模式意味着这一领域中的受众有了一定程度的分化。在头部 20 个视频类 App 中,在线视频(爱奇艺、腾讯视频和优酷视频等)和短视频(抖音短视频、快手)共现,表明大量受众总体上都会使用到这两类细分 App,同时在具体 App 的选择上存在一定区别。用户子群聚类图也显示,视频类 App 的子群聚类远远多于新闻类 App,且几乎每一子群都包括了在线视频和短视频类 App。

从受众研究的视角出发,本研究认为这是由于受众根据自身情况主动选择满足其心理或信息需求的视频类 App:一方面,长、短视频分别能够填补整块和碎片化的闲暇时间;另一方面,不同视频平台上的影视资源、广告时长等都存在一定程度的差异,用户会不断选择最匹配当下观看需求的 App 进行使用。因此,是受众主动选择了在一定范围内有区别的 App,可以认为视频类 App 受众分布中的同质与分化的并存是受众主动选择的结果,且两者并不矛盾。

其次,在多元结构网络的基础上,视频类 App 的共现网络图中又存在若干明显粗重的连接,包括抖音短视频、腾讯视频、优酷视频、快手、爱奇艺 5 个相对更"主流"(用户共同使用率较高)的 App,这表明其受众分布也展露出一定的核心—边缘模式特征。原因可能包括:①规模化、平台化的 App 经营者更具资金、人脉等方面的资源优势,相比体量较小的经营者更有能力购买影视资源的独家版权以吸引受众。②有一定体量的短视频平台(如抖音短视频)一方面可通过其渠道优势吸引优秀内容生产者主动入驻,另一方面可以通过资金优势与优秀主播签约,从而实现粉丝跟随内容生产者在该平台的大量聚集。③在已有受众的基础上,又通过对会员和非会员服务的区分(部分内容仅对会员开放、会员可提前一天观看最新剧集等),引导受众购买会员,以此进一步增强用户黏性,提升受众的持久"吸附力"。视频类 App 较之于新闻类 App 而言管控更少,市场化程度较高,受众的主动选择和此类 App 经营者的商业行为相互影响,形成了一个正由多元模式向核心—边缘模式发展的处在过渡之中的受众分化阶段。

总而言之,本研究通过对新闻和视频类 App 受众的研究发现,至少在当前国内 App 市场发展的阶段,我国新闻和视频类 App 的受众分化程度并不“过度”,相关领域均未出现完全隔离的受众分化现象,这在很大程度上是对日常感性认识的纠偏。尽管新闻类 App 呈现核心—边缘的受众分化模式,视频类 App 处于麦奎尔模型中相对低阶的由多元模式向核心—边缘模式过渡的阶段,但实际上,正如前面分析的,前者由于受到政策规约实际或许并未有较大程度的分化。同时,由本研究结果可推断,与具有娱乐化倾向的视频类 App 相比,用户在使用新闻类 App 时更为被动。根据麦奎尔关于受众分化的四阶段模型,受众分化均会向着分裂模式演化,这将意味着核心的淡化。但应注意的是,麦奎尔的模型是基于完全商业化运作、由政治经济精英控制的美国媒介市场提出的,并不一定适应我国国情。基于新技术的发展和我国国情的受众分析仍需进一步研究。

七、研究不足与展望

本研究的不足主要包括两个方面。其一,在构建的 App 共现网络中,只要用户同时使用了两款同类 App,就在两个 App 节点间生成一条无向边。然而,在分析网络密度与度中心势的时候,本研究均未考虑到无向边的权重,即没有考虑用户的人数规模与使用时长。例如,尽管有很多用户同时使用了“抖音短视频—腾讯视频”且使用时长较长,而只有极少用户使用了“麻花影视—优酷视频”且使用时长较短,但两者在网络密度和度中心势上都具有相同的数学意义。

其二,由于数据的局限,本研究仅关注到 App 层面受众的使用行为,并未能解释 App 使用与内容消费之间的关系,从“平台”到“内容”仍有鸿沟。所以本研究仅限于对用户使用行为进行分析,未能进一步对每一 App 内部的内容消费行为以及在多个 App 之间切换的动机进行探究。另外,随着平台功能逐渐丰富,如在线视频网站哔哩哔哩在主营长视频的同时,也不断支持直播业务发展,因此,受众可能在同一 App 内便能满足不同类型的内容需求而无须转换 App。这些都可能影响对受众分化程度的判断。

本研究尝试从整体上对国内用户的 App 使用情况进行分析。在未来的受众研究中,研究者不应仅仅局限于某一款 App,而更应该考虑跨平台研究。研究结果中,“过滤气泡”等严重的受众分化现象可见端倪,后续研究可尝试使用时间、空间跨度更大的数据集在此问题上进行深入探讨。同时,未来的研究应思考用户在不同 App 之间迁移的使用动机,从而为建构理论做出贡献,但也应注意避免触碰数字伦理的底线。

参考文献

艾媒大文娱产业研究中心(2019 年 5 月 10 日),《2019 Q1 中国手机新闻客户端市场监测报告》。引自 https://www.iimedia.cn/c400/64308.html。

陈力丹(2008),《新闻理论十讲》。上海:复旦大学出版社。

崔迪、吴舫(2019),《算法推送新闻的知识效果——以今日头条为例》。《新闻记者》,第 2 期,页 30-36。

丹尼斯·麦奎尔(2006),《受众分析》(刘燕南、李颖、杨振荣译)。北京:中国人民大学出版社。

范叶妮(2018),《媒体变迁视阈下新闻生产模式的变化及其成因》。《西南民族大学学报(人文社科版)》,第 4 期,页 152-155。

方惠、刘海龙(2019),《2018 年中国的传播学研究》。《国际新闻界》,第 1 期,页 23-40。

高贵武、柏莹(2012),《流程再造:新媒体时代传统广播电视媒体的困境突围》。《国际新闻界》,第 5 期,页 49-54。

胡翼青、罗喆(2018),《"版权之争"还是"端口之争":一种思考新旧媒体之争的新视角》。《新闻界》,第 4 期,页 10-16。

梁智勇、郭紫薇(2015),《中国新闻类 App 的市场竞争格局及其盈利模式探讨》。《新闻大学》,第 1 期,页 112-118。

刘军(2014),《整体网分析——UCINET 软件实用指南》。上海:上海人民出版社。

彭兰(2019),《短视频:视频生产力的"转基因"与再培育》。《新闻界》,第 1 期,页 34-43。

QuestMobile 研究院(2019 年 7 月 24 日),《QuestMobile 中国移动互联网 2019 半年大报告》。引自 https://www.questmobile.com.cn/research/report-new/54。

QuestMobile 研究院(2019 年 8 月 6 日),《QuestMobile2019 年短视频行业半年度洞察报告》。引自 https://www.questmobile.com.cn/research/report-new/58。

王虎(2014),《媒体社交化语境下的社会资本扩张与传统电视变革》。《新闻记者》,第 6 期,页 57-62。

王晓红、包圆圆、吕强(2015),《移动短视频的发展现状及趋势观察》。《中国编辑》,第 3 期,页 7-12。

喻国明(2009),《传媒经济学教程》。北京:中国人民大学出版社。

中国互联网络信息中心(2019 年 8 月 30 日),《第 44 次中国互联网络发展状况统计报告》。引自 http://www.cnnic.net.cn/hlwfzyi/hlwxzbg/hlwtjbg/201908/t20190830_70800.htm。

Fletcher, R. , & Nielsen, R. K. (2017). Are News Audiences Increasingly Fragmented? A Cross-National Comparative Analysis of Cross-Platform News Audience Fragmentation and Duplication. *Journal of Communication*, 67(4), 476-498.

Ksiazek, T. B. (2011). A Network Analytic Approach to Understanding Cross-Platform Audience Behavior. *Journal of Media Economics*, 24(4), 237-251.

Linton, C. Freeman. (1979). Centrality in Social Networks Conceptual Clarification. *Social Networks*, 1(3), 215-239.

Morris, J. S. (2007). Slanted Objectivity? Perceived Media Bias, Cable News Exposure, and Political Attitudes. *Social Science Quarterly*, 88(3), 707-728.

Mukerjee, S., Majovazquez, S., & Gonzalezbailon, S. (2018). Networks of Audience Overlap in the Consumption of Digital News. *Journal of Communication*, 68(1), 26-50.

Newman, N., Fletcher, R., Kalogeropoulos, A.et al. (2017, August 28). Reuters Institute Digital News Report 2017. Retrieved from https://reutersinstitute.politics.ox.ac.uk/risj-review/digital-news-report-2017.

Taneja, H., & Webster, J. G. (2016). How Do Global Audiences Take Shape? The Role of Institutions and Culture in Patterns of Web Use. *Journal of Communication*, 66(1), 161-182.

Vishwanath, A., & Hollander, B.A. (2008). The 360 Degrees News Experience: Audience Connections with the Ubiquitous News Organization. *Journalism & Mass Communication Quarterly*, 85(1), 7-40.

Webster, J. G. (2005). Beneath the Veneer of Fragmentation: Television Audience Polarization in a Multichannel World. *Journal of Communication*, 55(2), 366-382.

Webster, J. G. (2011). The Duality of Media: A Structurational Theory of Public Attention. *Communication Theory*, 21, 44-67.

Webster, J. G., & Ksiazek, T. B. (2012). The Dynamics of Audience Fragmentation: Public Attention in an Age of Digital Media. *Journal of Communication*, 62(1), 39-56.

Young, D. P. (2000). Modeling Media Markets: How Important Is Market Structure? *Journal of Media Economics*, 13(1), 27-44.

Yuan, E., & Ksiazek, T. B. (2015). A Network Analytic Approach to Audience Behavior and Market Structure: The Case of China and the United States. *Mass Communication and Society*, 18(1), 58-78.

基于无标度网络的微博流言传播模型与实证分析*

Modeling Rumor Diffusion on Scale-free Network Combined with Empirical Analysis on Microblog

◇ 黄文森**

Huang Wensen

摘要:流言在社交媒体中滋生和蔓延已经成为日益凸显的社会问题,特别是社会网络已成为影响流言传播的重要变量。随着计算方法的发展,网络建模作为复杂社会系统的定量描述工具,为探索流言的网络结构特性和传播机制提供了可能性。本研究借鉴了经典的SIR传染病模型,将微博流言传播网络中的个体划分为四种类型:易感染者、积极感染者、消极感染者和免疫者。我们构建了基于无标度网络的微博流言的传播动力学模型(SIpInR模型),并运用多主体仿真平台NetLogo进行了模拟仿真实验。研究发现,网络中个体对于流言的积极感染率越高,流言传播的强度和广度越大;转移率的变化对流言传播强度有影响,但对传播的广度和长度没有影响;相反地,恢复率和免疫率主要影响流言传播的广度和长度,而不影响传播的强度。本研究经过对真实微博数据的实证分析,检验了模型的前提和实验结果的可靠性,对进一步把握社交媒体流言传播规律和遏制流言具有参考意义。

Abstract: Rumor breeding and spreading in social media are becoming an increasingly serious social problem, especially the social network has become an important variable affecting the process of rumor diffusion. With the development of computational methods, network modeling, which is a quantitative approach for complex social system, provides the possibility to explore the

* 本文系广东省哲学社会科学规划青年项目(项目编号:GD19YXW03)成果;国家社会科学基金重大项目“大数据时代计算传播学的理论、方法与应用研究”(项目编号:19ZDA324)成果。

** 黄文森,博士,深圳大学传播学院副研究员。

network structural characteristics and dynamics mechanism of rumor. In this study, drawing on the classic SIR infectious disease model, the agents in rumor diffusion network was classified into four types of status, such as susceptible, positively infected, negatively infected, and resistant. We proposed the SIpInR model, a dynamic model of rumor diffusion based on scale-free network and applied the multi-agent simulation platform, i.e., NetLogo, to conduct simulation experiments. It was found that (a) the higher the positive infection rate of rumor we tuned, the intensively and broadly it spreads; (b) changing the transfer rate had influence on the intensity of rumor diffusion, rather than the breadth and length; (c) on the contrary, recovery and immunization rates mainly affect the breadth and length of rumor, rather than the intensity. Using empirical analysis with real data from microblog, the premise and experimental results of our model were validated. It will help for us to further understand and control the rumor diffusion in social media.

关键词:微博,无标度网络,流言传播,传染病模型,多主体模型

Keywords: microblog, scale-free network, rumor diffusion, infectious disease model, multi-agent model

一、引言

流言(rumor)又称谣言,通常指在社会大众中相互传播的无根据的、不确切的信息。作为一个研究概念,“流言”在本研究中指的是,在公开渠道中传播的对公众感兴趣的事物、事件或问题的未经证实的阐述或诠释(巢乃鹏、黄娴,2004)。本研究没有采用“谣言”而选择“流言”一词的目的在于强调流言是无意讹传的,而谣言则是有意捏造的(周晓虹,2003);而且“流言”即“流”动之“言”,更能客观描述这类特定的公众表述其事实的不确定性或增或减、传播速度或缓或急的动态传播过程。

当前,流言传播环境已经不再局限于口口相传,而是延伸至互联网成为“网络流言”。尤其是微博、微信等社交媒体的广泛应用,赋予了网络流言新的内容形式和传播特性。微博流言,也就是基于社交网络的微博环境传播的流言,其传播显现出内容歪曲程度降低、传播成本更低、传播路径透明化、传播速度更快

等特点(刘海龙,2012)。微博流言的传播其实就是社交网络中个体或社群之间的信息交换过程,它与新媒介构成的信息系统息息相关,受到媒介环境与社会环境的多重影响。传统上,面向现实人际关系、口头传播情境的流言传播的研究方法难以捕捉网络社会中流言传播的复杂性特征,亟须运用针对数字媒体研究的计算传播方法(computational communication methods)(Hilbert, Barnett, Blumenstock et al., 2019)对社交媒体的流言现象进行探索性研究。考虑到传统的流言研究偏重于心理层面的分析,而缺少对流言传播者和接受者相互关系(即传播网络)的关注,本研究旨在从社会网络的角度出发,考察流言传播个体的性质和个体间的相互作用,及其对流言传播过程的影响效果。

本研究将以中国用户规模最大、活跃率最高的社交媒体——新浪微博为例,构建基于复杂网络(complex network)的流言传播动力学模型,并对微博的真实数据进行实证分析,定量地研究流言在社交网络中的传播结构、传播机制和传播效果等问题。不同于一般社会科学的观察性研究,本研究采用基于"代理"模型(Agent-based Models,ABM)的方法,自下而上地模拟和考究微博流言的基础结构和传播过程,本质上是将流言现象置于虚拟的社交媒体情境中,以"思想实验"的方式,揭示和再现流言传播的网络特性和演化规律,以期为微博流言的认识、测量和控制提供研究经验和实践参考。

二、无标度网络与流言模型

流言作为一种社会现象已经存在了数千年,但由于流言的传播是以人为主体的动态的、非线性的复杂过程,流言信息的扩散受到个体属性、心理特征和外在环境等多种因素的综合影响(奥尔波特等,2003;周晓虹,2003),人们一直很难找到合适的定量分析方法对其进行有效的描述。目前,网络模型是描述和分析流言传播结构以及动力学过程的重要工具。

从奥尔波特(Allport)和波斯特曼(Postman)在20世纪中期提出的流言强度公式开始,流言传播研究的重点一度聚焦于个人心理和体验上,强调信息接收主体的作用,而忽略流言传播过程中个体之间的相互影响问题。传统的流言传播研究完全隐去了社交网络的作用,直到1965年巴克纳(Buckner)进行的实验研究发现:在信息传播的过程中,信息失真与非失真问题取决于流言在其中传播的情景结构,即连续链(serial chain)和网络(network);同时,巴克纳(1965)还考虑了流言传播中不同类型个体在不同传播网络结构中对流言传播效果的影响,探索出了流言传播网络化研究的新方向。随着21世纪网络科学的兴起,复杂网络成为分析复杂性问题的关键理论和概念工具,被不少研究者用于考察流言生发和扩散的社交网络的结构(潘灶烽、汪小帆、李翔,2006;许晓东、肖银涛、朱士瑞,2011;薛一波、鲍媛媛、易成岐,2014)。

所谓"无标度网络"(scale-free network)(Barabasi & Albert,1999),就是网络节点的度分布(degree distribution)符合或近似符合幂律(power law)分布的网络。幂律分布也称"无标度"分布,其结构特征具体表现为:极少数节点拥有大量的网络连接,而其余绝大多数节点的度都相对较低。网络节点的度分布可以从概率统计的角度用分布函数 $P(k)$ 来表示:在一个网络中随机选取任意节点的度正好为 k 的概率,幂律分布的数学表示为 $P(k) \sim k^{-\gamma}$,其中 $\gamma > 0$ 为幂指数。近年来,已有不少研究者发现,微博的关注关系网络(尹书华,2011;苑卫国、刘云、程军军、熊菲,2013)、转发关系网络(李彪、郑满宁,2013)具有"小世界"(small-world)和"无标度"的复杂特征。

此外,在研究流言传播的动力学过程和评估其传播效果方面,模型作为科学研究中对复杂现象和问题进行简化、判断和推理的技术手段,也被大量地运用于流言研究领域。其中,大多数早期的流言传播模型都是在经典的传染病模型基础上建立起来的,如克马克(Kermack)和麦肯德里克(Mckendrick)于1927年采用动力学方法建立的SIR模型,将种群分为易感染状态(susceptible)、感染状态(infected)和移除状态(removed),其微分方程模型显示,易感染者被感染的概率越大,感染者数量越不断增多;移除率越小,病毒传播生命周期越长。由于流言在社会网络中的传播类似于病毒的扩散过程,20世纪60年代,戴利和肯德尔(Daley & Kendall,1964)最早将传染病模型引入对流言的研究中并提出了DK模型,该模型借助随机过程的方法实现了对流言的分析,虽然不完全符合流言传播的实际情况,但在近似条件下却能够模拟流言传播过程。

21世纪初,扎内特(Zanette,2002)最早将流言传播的研究扩展至复杂网络,在"小世界"网络上建立了流言传播模型,其研究结果表明随着流言在人群中的传播,最终将只存在易感染者和免疫者两类人。当网络规模趋于无限大时,免疫者的比例将稳定在一个均态(约为0.796),说明通常在流言扩散势态趋于稳定时,仍然约有20%的人未曾接触过流言。莫雷诺等人(Mereno et al.,2004)不仅在"小世界"网络上对流言传播进行了研究,还将模型推广到了无标度网络上,同时把基于均匀网络的流言传播模型扩展到非均匀网络,提出了符合幂律分布网络的平均场方程,研究了不同交互规则对流言过程的效率(efficiency,即流言传播所需时间)和可靠性(reliability,即免疫者的最终密度)的影响。

在流言网络的研究领域,将无标度网络与传染病模型、多主体(multi-agent)模型结合起来研究人际社交网络中流言扩散和控制问题逐渐成为一种流行趋势。多主体模型(也称为ABM模型),是当前社会科学研究中广泛应用的仿真建模方法。社会群体或组织通常被建模为"代理"或"主体"(agent)的自治决策实体的集合,每个主体分别评估其情况,并根据一系列规则做出与特定系统相适应的行为决策(Bonabeau,2002)。例如,最近陈等人(Chen et al.,2017)构建了一个新的更贴近突发事件下在线社交网络流言传播模型,利用多主体仿真方法分析了个体差异、网络特征等相关参数对谣言传播过程的影响,并发现BA无标度网络更有利于流言的传播,也有利于遏制其传播。

然而,在现有对流言传播过程和效果的模型研究中,由于流言传播机制的复杂性和影响因素的多维度,许多研究者选择对流言传播的演化过程进行简化处理,却使这些传播模型缺失了流言传播的内在特性。为此,本研究将在借鉴经典传染病模型对个体分类和转化思想的基础上,结合无标度网络和多主体模型的理论和方法,构建新的社交网络流言传播模型,综合考察传播情境(即网络结构)特征、个体心理以及个体相互作用等多要素对流言传播的影响机制。

三、SIpInR流言传播模型

(一)模型构建

本研究对经典SIR模型进行了改进,考虑到流言信息本身的不确定性、个体经验和认知水平的差异,在分辨和传播流言时表现出不同的应对行为,个体大致可被划分为"相信"和"怀疑"两种态度,因此将一般SIR模型中"感染"状态扩展为积极感染和消极感染,分别对应"相信流言"和"怀疑流言"两种基本的心理状态。

扩展后的流言传播模型包含四种类型的状态:易感染状态(susceptible),指个体未听过流言或者在传播流言后的一定时间内仍然对流言感兴趣的状态,记为S;积极感染状态(positively infected),指相信流言并对流言进行传播的个体所处的状态,记为Ip;消极感染状态(negatively infected),指不相信流言但进行传播的个体所处的状态,记为In;免疫状态(resistant),表示个体在听说或传播流言之后对流言信息不感兴趣,不再产生传播行为的状态,记为 R。如果用 $S(t)$、$Ip(t)$、$In(t)$和 $R(t)$分别表示各类状态在人群总体中所占的比例,则有 $S(t)+Ip(t)+In(t)+R(t)=1$。由此,本研究提出 SIpInR 模型如图 1 所示。

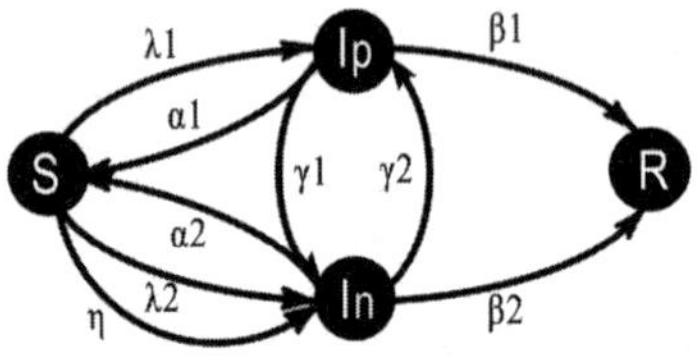

图 1 SIpInR **流言传播模型示意图**

(二)流言传播规则

具体到微博传播网络中,易感染者、积极感染者、消极感染者和免疫者分别为没有看到流言微博或转发流言微博后仍关注信息的用户节点、相信流言微博并转发的节点、不相信流言微博并转发的节点,以及对流言信息不转发的节点。节点之间的接触表现为传播链中下游节点对上游节点的信息接收过程。SIpInR 流言传播模型的传播规则(见图 1)如下:

(1)当一个易感染者与一个积极感染者接触时,易感染者以概率 λ_1 转变为积极感染者,以概率 η 转变为消极感染者;当一个易感染者与一个消极感染者接触时,易感染者以概率 λ_2 转变为消极感染者。

(2)当一个积极感染者与一个消极感染者接触时,积极感染者以概率 γ_1 转变为消极感染者;而当一个消极感染者与一个积极感染者接触时,消极感染者以概率 γ_2 转变为积极感染者。

(3)同时,在一定时间内,一个积极感染者以概率 β_1 转变为免疫者或以概率 α_1 再次转变为易感染者;一个消极感染者则以概率 β_2 转变为免疫者或以概率 α_2 转变为易感染者。

其中,λ 为流言信息的感染率,可分为积极感染率 λ_1 和消极感染率 λ_2;η 为消极感染者出现的概率,与流言信息不确定性(即个体在官方证实之前对流言真实性的确信程度)成反比;γ 为节点的感染转移率,也就是积极感染者和消极感染者之间相互转化的可能性,分别为积极转移率 γ_1 和消极转移率 γ_2;α 为恢复为易感染者的概率,其中 α_1 和 α_2 分别表示积极恢复率和消极恢复率;β 为个体对流言信息的免疫概率,β_1 和 β_2 分别表示积极免疫率和消极免疫率。

本模型模拟的是微博转发情境下流言传播的过程，个体状态的转变先后受到两方面因素的影响：一方面是信息接触的影响，也就是微博用户 B 受到其社会关系（如微博关注者或朋友）中的用户 A 所转发的流言微博的态度（相信或怀疑）的影响；另一方面是来自内部的影响，用户 B 也持特定态度转发该流言微博后，会以一定的概率改变自身原有态度，抑或转变为易感染者或免疫者。

（三）模拟仿真实验

本研究将使用 NetLogo 仿真平台进行微博流言传播模型实验设计和操作。NetLogo（http://ccl.northwestern.edu/netlogo/）是用于自然和社会现象的多主体可编程建模环境，可通过控制独立运行的"主体"对随时间演化的复杂系统进行建模，以模拟微观层面上的个体行为与宏观模式之间的联系。

SIpInR 流言传播模型程序主要有两个步骤：一是建立流言传播的无标度网络，二是在网络中模拟流言传播过程。大量研究发现，社交媒体（如微博、推特）的信息转发网络具有无标度的复杂网络特性。因此，步骤一是要建立一个节点度符合幂律分布的网络，利用 BA 模型（Barabasi & Albert，1999）根据无标度网络生成的两个特性（增长和优先连接）进行网络构建，其中：

（1）增长性（growth）：从一个节点数为 m_0 的网络开始，每次向网络中加入一个新节点连接到 m 个已存在的节点上，并满足 $m \leqslant m_0$。

（2）优先连接性（preferential attachment）：一个新的节点优先连接度较大的节点，新节点与一个已经存在的节点 i 相连的概率 Π_i 与节点 i 的度 k 之间满足如下的关系：

$$\Pi_i = \frac{k_i}{\sum_j k_j}$$

本研究使用 NetLogo 的"Network"扩展包，修改节点优先连接程序用于生成特定规模的无标度网络。在此基础上，首先将三类节点状态分为易感染状态、积极感染状态、消极感染状态和免疫状态四类；其次设置控制状态之间转化概率的 9 个可调参数；最后将基于传统随机网络的病毒扩散程序应用于无标度网络中，构建新的流言传播模型（见图 2）。

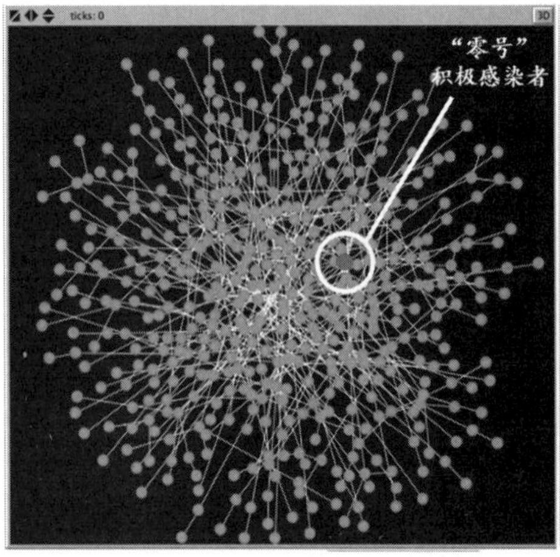

2-a. 初始化

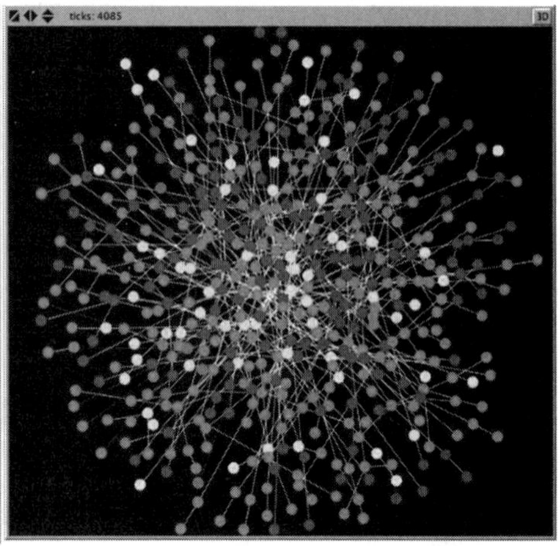

2-b. 传播过程

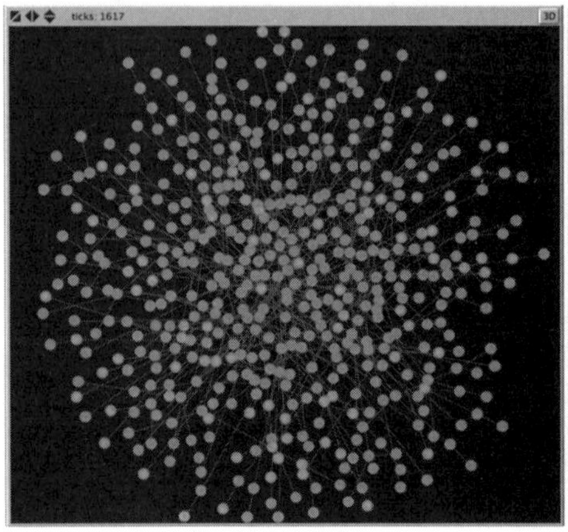

2-c. 传播终止

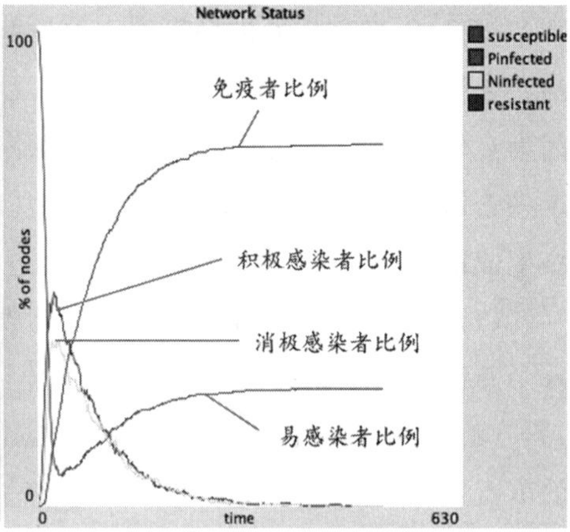

2-d. 数据监测

图2　流言传播模型 NetLogo 程序运行界面

(四)模型假设

在进行仿真模拟实验之前,首先明确 SIpInR 模型程序中的三个假定条件:

假定一:模型中所涉及的概率是固定的,也就是说,在实验环境下所有模型参数是不随时间变化的;

假定二:流言的始发者为“零号”积极感染者,首次接触“零号”的易感染者以概率 λ_1 转变为积极感染者,以概率 η 转变为消极感染者,也就是说,网络中第一次出现流言怀疑者的可能性受此参数约束;

假定三:假定二中的参数 η 与流言的不确定性有关,不确定性越大,η 越小,也就是说,出现流言怀疑者的概率越低。

在本研究中,仿真实验的具体实施过程如下:

(1)初始化:首先构建网络节点规模为 n 的初始网络,随机选定初始节点为“零号”积极感染者,其余节点为易感染者,也就是在实验初始时刻 t_0 有 $S(t_0)=(n-1)/n, Ip(t_0)=1/n, In(t_0)=0, R(t_0)=0$(见图 2-a)。

(2)传播过程:根据流言传播规则对网络中的节点状态进行迭代运行(见图 2-b)。

(3)传播终止:当网络中仅剩下易感染者和免疫者时模型停止,即在传播结束时刻 t_k 有 $S(t_k)+R(t_k)=1$,且 $Ip(t_k)$ 和 $In(t_k)$ 均等于 0(见图 2-c)。

(4)数据监测:程序记录每个时间点 t 时四种类型状态节点的占比情况,并在二维坐标中绘制点图(见图 2-d)。

为了评估不同参数变化的实验结果,我们在其他参数不变的条件下,通过改变特定参数的取值,观察该参数对模拟实验环境中流言传播效果的作用。在这里,我们提出三个流言传播的效果指标:

传播强度:网络中积极感染者在时刻 t 的比例的最大值,记为 $Ip(t)'$,该指标反映的是流言传播所造成的最大瞬时影响,$Ip(t)'$ 值越大,流言传播性越强。

传播广度:传播终止时刻免疫者在网络中的占比,记为 $R(t)'$。也就是说,当网络中只剩下易感染者和免疫者时,免疫者的比例越大,说明曾经接触过流言的人越多,流言传播的范围就越广。

传播长度:该指标刻画了流言传播的生命期,即流言传播终止所需的时间 $\tau=t_k-t_0$。τ 值越大,流言传播所持续的时间越长。

基于上述流言传播的效果指标,这里提出模型的实验假设如下:

H1:(a)积极感染率,或(b)消极感染率明显影响流言传播效果;

H2:(a)积极转移率,或(b)消极转移率明显影响流言传播效果;

H3:(a)积极免疫率和积极恢复率,或(b)消极免疫率和消极恢复率明显影响流言传播效果。

四、实验结果

在开始进行参数影响分析之前,我们需要设置模型的基线网络和基线参数:生产无标度网络,其中节点数为 1000,连接边为 999,平均路径为 6.753;将模型初始条件设置为:$\lambda_1=0.50$,$\lambda_2=0.50$,$\alpha_1=0.50$,$\alpha_2=0.50$,$\gamma_1=0.50$,$\gamma_2=0.50$,$\beta_1=0.50$,$\beta_2=0.50$,运行程序后得到四类节点状态的密度随时间变化的基本情况(见图 2-d)。从图 2-d 可见,在基线参数情况下,积极感染节点数量在极短的时间之内呈现暴发式增长,达到峰值后迅速递减;消极感染节点则稍晚出现,先后快速增长并衰减;易感染节点数量经历一轮骤减后有所回升,缓慢爬升至平稳状态;免疫节点比重的走势与积极感染节点基本相反,快速增长后逐渐趋于稳定,直到传播过程结束。接下来,我们将分别调节不同水平的流言感染率、转移率、恢复率和免疫率,以观察流言传播强度、广度和长度的变化情况。

(一)感染率 λ 对流言传播效果的影响

流言感染率 λ 的大小直接反映了流言信息受个体态度影响的传播速率。我们首先检验在其他参数不变的情况下,不同水平的 λ 取值对流言传播效果的影响。我们分别将积极感染率 λ_1 和消极感染率 λ_2 分为 0.10、0.30、0.50、0.70、0.90,实验结果如图 3-a 所示。

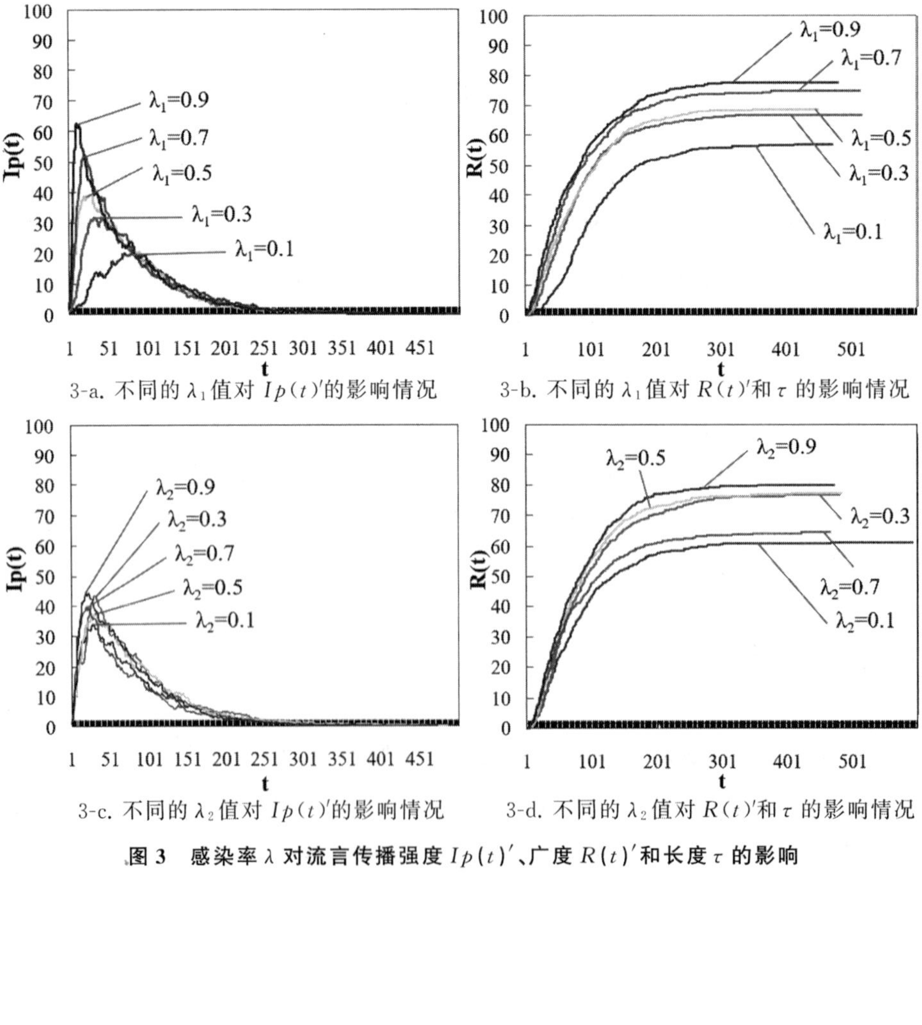

3-a. 不同的 λ_1 值对 $Ip(t)'$的影响情况

3-b. 不同的 λ_1 值对 $R(t)'$和 τ 的影响情况

3-c. 不同的 λ_2 值对 $Ip(t)'$的影响情况

3-d. 不同的 λ_2 值对 $R(t)'$和 τ 的影响情况

图 3 感染率 λ 对流言传播强度 $Ip(t)'$、广度 $R(t)'$ 和长度 τ 的影响

从图 3-a 可以看出,在该模型的模拟实验中,随着积极感染率 λ_1 的值从小到大变化,积极感染者在网络中比重的峰值 $Ip(t)'$ 上升,传播强度逐渐增大;同时达到峰值的时间点也越靠前,而且衰减的速度越来越快。说明积极感染率的提高能够显著影响网络中积极感染者的瞬时最大数量,亦即相信流言的信息传播率越高,越可能出现流言传播“爆发”的现象,在较短的时间内其所能够影响的人数也越多。结合图 3-b 来看,随着 λ_1 值的增加,流言传播结束时刻的免疫者比重 $R(t)'$ 也相应增大,说明流言所能影响的范围在扩大。然而,λ_1 的变化并没有给 τ 带来相对应的变化,这反映了积极感染率对流言传播的强度和广度效果具有较为明显的影响,但不影响其传播长度,故假设 H1(a)部分成立。

再看图 3-c 和图 3-d,随着消极感染率 λ_2 值的增加,$I_p(t)'$ 和 $R(t)'$ 的结果并没有呈现明显的规律性变化;而且在 λ_1 保持不变的情况下,$Ip(t)'$ 取值维持在 35%～45%之间,这从侧面证明了积极感染率对传播效果影响的实际作用。同时,流言生命长度 τ 的变化也是随机的,说明消极感染率对流言传播的强度、广度和长度的影响甚微,因此假设 H1(b)不成立。

(二)转移率 γ 对流言传播效果的影响

这里将考察模型中个体对流言态度转变的可能性参数——转移率。然而,在可观察的流言传播过程中,就总体而言,个体改变既有态度并进行传播的可能性相对较小。特别是对于流言这种特殊信息而言,个体态度从怀疑转变为相信的可能性更小。在模型的仿真实验中,我们仅在理论上考虑态度转移率的大小对流言传播效果可能存在的影响,并将积极转移率 γ_1 和消极转移率 γ_2 分别取值为 0.05、0.15、0.25、0.35、0.45。

图 4 展示的是在其他参数不变的情况下,只改变转移率参数的实验结果。如图 4-a 所示,随着积极转移率 γ_1 的值的增大,$Ip(t)'$ 的值逐步递减,从 45%骤降至 10%以下,而且递减的幅度越来越小,说明随着流言怀疑者出现概率的增加,尤其是小部分人(积极转移率 γ_1 从 0.05 增加到 0.15)的态度转变就能削弱约 50%[$Ip(t)'$ 的值从 45%降低至 22%]的流言传播强度。相反地,如图 4-c 所示,随着消极转移率 γ_2 的值的增大,$Ip(t)'$ 的值亦随之增大,而且值得注意的是,即使仅有 $\gamma_2=0.055$ 的消极转移率,即怀疑者有 5%的概率转变为相信流言,都会使流言传播最大强度达到 50%以上。

然而,当不同的转移率增加时,流言传播效果的广度指标 $R(t)'$ 和长度指标 τ 并没有发生相对应的变化,而是随机的结果。由此可见,积极转移率和消极转移率分别负向和正向影响流言传播的强度,但二者均对流言传播的广度和长度没有产生明显影响,所以假设 H2(a)和 H2(b)均只在流言传播强度上部分成立。

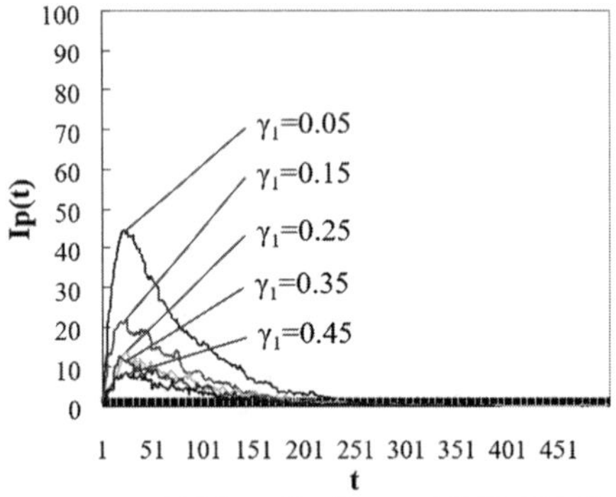

4-a. 不同的 γ_1 值对 $Ip(t)'$的影响情况

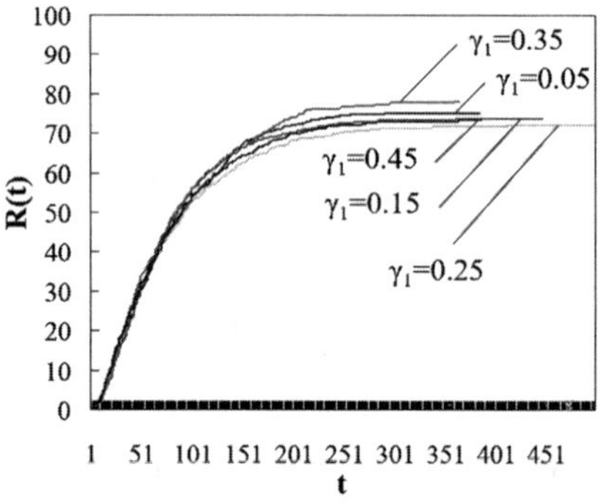

4-b. 不同的 γ_1 值对 $R(t)'$和 τ 的影响情况

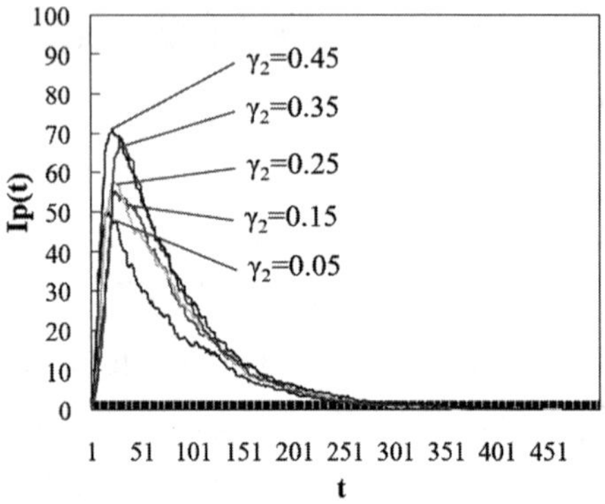

4-c. 不同的 γ_2 值对 $Ip(t)'$的影响情况

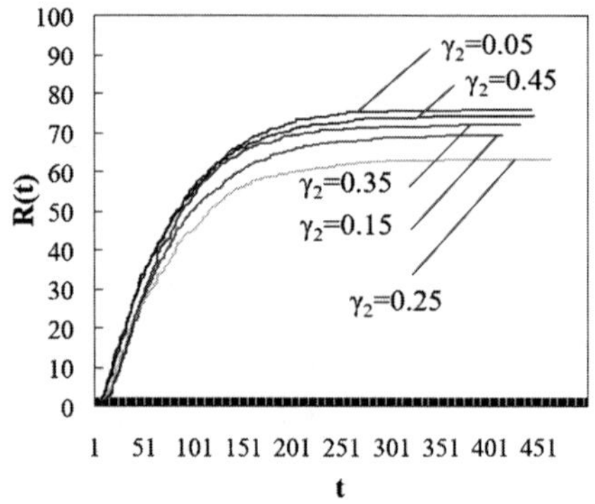

4-d. 不同的 γ_2 值对 $R(t)'$和 τ 的影响情况

图 4　转移率对流言传播强度 $Ip(t)'$、广度 $R(t)'$和长度 τ 的影响

(三)恢复率 α 和免疫率 β 对流言传播效果的影响

在本研究模型中,一个感染状态的个体恢复为易感染状态的概率与转化为免疫状态的概率之和为 1(即 $\alpha_1=1-\beta_1$,$\alpha_2=1-\beta_2$),二者是此消彼长的关系,如果免疫率 β 值增长,恢复率 α 值则相应减少。因此,在初始参数保持不变的情况下,分别设置 β_1 和 β_2 的值为 0.10、0.30、0.50、0.70、0.90,相应地,α_1 和 α_2 的值也就随之产生反向变化,由此观察在不同免疫率和恢复率的共同影响下流言传播的演化过程,实验结果见图 5。

由图 5 可知,随着积极免疫率 β_1 和消极免疫率 β_2 的增加,积极感染者的最大比重 $Ip(t)'$变化较小且是随机分布的,即二者均对流言传播的强度没有明显

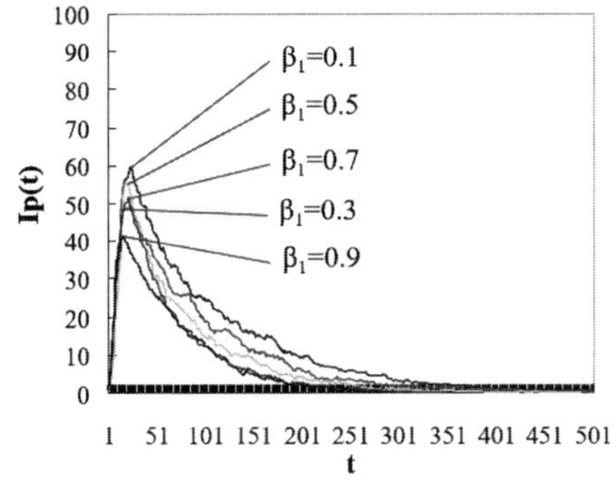

5-a. 不同的 β_1 值对 $Ip(t)'$的影响情况

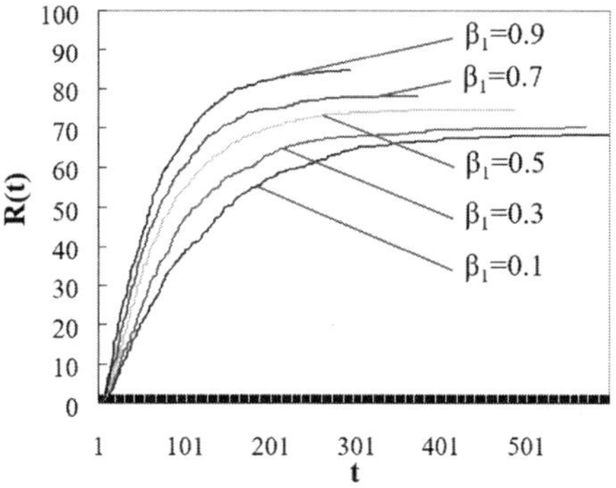

5-b. 不同的 β_1 值对 $R(t)'$和 τ 的影响情况

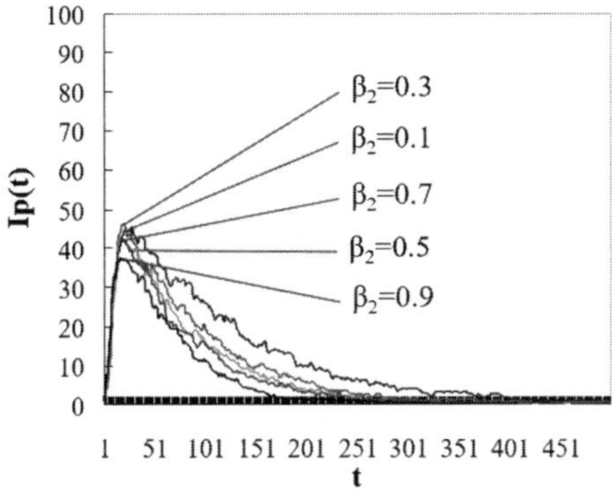

5-c. 不同的 β_2 值对 $Ip(t)'$的影响情况

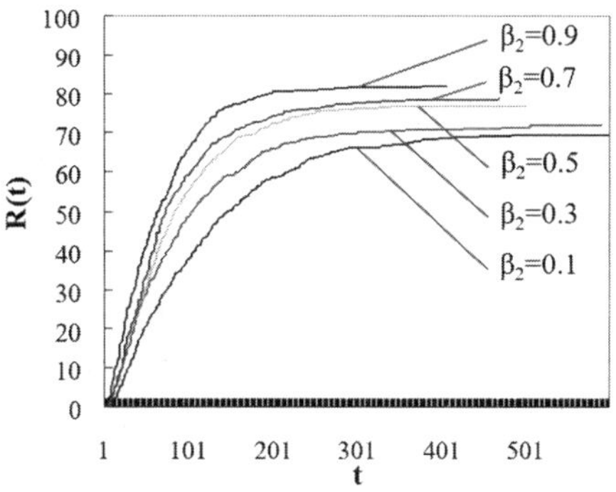

5-d. 不同的 β_2 值对 $R(t)'$和 τ 的影响情况

图 5　免疫率对流言传播强度 $Ip(t)'$、广度 $R(t)'$和长度 τ 的影响

影响。但是,在另外流言传播效果的广度和强度指标上,无论是随着积极免疫率还是消极免疫率的提高,免疫者数目在流言传播结束时刻的占比 $R(t)'$值均呈现出明显的上升,而且达到最大值或趋于稳态的时间越短,即流言传播的生命周期 τ 越短,该结论与 SIR 传染病模型的微分方程的数值结果相似。这说明人群整体免疫率的变化对流言传播强度不产生影响,但对流言传播的最终影响范围和持续性有显著影响,因此假设 H3(a)和 H3(b)在流言传播广度和长度上部分成立。

此外,通过对比图 5-b 和图 5-d,我们发现随着 β_1 和 β_2 值的不断增加,当网络中流言的感染率 $\beta_1>\beta_2=\alpha_1=0.50$($\beta_2$ 的基线参数)以及 $\beta_2>\beta_1=\alpha_2=0.50$($\beta_1$ 的基线参数),同时也大于其对应的恢复率时,也就是分别比较图 5-b 和图 5-d 中数值为 0.9 和 0.7 的两条曲线,可以看出受积极免疫率 β_1 影响的 $R(t)'$值比受消极免疫率 β_2 影响的 $R(t)'$值增幅更明显,同时其流言传播长度 τ 缩减得比较快。这说明相对于怀疑者对流言的影响,越多的流言相信者对流言的兴趣越快地消减,流言传播的范围就越小、持续时间就越短。

五、实证分析

这里将使用新浪微博真实数据对以上的实验假设和结果进行验证。本研究通过新浪微博社区管理中心(http://service.account.weibo.com)获取的“不实信息”举报处理记录,选取2014年1月1日至2014年12月期间被判定为“不实信息”的微博,筛选出转发量达到500以上的微博共计204条。我们利用爬虫工具抓取单条微博的转发链数据(包括源头微博和转发节点的用户ID、转发关系、内容、时间戳等),数据采集时间为2015年1月5日,通过去重、合并和映射等操作将这些原始数据处理成关系型数据,用于微博传播网络度分布计算和网络可视化分析。

为了验证实验结果,本研究根据已收集到的微博中的流言信息数据,对10条较具代表性的、内容为“马航失联”事件的“不实信息”微博进行实证分析。首先,通过人工编码的方式将微博转发链数据进行编码,根据微博文本判断转发者的态度,将其划分为“相信”和“怀疑”两类。为了确保编码者在文本理解和解释中的一致性,本研究对6名编码者进行了培训,每个微博样本均由2名编码者独立编码,编码的一致性指数均达到了90%以上。

(一)无标度网络特性检验

首先,我们需要验证微博转发网络的无标度特性。根据巴拉巴斯和阿尔伯特(Barabasi & Albert,1999)的方法,判断一个网络是否符合幂律分布可以先绘制出其互补累积分布函数(CCDF),即 $P[K \geqslant k] \sim k^{-\gamma}$。该函数表示度不小于 k 的节点在网络出现的概率分布,也就是随机选择的一个节点的度不小于 k 的概率。如果在双对数坐标中看到一条近似直线的线,那么可以推断该网络节点度分布基本符合幂律,该直线的斜率就是幂指数 γ。以转发数量最大和最小的微博A和B为例,其节点数分别为58,977和490,边数分别为59,911和513,节点和边数均相差100倍以上。对这两个微博流言网络的节点进行度分布分析,结果如图6所示。

读图可知,两条微博流言转发网络的节点累积度分布都表现出了幂律分布的特征,其中A微博网络遵循分段幂律分布,可表示为:

$$P(k) \sim k^{-\gamma}, \begin{cases} \gamma = 1.1508, & if \quad k < 16 \\ \gamma = 1.7230, & if \quad k > 16 \end{cases}$$

其中,B网络中节点累积度分布近似一条直线,拟合直线的斜率即幂指数γ为1.4104。根据已有研究结论,在社会网络以及自然生物复杂系统中节点度一般符合幂律分布,且幂指数在1到3之间(汪小帆、李翔、陈关荣,2012)。以上两个网络的节点分布基本满足幂律分布的判断标准,表明其具有复杂网络的无标度特性,由此说明本研究模型建立在无标度网络之上的前提是合理的。

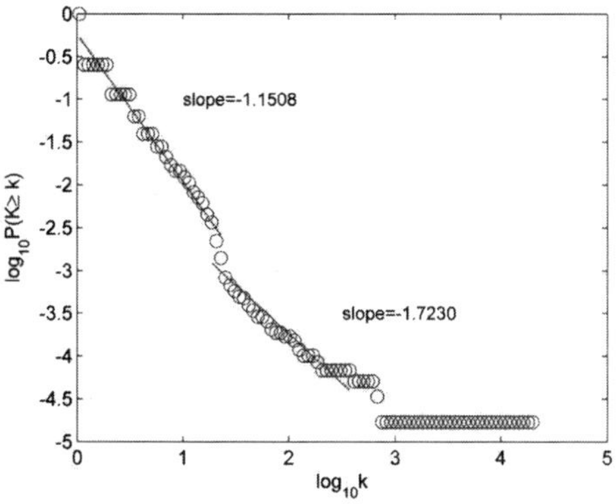

6-a. 微博A转发网络

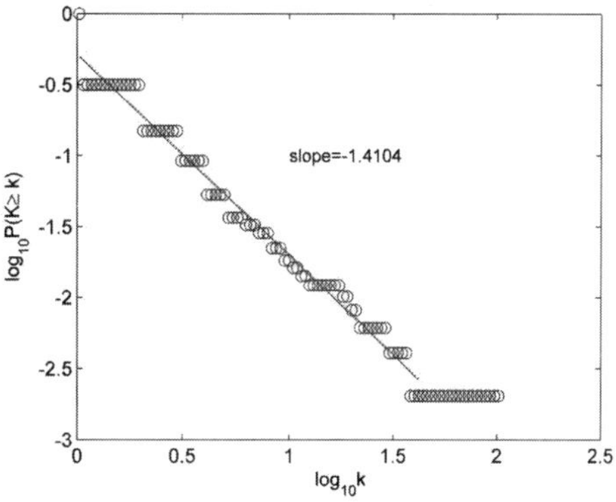

6-b. 微博B转发网络

图6　微博转发节点度的互补累积分布函数双对数坐标图

(二)对模型假定的验证

经编码统计,关于"马航失联"事件流言微博样本的转发态度对比情况如表1所示。表中的每条流言微博对应一个编号,并统计该微博的转发量、发布时间、结束时间,"相信"表示态度编码为"相信"的转发微博数,"怀疑"表示不相信或质疑原微博的转发微博数和占比,"怀疑初现时间"是指第一条持怀疑态度的转发微博出现的时间。

读表1并结合对微博文本的具体分析发现,10个案例中都同时存在"相信"和"怀疑"两种态度,且相信流言的转发者往往在一则流言微博发布后首先出现,而随着时间的增长,怀疑流言的转发微博也随之出现。由此说明,模型的假定二具有一定的合理性:在不确定性环境中,流言可能最先影响接触该流言的易感染者而使其成为积极感染者,同时也存在一定的概率会出现消极感染者。

表 1 “马航失联”事件流言转发微博的态度比较情况

微博	转发量	发布时间	结束时间	相信	怀疑(%)	怀疑初现时间
M1	1,295	03-08 21:39	03-18 20:53	103	1,192(92%)	03-08 21:50
M2	2,388	03-10 15:17	03-21 21:11	292	2,096(88%)	03-10 15:54
M3	19,160	03-10 12:31	03-11 15:52	17,135	2,025(11%)	03-16 16:07
M4	3,823	03-13 12:03	03-18 16:34	2,429	1,394(36%)	03-13 12:05
M5	1,016	03-13 18:37	03-18 16:21	648	368(36%)	03-13 18:38
M6	13,751	03-15 18:07	03-17 23:41	11,630	2,121(15%)	03-15 18:28
M7	6,317	03-15 23:06	03-17 22:35	4,449	1,868(30%)	03-15 23:09
M8	9,606	03-17 05:45	03-19 23:38	9,064	542(6%)	03-17 07:03
M9	1,047	03-17 11:50	03-23 21:49	1,037	10(1%)	03-17 12:17
M10	9,463	03-15 23:17	03-18 14:19	8,270	1,193(14%)	03-16 00:22

另外,表 1 显示转发量在 1 万左右的 4 条微博(M3、M6、M8、M10)的流言怀疑者的占比均低于 15%;而转发量较低的微博在该占比上却更高(除了 M9 外),其中转发量较少的 M1 和 M2 中持怀疑态度的微博占比甚至高达 92%和 88%。这体现了网络中持怀疑态度的转发微博数量越多,对流言微博的转发总量越少。而且,怀疑者出现的频率可能与流言的不确定性有关,当关于“马航失联”事件的官方信息越来越多时,不确定性减少,流言怀疑者也越来越多。

例如,在微博 M1 中,博主在马航失联 20 个小时后发文称,越南通讯社报道已发现马航 MH370 航班下落,称“飞机被发现时机身破损较严重,但未解体。机舱大部位于水面以下,仅机尾部露出水面,但少部分乘客和机组人员聚集在机尾部机舱”。但很快,经证实越南通讯社并未发布该消息,持不相信态度和斥责博主的转发微博随后不断出现,并持续占据主流意见(见图 7-a)。又如,微博 M8 是一幅宣称为“马航旧广告”的图片,广告语为“Wherever you go, no one will ever know”(不管你去哪里,都没有人知道),短时间内引发了大量转发,仅在一天之内转发量就超过了 8,000(见图 7-b),后该图片被证实为网友 PS 之作,且该图中飞机实为空客 A380 并非波音 777。与微博 M1 相比,微博 M8 这则流言的来源不明而且缺少官方回应,其信息不确定性更高,尽管后来被一些用户举报,转发微博中也出现了零星抵制流言的声音,但是也没能阻止流言的大范围传播。

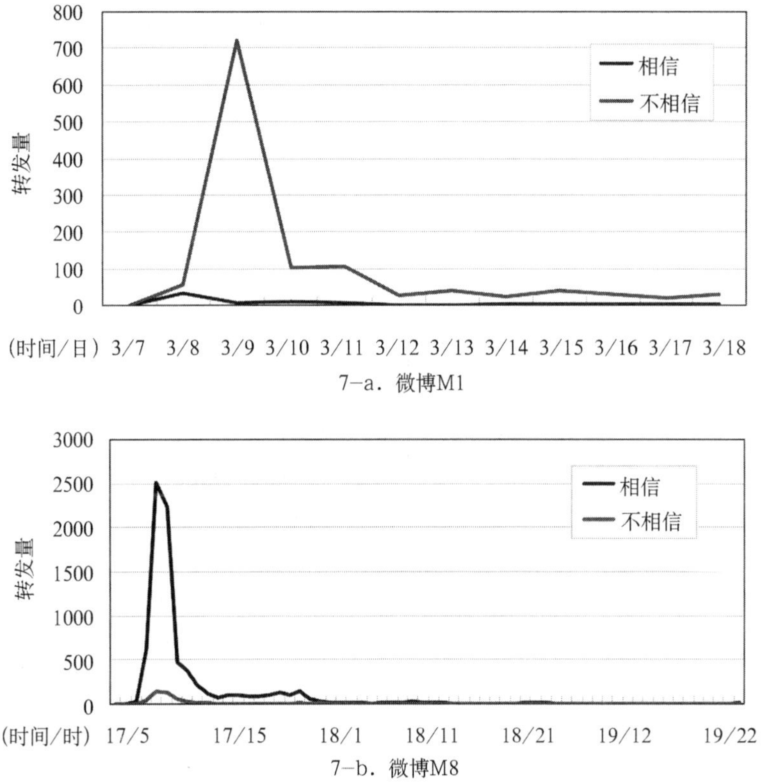

图 7　转发微博态度变化趋势图

由此可以佐证本研究模型假定三的合理性,即流言不确定性越高,消极感染者(怀疑者)出现的概率越小,从而导致流言传播过程中怀疑状态节点偏少,而相信状态节点占据主流,流言得以快速扩散。

(三)对实验结果的验证

首先,我们验证模型关于节点之间感染效果的合理性。由表 1 可知,在 10 条"马航失联"的流言微博中,转发微博中持相信态度的比例超过 60%的有 8 条,反映了微博流言传播过程中大部分参与转发的网民倾向于相信流言。这里以微博 M4 的数据为例,对其微博转发网络进行可视化分析(见图 8),其中深色节点表示积极感染(相信)状态,浅色节点表示消极感染(怀疑)状态;图中最大的深色节点为流言的源头微博。直观地,紧密环绕在核心周围的节点为直接转发节点,其中浅色节点所占比例稍大;但在网络边缘的间接转发关系中,浅色节点的占比反而比深色节点更少。可见在该微博网络中,对流言持怀疑态度者多出现在直接转发关系中,而在二级以上的微博转发层次中,怀疑者的比例却在下降。这说明相信态度的传播效率比怀疑态度的传播效率更高,用户节点更倾向于转发流言,而对辟谣或质疑流言的微博转发的人数较少。因此验证了积极感染率比消极感染率对流言传播效果(尤其是传播强度和广度)影响更为明显的结论,证明了本研究的实验结果是可靠的。

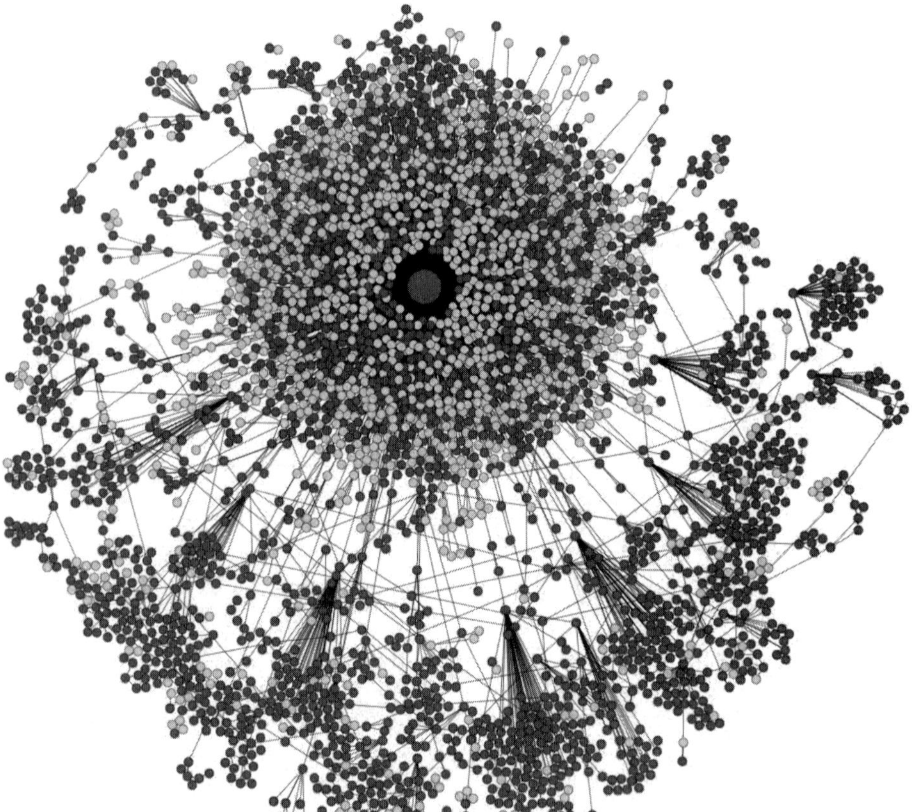

图 8 微博 M4 中相信态度和怀疑态度节点的网络分布情况

最新的研究表明,假新闻(fake news)比真相传播得更远、更快、更广,假消息比真相更新颖,更能激起人们恐惧、厌恶和惊讶的反应(Vosoughi, Roy, & Aral,2018)。这也就是为什么人们更喜欢传播流言信息而不是传播辟谣信息,因为人们对新奇的话题更感兴趣也更乐于传播。例如,在"马航失联"事件中人们普遍关心 MH370 的下落,当流言称其"被马来西亚军机击落并坠毁于马来西亚槟城西北 200 英里的马六甲海域"时,人们出于猎奇和期待的心理更愿意相信并转发“新”消息,而当他们接触到辟谣信息时,由于对事实的认识并未发生变化(即飞机依然下落不明),从而缺乏对事实和真相传播的动机。

其次,我们验证模型中节点之间态度转移的合理性。编码结果显示,几乎在所有编码的10条微博中都存在个体态度转变的情况,且以相信态度转移为怀疑态度为主。例如,在流言微博M2中博主贴图“斥责”新华社记者白瑞雪在报道井冈山舰参与马航搜救时面带“无耻的笑容”(后证实该图片出处为2007年《优秀新闻工作者白瑞雪同志事迹介绍》,与搜救无关),该微博引发了近2,000人转发,其中发生态度转变的节点共有12个,如用户“@52342540”先是相信流言内容并转发微博称道:“少校,能闭上你伟大的臭嘴吗,中国人民解放军的光辉形象就毁在你的笑容里!”而4分钟后他/她发布的另一微博则改变了既有态度,转而驳斥博主:“这是中俄军演时候的照片啊,看看臂章,而且你说是在井冈山舰上,我咋看见在机场呢?我看你才无耻!”又如用户“@我爱榴莲榴莲爱我_GA”刚开始倾向于相信流言而转发微博称:“她为什么笑?”随后在其他人的解释下转为怀疑态度,再次转发微博:“哦哦了解了!这博主太不是东西了,扰乱秩序!!! //@回龙观神经病医院院长:因为这张照片是几年前中俄军演的照片。”可见,在模型中考虑节点态度转变的可能性使得模型更接近于实际情况,虽然积极转移率和消极转移率都比较低;而且积极转移率往往高于消极转移率,因为流言一旦被“证伪”,短期内人们将不会再相信这类流言。

最后,我们验证模型模拟流言免疫率对传播效果影响的适用性。从表1的数据可以发现以下规律:当一条流言微博传播过程中积极感染者(相信者)的比重越大,消极感染者(怀疑者)的比重越小时,流言传播范围越大,传播时间越短;反之,消极感染者比重越大,积极感染者比重越小,则流言传播范围越小,持续的时间越长。如M3、M6、M7、M8和M10这5条转发量较大且积极感染者占比较大的微博,平均每条微博传播的时间长度约为2天;反观其余转发量较小且消极感染者占比较大的微博(除了M9外),流言传播持续的天数都在5天以上,尤其是消极感染者占比最高的两条微博M1(92%)和M2(88%),传播的时间长度更是在10天以上。由此我们推断:在一般现实情况中,积极免疫率可能比消极免疫率更高,即积极感染者转化为免疫状态的概率比消极感染者转化为免疫状态的概率更高。

结合上述实验结果,一方面,整体免疫率的增加,会导致流言传播广度的增加和传播时间长度的减少;另一方面,积极免疫率增加对流言传播效果的影响比消极免疫率的增加更为明显,当积极免疫率大于消极免疫率时(同时也大于积极恢复率时),流言传播的范围明显扩大,传播的生命周期也明显缩短。这与上述的微博真实数据显现出的规律吻合,说明模型的结论具有可靠性。

六、结论与讨论

本研究是利用网络建模和仿真实验对社交网络中流言传播问题进行计算研究的一次尝试。在传染病动力学模型基础上,本研究借鉴了前人将流言传播中的人群划分为不同“仓室”(compartment)的研究范式,以及在复杂网络对流言扩散进行建模的思路,提出了适用于微博环境的 SIpInR 流言传播模型,将个体对流言认知态度纳入传统 SIR 模型中,把三类状态扩展为易感染、积极感染、消极感染和免疫四种状态。在以 NetLogo 为计算平台的模拟实验中,我们通过调节模型的参数值,观察不同水平的感染率、转移率、恢复率和免疫率等对流言传播效果指标(传播强度、广度和长度)的影响。研究结论总结如下:

(1)积极感染率正向影响流言传播的强度和广度,即流言的积极感染率越高,传播网络中接触并相信流言的人数以及最终对流言“免疫”的人数越多;同时,流言的积极感染率越高,网络中感染者比例达到最大值的时间越短,也就是流言传播的速度越快。这说明流言的积极感染即相信态度的“传染”是流言传播重要的影响因素,而且主要影响流言的“爆发”阶段。消极感染率的变化对流言传播的强度、广度和长度均无明显影响,因此没有证据表明怀疑态度的“传染”能够有效降低流言的传播效果。

(2)积极转移率负向影响流言传播的强度,而消极转移率正向影响该效果指标,但转移率的变化对流言传播的广度和长度效果指标的影响并不明显。这意味着,个体态度的转移率能够影响流言传播是否在短时间内爆发并达到何种强度,具体表现为提高“传谣者”转变为“辟谣者”的概率,有利于减少流言瞬时所能影响的最大群体规模,有效降低流言对正常信息传播秩序的破坏性;相对地,防止流言的怀疑者因为态度暧昧或立场不坚定沦为“传谣者”,也能够有效地遏制流言的快速扩散。该结论启发我们,在干预社交媒体流言传播的过程中,说服并促使流言信息的传播者旗帜鲜明地抵制流言,对控制流言传播具有重要意义。

(3)社交网络中个体对流言的免疫率越高,相对来说恢复率越低,流言传播的范围越小,影响延续的时间越短。这说明恢复率和免疫率不是流言传播初始阶段的决定性因子,而只影响流言传播的后续阶段,即流言影响最终波及人群范围及其衰减消亡的时间。此外,积极免疫率比消极免疫率的影响效果更明显,所以把握积极感染者的信息需求和兴趣点,有针对性地提高公众的媒介素养,开展宣传说服和事实核查活动,例如媒体新闻辟谣、民间科普、官方信息公开等,使流言"拥护者"及早对流言"脱敏"、失去传播的兴趣,流言才能真正地趋于消亡。

本研究对新浪微博真实数据进行了实证分析,检验了流言转发网络的无标度特性,证明了 SIpInR 模型对流言传播网络结构假设的合理性。结合对微博流言样本的内容编码统计和案例分析,我们追踪了微博转发者态度的分布和发展变化,证实了模型中怀疑态度出现率以及受流言不确定性影响的意义,并检验了模型的模拟感染效应、态度转移、免疫效果等实验结果的可靠性。不是一般性地,我们可以根据研究结果总结社交媒体流言传播模型的特点,即积极感染率比消极感染率高,积极转移率比消极转移率高,积极免疫率比消极免疫率高。

值得注意的是,本研究所提出的流言传播模型及其结论基于对社会系统的构建和仿真模拟实验,然而流言传播是一种极其复杂的、多维度的社会现象。在后续的研究中,我们将从以下两个方面继续改进和延展:一方面,我们需要考虑更多的变量,比如网络结构(密度、聚类系数、社团化等)、自我中心网络(社区声望、门槛、网络约束等)和个体属性(自我效能、利益等)等因素对流言传播效果的影响;另一方面,有必要延伸流言传播模型适用范围,结合对社交网络(如微博、微信)特别是移动互联网数据的文本和网络挖掘,以探索构建跨平台跨媒介的流言传播模型的可能性。

参考文献

奥尔波特等(2003),《谣言心理学》(刘水平、梁元元、黄鹂译)。沈阳:辽宁教育出版社。

巢乃鹏、黄娴(2004),《网络传播中的"谣言"现象研究》。《情报理论与实践》,第 6 期,页 575,586-589。

李彪、郑满宁(2013),《从话语平权到话语再集权:社会热点事件的微博传播机制研究》。《国际新闻界》,第 7 期,页 8-17。

刘海龙(2012),《从传播学角度看:微博流言的特征》。《新闻与写作》,第 5 期,页 20-23。

潘灶烽、汪小帆、李翔(2006),《可变聚类系数无标度网络上的谣言传播仿真研究》。《系统仿真学报》,第 8 期,页 2346-2348。

汪小帆、李翔、陈关荣(2012),《网络科学导论》。北京:高等教育出版社。

许晓东、肖银涛、朱士瑞(2011),《微博社区的谣言传播仿真研究》。《计算机工程》,第 10

期,页 272-274。

薛一波、鲍媛媛、易成岐(2014),《SPNR:社交网络中的新型谣言传播模型》。《信息网络安全》,第 1 期,页 5-9。

尹书华(2011),《基于复杂网络的微博用户关系网络特性研究》。《西南师范大学学报(自然科学版)》,第 6 期,页 57-61。

苑卫国、刘云、程军军等(2013),《微博双向“关注”网络节点中心性及传播影响力的分析》。《物理学报》,第 3 期,页 1-10。

周晓虹(2003),《传播的畸变——对“SARS”传言的一种社会心理学分析》。《社会学研究》,第 6 期,页 43-54。

Barabási, A. L., & Albert, R. (1999). Emergence of Scaling in Random Networks. *Science*, 286(5439), 509-512.

Buckner, H. T. (1965). A Theory of Rumor Transmission. *Public Opinion Quarterly*, 29(1), 54-70.

Bonabeau, E. (2002). Agent-Based Modeling: Methods and Techniques for Simulating Human Systems. *Proceedings of the National Academy of Sciences*, 99 (suppl 3), 7280-7287.

Chen, J., Song, Q., & Zhou, Z. (2017). Agent-Based Simulation of Rumor Propagation on Social Network Based on Active Immune Mechanism. *Journal of Systems Science and Information*, 5(6), 571-584.

Daley, D. J., & Kendall, D. G. (1964). Epidemics and Rumors. *Nature*, 204 (4963),1118.

Hilbert M., Barnett G., Blumenstock J., et al. (2019). Computational Communication Science: A Methodological Catalyzer for a Maturing Discipline. *International Journal of Communication*, 13,23.

Kermack, W. O., & McKendrick, A. G. (1927). A Contribution to the Mathematical Theory of Epidemics. *Proceedings of the Royal Society of London*, 115(772),700-721.

Moreno, Y., Nekovee, M., & Pacheco, A. F. (2004). Dynamics of Rumor Spreading in Complex Networks. *Physical Review E*, 69(6), 066130.

Vosoughi, S., Roy, D., & Aral, S. (2018). The Spread of True and False News Online. *Science*, 359(6380), 1146-1151.

Zanette, D. H. (2002). Dynamics of Rumor Propagation on Small-world Networks. *Physical Review E*, 65(4), 041908.

网络舆论传播的空间特征研究*

——以《我不是药神》为例

Research on the Spatial Characteristics of Online Public Opinion

—Taking *Dying to Survive* as an Example

◎ 徐碧莹　钟智锦　廖小欧　许小可　张铭越　陈兴蓉　付　玉　武林秀**

Xu Biying　Zhong Zhijin　Liao Xiao'ou　Xu Xiaoke　Zhang Mingyue　Chen Xingrong　Fu Yu　Wu Linxiu

摘要:信息流的空间分布与实体空间的属性既有着紧密的联系又存在着差异,其中作为信息流重要组成部分的网络舆论亦是如此。本研究以《我不是药神》为例,分析相关舆论在网络空间中的传播特征,探讨网络舆论的扩散方式与地域的社会环境条件的联系。研究发现:第一,舆论传播的地域空间网络分为一级意见领袖区、二级意见领袖区和三级边缘区;第二,地域的实体经济文化发展程度越高,其在舆论场中的地位也越高。网络空间中的舆论传播受到实体空间的极大影响,地缘政治、地缘经济、地缘文化等因素都在网络舆论的形成和扩散过程中发挥着重要作用。

Abstract: The spatial distribution of the information flow and the attributes of the physical space are both closely related and different. The same is true of online public opinion, which is an example part of the information flow. This study takes *Dying to Survive* as an example to analyze the communication characteristics of public opinion in the cyberspace, and to explore the relation-

---

* 本研究得到广东省舆情大数据分析与仿真重点实验室、国家社科基金重大项目“大数据时代计算传播学的理论、方法与应用研究”(项目编号:19ZDA324)、广州市大数据与公共传播重点研究基地的支持。

** 徐碧莹、廖小欧,中山大学传播与设计学院研究生;钟智锦,博士,中山大学传播与设计学院教授,本文通讯作者;许小可,博士,大连民族大学信息与通信工程学院教授;张铭越、陈兴蓉、付玉、武林秀,大连民族大学信息与通信工程学院研究生。

ship between the diffusion pattern of online public opinion and the social environmental conditions of the physical space. The study found that: first of all, the regional spatial network of public opinion is divided into first-level opinion leading region, second-level opinion leading region, and third-level marginal region; second, the more advanced the regional real economic and cultural development, the more important its position in the public opinion field. The communication of public opinion in the cyberspace is influenced by the physical space. Geopolitics, geo-economics, geo-culture and other factors play an important role in the formation and diffusion of online public opinion.

关键词:网络舆论,空间特征,流动空间,《我不是药神》

Keywords:online public opinion, spatial characteristics, space of flows, *Dying to Survive*

一、引言

电影舆情,是社会舆情在电影生产领域的延伸,特指社会公众对某部或多部电影乃至整个电影产业形成的认知、态度、情感与行为倾向等方面舆论的总体情况(倪万,2016)。现实主义电影《我不是药神》由真实事件改编,主要讲述了一位销售印度保健品的主人公在机缘巧合下违法走私印度仿制药“格列宁”,救助慢性白血病患者,最终被捕入狱的故事。电影上映于 2018 年 7 月 5 日,口碑票房双丰收,最终收获 30.97 亿元人民币票房,进入中国大陆电影影史票房前五。此外,这部影片也由于涉及医疗、法律与人情的特殊题材而引起了网民在社交媒体上的大量讨论。观众通过观看电影对慢性白血病人有了初步了解,对这一特定群体的“刻板印象”发生了改变,同时还了解了仿制药和原研药的区别及相关社会现状。电影舆论主要集中于对药物定价机制合理性的探讨、仿制药生产与原研药研发关系的反思,以及对“法大于情,还是情重于法”的思考等(任燕、周丽,2018)。

学者索洛卡(Soroka,2000)指出,娱乐导向节目其实也存在议程设置,其对公众舆论也会产生重大影响。在我国互联网和电影事业蓬勃发展的当下,电影已经具备造成现象级社会舆论事件的能力,这些电影舆论具备了大数据的特征,而其背后的舆论空间传播机制还未来得及被研究和应用。本研究以《我不是药神》为例,以流动空间为切入点,挖掘微博上的舆论信息,借助大数据分析工具,研究电影的网络舆论在流动空间上的结构和特征。

二、文献综述

(一)信息流的空间结构研究

随着互联网的普及,信息技术被应用在行业生产与日常生活的各个方面,互联网的逻辑随之渗透到社会运作和社会结构的多个环节,人类步入一个崭新的信息时代。随着新时代的到来,一种以流动为特征的空间形式——“流动空间”(space of flows)产生了。“流动空间”是指“通过流动而运作的共享时间的社会事件的物质组织”,它结合了实体空间和虚拟空间,颠覆并重新定义着传统的时空概念(Castells, 1992)。人流、物流、信息流、资金流、文化流、知识流等以流动性为特征的元素充满了这个新空间(Hanley, 2004)。其中,作为一大关键要素的信息流,更是打破了地理区间和线性时间的限制,构建出跨时空的信息共享网络。信息流孕育于实体空间又反作用于实体空间,深刻影响着当下的社会与文化,因此,研究信息流的特征尤其是其空间结构特征,有助于洞察信息流对实体空间及现代日常生活的影响情况。

对信息流的空间研究主要集中在网络信息地理学(cyber geography)领域。此类研究往往不聚焦于某一或某些具体事件,而是以一定时间范围内某类型的全部信息流为考察对象,从地理学视角,研究各种信息流的地域空间结构特征。这些信息流既包括包裹邮件数据、物流客运数据、经济交易数据,也包括网站数据以及更泛化的网络流量、带宽数据等(Townsend, 2001; Malecki, 2002; 金彪等,2018;周芳如等,2016)。比如,国外学者米切尔森和惠勒(Mitchelson & Wheeler,1994)以联邦快递的数据为基础,考察了美国城市间信息流交互情况,揭示了全球化如何影响这些城市在信息交流体系中的位置;德鲁德和伯恩斯(Derudde & Burns,2008)等人分别通过获取航空客运流研究了全球和欧洲大都市地区等的城市网络结构;国内学者金彪等人(2018)利用 2015 年京东商城手机交易记录和中国统计年鉴数据,研究了信息流和资金流在省域层面的空间差异;熊丽芳等人(2014)借助模拟计算出的百度信息流,构建了长三角、珠三角和京津冀经济区的城市网络。

在相关研究中,学者们发现,这些信息流的空间分布与实体空间的属性或者与地域城市的属性,既有着紧密的联系,又存在着差异。一方面,信息流的空间结构和城市间实际的体系结构有着相似的层级特征。比如,姚文翠等人(2017)在对武汉及其周边53个城市的互联网信息联系数据进行分析后发现,该研究区域存在"以武汉为主导,以合肥、郑州、长沙为次级主导,以南昌、宜昌、芜湖、抚州为控制节点,以其他城市为基础层级的信息流空间层级结构"。董超等人(2014)利用吉林省各地间固定电话通话时长数据,同样勾画出一个包含主导型城市、次级主导城市和从属性城市的层级网络结构。但同时,在另一方面,信息流的空间分布并不总是与行政区划或城市经济发展情况完全一致,从其结构特征中仍能看到虚拟空间的平等特性的影响。在关于武汉市及周边城市体系信息流动的研究中,传统的基于地理邻近城镇联系的地理格局被打破,中心城市间的跨地域联系突出,呈现出多中心的网络空间形态(姚文翠等,2017)。有学者基于综合空间网络的探讨,更是发现了"以东部沿海城市为主以及西部西安、重庆和成都三核心的信息空间核心格局"(王宁宁等,2018)。

(二)网络舆论传播的空间结构研究

关于互联网信息流的研究大多集中在上述领域,研究范围尺度较大,对特定区域或者某一类城市的研究还不够充分(姚文翠等,2017),对作为信息流重要组成部分——网络舆论的空间结构研究更是少之又少。

目前关于网络舆论的研究更多从网络节点(即行为个体和组织)的身份特征出发,探讨节点与舆论传播的网络结构的关系,很少结合实体的地理空间来分析传播网络的结构。比如,李彪(2011)通过研究2008—2010年发生的40个网络热点事件,发现网络事件信息传播呈现出双核心的哑铃结构模式,改变了传统媒体时代按照话语权力等级而形成的层级传播结构。韩运荣和高顺杰(2012)推演出了微博舆论演化的三种模式:漩涡蔓延型、星系扩散型和节外生枝型。有学者进一步补充,认为微博传播模式在纵向上是以加V人群为中心的星状拓扑结构,在横向上则为加V人群内部、草根博主之间的扁平化结构(李彪,2013)。这种去地域化的研究取向,依赖于微博用户粉丝与关注者构建的关系网络,而这种关系行为容易受到用户发布内容影响,具有较大的不确定性(赵爱等,2017),可能使舆情的分析过于具体化和个案化,错过对舆情预警和前期调控的一般性规律的发现。

尽管如此,在为数不多的舆论传播的空间结构研究中,学者们仍为我们提供了不少洞见,通过探讨舆论的空间结构与地域的网络结构的密切联系,揭示出实体空间对流动空间更为宏观的政治经济影响。赵渺希(2011)以2008年北京奥运会为研究对象,以国内主要城市为案例城市,分析了重大事件在区域新闻信息的网络空间响应机制,发现“地区经济发展状况、是否举办相关赛事、城市行政等级、是否为境外特定政治势力关注地”成为重要影响因素,而“空间距离已经不再是地域关联响应的主要影响因素”。赵燕慧等人(2018)以“4·20”雅安地震事件、凤凰古城收费事件和郭某某事件为例,分析了这三种不同类型的舆情事件的时空分布特征及差异性,发现“微博用户的不平衡区域分布和其跨区域流动对信息空间分布产生直接影响”。更有学者采用流分析法发现,网络信息空间在我国呈现出“一超多强”的极化不对称格局,而地理距离和经济社会发展水平与该格局形成有密切关系(陈映雪等,2012)。

学者们的研究表明,一方面,网络舆论传播空间与实体地理空间存在相互交织与融合的情况,另一方面,网络舆论传播的空间特征不是地理空间特征的简单镜像投影,它也拥有自己的运作逻辑。具体而言,在空间分布上,舆论传播总体呈现出的极化不对称格局,与地域的经济社会发展水平具有很高的一致性;但同时,“经济社会发展水平差距对城市之间网络信息不对称程度的影响随着地理距离的增加呈现出衰减性”(陈映雪等,2012),而不同的舆情事件类型以及微博用户的不平衡分布也会对舆论的空间结构特征产生直接影响(赵燕慧等,2018)。

不过,这些研究大都存在相似的不足:只停留在舆情传播网络结构的挖掘与描述,缺少针对具体舆情事件的传播模式成因的微观分析,同时还缺少对网络空间与实体空间之间信息流动差异的原因分析。

三、研究问题

综上所述,信息流的空间分布与实体空间的属性既有着紧密的联系又存在着差异。而信息流的重要组成部分——网络舆论的空间结构研究更是少之又少。正如国外学者米切尔森和惠勒(1989)在研究美国大都市信息流时所发现的,虽然信息流本身没有层级性,但是少量控制性的中心城市能够汇聚大量的专业性信息,从而具有控制和指挥信息流的功能。国内针对信息流的研究也得出了相似结论,表明信息流具有实体空间和虚拟空间的双重属性,而作为流动社会中一个典型信息流的网络舆论更是如此。前人的研究成果,揭示了网络场域中舆论迅速扩散的空间结构特征及其与实体环境的相互交织,为日后关于舆论的时空研究奠定了认识论和方法论的基础。但是就具体的舆情事件而言,网络舆论表现出了怎样的空间扩散规律,它在哪些方面、在多大程度上继承了实际地理空间的体系规则,又在哪些方面突破了传统地理空间的扩散规律,而这种无意识的扬弃机制又是如何形成的,都尚待继续探究。

《我不是药神》是一部适合用于探讨舆论空间传播问题的电影。作为一部改编自真实事件的跌宕起伏的现实主义电影,它兼具了"娱乐性"和"公共性"的特征,聚焦于大众最关心的医疗和法律问题,反映了广泛的非地域性的社会矛盾,具有非常大的现实意义。截至本研究完成之日,微博电影同名话题已达到128.6万讨论量和4.2亿阅读量,在全国范围内产生了广泛的影响,使得研究地域之间的舆论流动具有可行性。此外,电影还引起了政策的关注,李克强总理就电影特别批示,要求国务院常务会确定的相关措施要抓紧落实,要求有关部门"急群众所急",加快落实抗癌药降价保供等相关措施,从国家层面对政策进行调整完善。

因此,本研究立足于现实主义电影《我不是药神》,提出以下研究问题:

第一,网络空间中舆论传播的地域级网络。具体来说,是各省级地区的舆论信息如何流向,哪一个地区处于"意见领袖"的位置。互联网兼容了传统媒体的特点,打破了传统的地缘政治、地缘经济、地缘文化的概念,形成了以信息为主的跨国界、跨文化、跨语言的全新虚拟空间,并日益成为意识形态的重要阵地(殷瑜,2005)。照此种观点,《我不是药神》的舆论地域级网络应打破现实中的地缘关系,呈现出另外一种形式。

第二,实体空间和网络空间之间是否有联系?也就是说,地域的实体经济文化发展程度是否会影响到其在舆论场中的地位?经济状况、人口规模、互联网普及程度、教育程度等社会环境条件越好的地区,是否更有可能在舆论场中担任"意见领袖"的角色?

四、研究方法

为分析现象级电影《我不是药神》的舆论在网络空间中的传播规律,探讨舆论的扩散方式与地域的社会环境条件的联系,本研究以微热点官方提供的微博原始数据为研究对象,利用Python语言中Pandas框架进行数据分析,借助Matplotlib绘图库和Gephi对结果进行可视化。

在数据的初处理阶段,笔者根据是否为转发,从原始数据中提取出"原创微博"和"转发微博"两个分数据集合为总数据集,根据微博是否重复、是否与研究问题相关,是否存在广告、投票、抽奖等内容,对总数据集进行清洗。为保证操作的准确与可行,笔者将微博 ID 号作为唯一确定每条微博数据的依据,即"原微博伪 MID(MD5 加密)"与"转发微博伪 MID(MD5 加密)",并最后保留有效微博 290 万条。

在计算微博的地域转发网络时,由于原始数据未直接给出微博转发关系,笔者通过从"转发微博内容"中提取与"转发微博用户昵称"对应信息,来寻找转发微博用户对应的被转发微博用户,得到用户转发关系网络。其中,有少部分数据存在同一 MID 对应多条数据的情况,对此笔者只保留第一条内容。

在研究实体空间和网络空间的联系时,笔者选取互联网普及率、常住人口规模、地区生产总值、高中以上学历在读人数四个指标来代表一个地区的互联网可得性、人口规模、经济状况和教育程度,借此表征不同省级地区的社会环境条件差别。通过将各省级地区微博出度、入度与上述四个指标在 SPSS22 中进行相关分析,探究不同地域的发展情况与其在舆论场中地位的关联程度。

五、研究发现

(一)电影舆情的地域基本情况

通过对各省份的所有微博数量进行整理可以发现,北京、广东、山东、江苏和浙江为全国范围内微博发布条数最多的五个省级地区,上海、河南、四川紧随其后,澳门、台湾、西藏、青海、香港、新疆则依次为微博发布条数最少的地区。根据电影频道融媒体中心发布的《2018 中国电影年度调查报告》,2018 年省份票房排行,广东、江苏、浙江、上海、四川、北京依次位列前六。发微博量与该地的票房趋势大致相同。这些地区的观众看电影看得更多,有接受电影资讯的习惯,因此更有可能在观影之前在微博上搜索和转发《我不是药神》的资讯,也可能会在观影之后发表观后感和讨论相关议题。比较特殊的是,山东一跃挤进微博数量前三。从时间线上推测,可能与 2018 年 7 月长春生物问题疫苗销售到山东的时间有关。同为涉及生命的重大医疗问题,《我不是药神》或成为民众表达意见和情感的出口。而北京从全年票房第六到此电影微博数量第一的原因可能是,电影官方微博注册地为北京,很多公众人物也会推荐,宣传互动活动比较多。

值得注意的是,在微博数量的变化趋势上存在明显的三个区段,分别为极大值区、断崖式减少区和平缓减少区。其中,北京和广东的微博发布数量最多,均超过 40 万条,属于极大值区;山东、江苏、浙江、上海、河南和四川地区的微博发布数量依次递减,从近 30 万条到近 15 万条不等,相互之间差距较大,呈明显的阶梯状,属于断崖式减少区;余下省级地区的微博发布数量均小于 15 万条,地区微博发布的数量差异不明显,因而属于平缓减少区(见图 1)。将这三个区段对应实际地域,可以看到电影舆情的基本空间分布特征:微博发布最为活跃的地区主要集中在一线城市所处区域(如长三角和珠三角地区),最不活跃的地区则集中在特别行政区和西部内陆地区,而在地理空间上处于中部的地区,在发布微博的活跃程度上也处于中间位置。

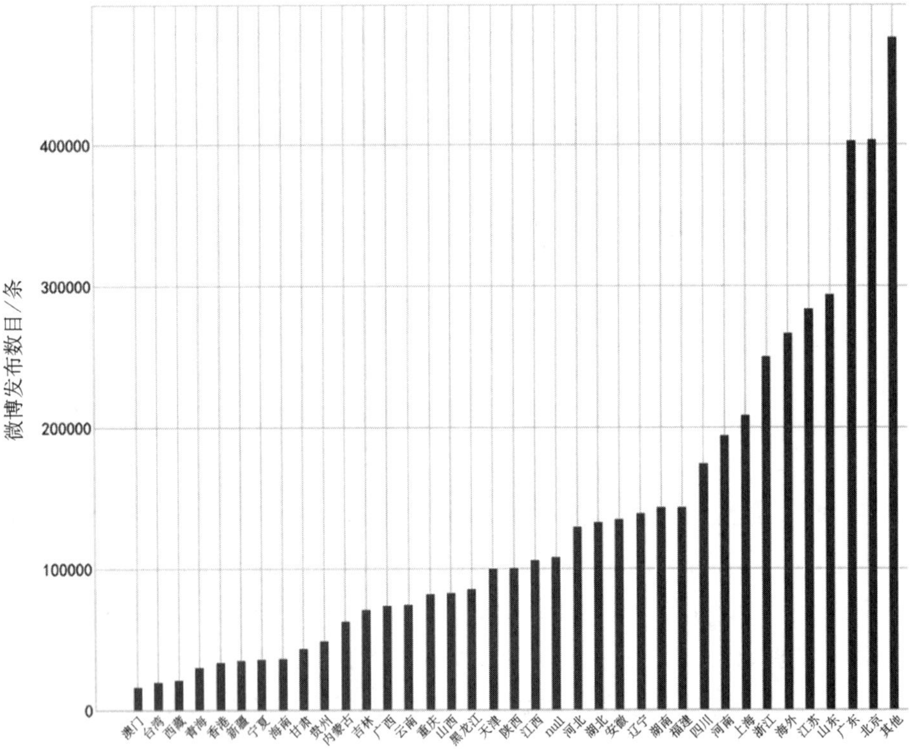

图 1　各省级地区微博发布数量

三个不同区段的形成,既与不同地区媒体发达程度和用户数量差异有关,也与医疗话题本身在区域内的影响力有关。首先,北京、上海、广东、江苏、浙江有着发达的传媒产业和大量活跃的自媒体,加之区域内庞大的用户群体,能够在短时间内引发舆论聚集。其次,《我不是药神》是一部聚焦绝症和医药问题的现实主义电影,在某种意义上,公众对相关议题感同身受的程度决定了他们回应的强度。

根据国家癌症中心2018年发布的全国癌症统计数据,恶性肿瘤发病率的地区分布由高到低依次为东部、中部、西部,调整人口结构后,地区间发病率的差异缩小,但趋势并未改变。此外,与医药问题紧密相关的医患纠纷一直也是我国舆论场中的活跃议题。人民网舆情监测室统计数据显示,2016年典型的"医闹"和暴力伤医事件发生在广东的最多,其次是海南和山东。而在2017年受理的医疗损害纠纷案件中,河南、江苏和山东的医疗案件数量均超过1,000件,位列全国前三。可见,患病率以及医患矛盾的突出地区,与舆论场的活跃地区产生了几种不同区段。同理,作为异常值出现的特别行政区,表现出了与其城市发展水平不符的低活跃度,这与两地不同的政治制度、医疗体系、社会保障体系不无关系,不同的社会经验导致《我不是药神》中的医疗问题很难引发港澳台地区民众的共鸣。

(二)网络空间中舆论传播的地域级网络

由于数据庞大,经过对营销微博进行清洗,笔者抽取了转发量前10的用户微博(总转发量为452,249),得到社会关系网络图(见图2)。可以看出,电影相

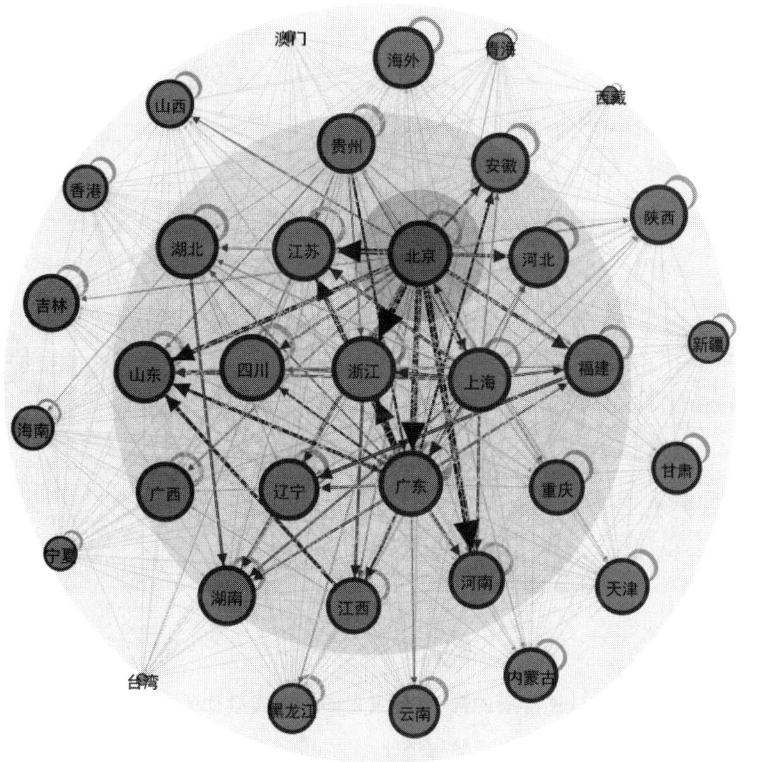

图2 前10转发量的微博省级社会关系网络图

关微博在转发过程中可以分为三个区域,由核心微博发布省份传播至各个省级地区,部分地区之间也存在传播关系。具体来说,北京是核心微博地区,是《我不是药神》的一级意见领袖区,然后辐射至二级意见领袖区,主要包括河南、浙江、广东、江苏等人口较多而经济又较为发达的地区,其中这些二级区域之间也互为传播。最外围的区域则是三级区域,此区域的省级地区多为我国的边疆地区、人口较少或经济欠发达地区。

为了研究电影舆论的地缘关系问题,笔者将图 2 按照中国地图的分布重新进行了排版。由图 3 可知,省份转发形成了一个互相交织的复杂网络,线条集中在我国的中部和东部,南北跨度明显。以 67—70 为度的范围过滤掉网络中的其他节点,可以得到核心网络,即图 4。可以发现,《我不是药神》舆论的地域级网络其实依然保留了地缘关系,如长三角地区的江苏—上海—浙江,但是它突破了地缘关系,使得舆论可以跨越南北,如北京—广东。

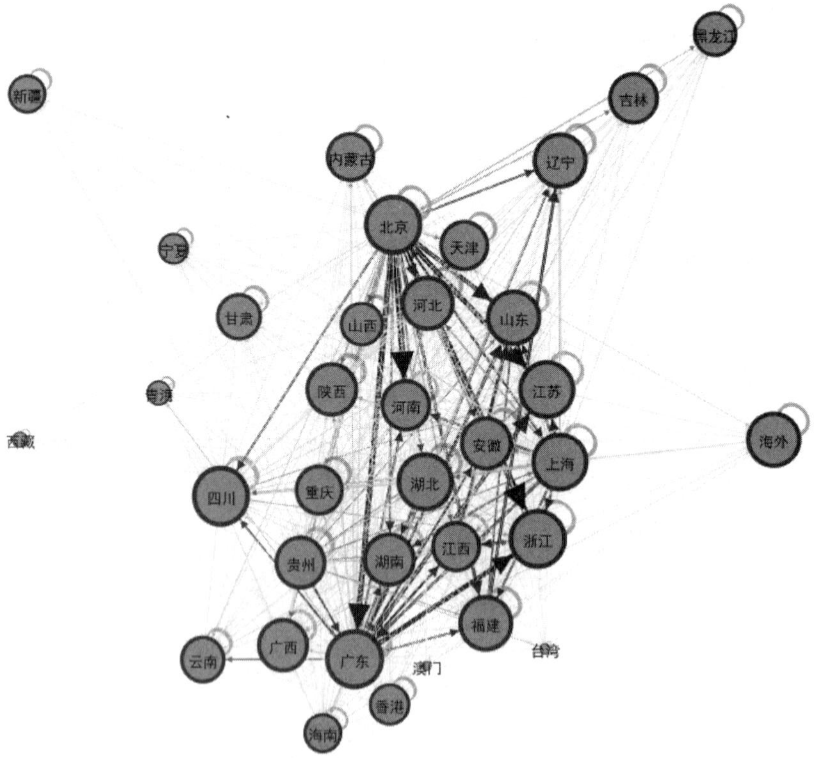

图 3　按地图排版的前 10 转发量的微博省级社会关系网络图

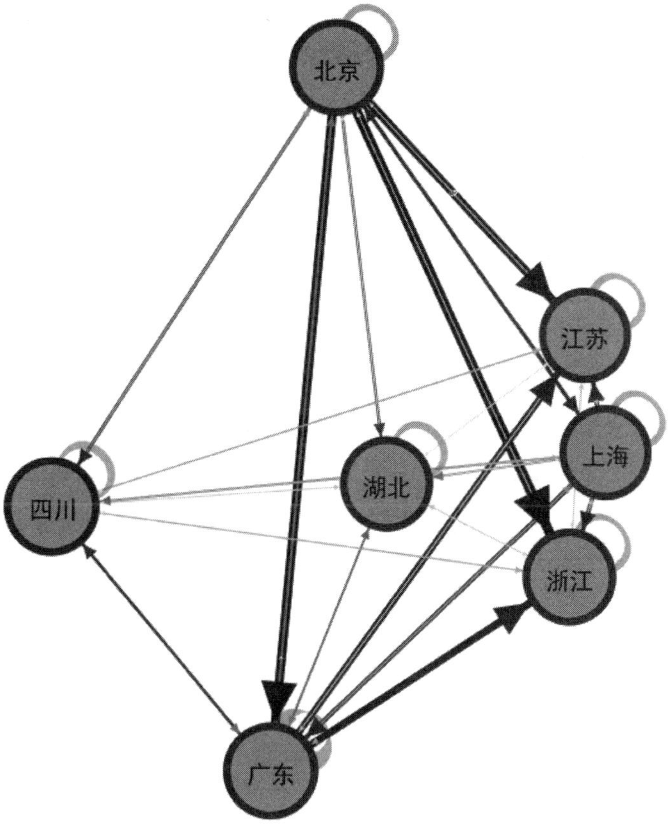

图 4 部分核心省级地区社会关系网络图

(三)实体空间和网络空间之间的联系

为了测量不同省级地区之间的实力差距,本研究采用了来源于国家统计局的互联网普及率、常住人口规模、地区生产总值、高中以上学历在读人数来代表互联网可得性、人口规模、经济状况、教育程度,详情见表 1。

表 1 不同省份的指标对比

地区	微博转发入度	微博转发出度	2016 年互联网普及率(%)	2017 年末常住人口(万人)	2017 年地区生产总值(亿元)	2017 年高中以上在读人数(万人)
北京	17,530	120,271	77.8	2,171	28,014.94	83.14
天津	5,425	2,064	64.6	1,557	18,549.19	77.67
河北	12,614	4,340	53.3	7,520	34,016.32	326.65
山西	15,329	4,748	55.5	3,702	15,528.42	181.20
内蒙古	9,402	5,517	52.2	2,529	16,096.21	107.65
辽宁	8,472	1,928	62.6	4,369	23,409.24	192.50
吉林	3,973	387	50.9	2,717	14,944.53	118.95
黑龙江	3,906	242	48.1	3,789	15,902.68	149.45
上海	19,326	60,464	74.1	2,418	30,632.99	77.99
江苏	38,217	16,379	56.6	8,029	85,869.76	336.28
浙江	35,854	9,532	65.6	5,657	51,768.26	230.76
安徽	24,005	8,371	44.3	6,255	27,018.00	299.31
福建	14,832	8,013	69.7	3,911	32,182.09	173.36
江西	11,736	3,647	44.6	4,622	20,006.31	235.96
山东	22,537	1,942	52.9	10,006	72,634.15	446.36
河南	37,356	20,368	43.4	9,559	44,552.83	512.48
湖北	13,730	13,650	51.4	5,902	35,478.09	259.15
湖南	22,350	8,724	44.4	6,860	33,902.96	310.60
广东	50,195	92,581	74.0	11,169	89,705.23	481.24
广西	6,381	1,151	46.1	4,885	18,523.26	252.83
海南	3,658	1,841	51.6	926	4,462.54	47.54
重庆	6,913	2,497	51.6	3,075	19,424.73	165.70
四川	14,072	16,923	43.6	8,302	36,980.22	377.27
贵州	6,864	19,925	43.2	3,580	13,540.83	214.18
云南	5,048	689	39.9	4,801	16,376.34	204.10
西藏	6,978	772	46.1	337	1,310.92	11.37
陕西	6,267	1,112	52.4	3,835	21,898.81	208.81
甘肃	6,567	7,941	42.4	2,626	7,459.90	123.74
青海	1,557	24	54.5	598	2,624.83	26.59
宁夏	1,073	38	50.7	682	3,443.56	34.46
新疆	7,562	6,349	54.9	2,445	10,881.96	115.18

对指标进行相关分析发现,所有指标和微博入度有显著正相关,除了互联网普及率以外,人口规模、经济实力和教育程度都与微博出度有显著正相关(见表2)。由此可得,在网络空间上,地域实力与舆论地位确有关系。地域的实体经济文化发展程度越高,其在舆论场中的地位也越高。具体而言,经济状况、人口规模、互联网普及程度、教育程度条件越好的地区,转发微博的数量也越多;经济状况、人口规模、教育程度条件越好的地区,微博被转发的数量也越多。人口规模是微博数量的基础,经济状况能保证人口规模和教育程度,经济状况好的地区能吸纳和留住各种层次的人才,并且为教育投入更多资源,形成一个良好的舆论环境。在这种环境下,网民会倾向于为社会热点发声。同时,互联网普及率是虚拟空间中的舆论被网民广泛接收(入度)的必要条件,但意见领袖的舆论表达(出度)并不需要该地区有很高的网络可得性。

表2 不同省份指标对比的相关分析

		微博转发入度	微博转发出度	2016年互联网普及率(%)	2017年末常住人口(万人)	2017年地区生产总值(亿元)	2017年高中以上学历人数(万人)
微博转发入度	相关度	1	.71**	.52**	.42*	.57**	.36*
	p		.00	.00	.02	.00	.04
微博转发出度	相关度	.71**	1	.33	.73**	.85**	.69**
	p	.00		.07	.00	.00	.00

注:* $p<0.05$,** $p<0.01$。

六、总结与讨论

总体来说,北京、广东、山东、江苏和浙江是全国范围内电影《我不是药神》相关微博发布条数最多的五个省级地区。除了山东外,微博发布数量与该地的票房趋势大致相同。山东的情况可能与2018年7月同为涉及生命的重大医疗问题的长春生物问题疫苗事件有关。

在网络空间中舆论传播的地域级网络可以分为三个区域:一级意见领袖区,即北京;二级意见领袖区,主要包括河南、浙江、广东、江苏等人口较多而经济又较为发达的地区,其中这些二级区域之间也互为传播;三级边缘区,多为我国的边疆地区、人口较少或经济欠发达地区。网络交叉集中在我国的中部和东部,南北跨度明显。地域级网络依然保留了地缘关系,但也突破了地缘关系,使得舆论可以跨越南北。

在实体空间和网络空间之间的联系上,地域的实体经济文化发展程度越高,其在舆论场中的地位也越高。经济状况、人口规模、互联网普及程度、教育程度条件越好的地区,转发微博的数量也越多;经济状况、人口规模、教育程度条件越好的地区,微博被转发的数量也越多。

上述研究结果表明,网络空间中的舆论传播仍受到实体空间的极大影响,地缘政治、地缘经济、地缘文化等因素都在网络舆论的形成和扩散过程中发挥着重要作用。当以去中心性、去层级性为特征的网络信息技术被应用在公共领域,公共领域被部分纳入网络信息空间的版图时,二者不可避免地会发生碰撞与交织。传统的公共领域充满着政治、经济、文化等权力关系要素,这些要素无不孕育于实体空间。而随着传统的公共领域与网络空间的融合,活跃于公共领域的权力要素亦进入网络空间,纯粹的信息技术在权力要素的作用下无法再维持绝对中立。于是,地区的经济发展水平、互联网普及率、媒体数量与影响力、居民文化水平和媒介素养等,都成为影响特定舆论传播势能的核心因素,成为影响地区话语权的关键,一线城市及东部沿海地区因而成为舆论场中的最强音。这种不平等的话语权可能会导致强势地区的价值观、社会舆论向弱势地区渗透,而由于网络的跨地域和跨时空性,这种渗透往往比实体空间中的传播更加迅速和显著,与之相伴的,则可能是网络信息传播所带来的社会经济效益在强势和弱势地区之间的分配失衡(陈映雪等,2012)。那么,当实体空间的地区差异导致了网络信息流的不均衡分布,网络信息流又是否会对实体空间产生反作用?面对不对称格局,如何完善网络空间建设以促进信息公平扩散?这些问题都是本研究的未竟之处与日后研究进一步探讨的方向。

参考文献

陈映雪、甄峰、王波等(2012),《基于微博平台的中国城市网络信息不对称关系研究》。《地球科学进展》,第 12 期,页 1353-1362。

董超、修春亮、魏冶(2014),《基于通信流的吉林省流空间网络格局》。《地理学报》,第 4 期,页 510-519。

韩运荣、高顺杰(2012),《微博舆论传播模式探究》。《现代传播》,第 7 期,页 35-39。

金彪、颜丽玲、沙晋明等(2018),《中国省域信息流、资金流强度的空间差异——以 2015 年京东手机交易为例》。《地理科学》,第 2 期,页 223-232。

李彪(2011),《网络事件传播空间结构及其特征研究——以近年来 40 个网络热点事件为例》。《新闻与传播研究》,第 3 期,页 90-100。

李彪(2013),《不同社会化媒体圈群结构特征研究——以新浪姚晨微博、草根微博和人人网为例》。《新闻与传播研究》,第 1 期,页 82-94。

倪万(2016),《基于大数据的电影舆情数据挖掘与风险监控研究》。《当代电影》, 第 2 期,页 71-76。

任燕、周丽(2018),《"现象级"电影〈我不是药神〉成因及其现实影响》。《新闻研究导刊》,第 15 期,页 123-124。

王宁宁、陈锐、赵宇(2016),《基于信息流的互联网信息空间网络分析》。《地理研究》,第 1 期,页 137-147。

王宁宁、陈锐、赵宇(2018),《基于网络分析的城市信息空间与经济空间的综合研究》。《地理与地理信息科学》,第 4 期,页 60-68。

熊丽芳、甄峰、席广亮等(2014),《我国三大经济区城市网络变化特征——基于百度信息流的实证研究》。《热带地理》,第 1 期,页 34-43。

姚文萃、周婕、陈虹桔等(2017),《基于互联网公共信息流的区域网络空间结构研究》。《经济地理》,第 10 期,页 10-16。

殷瑜(2005),《占领网络媒体舆论导向的制高点——浅论网络新闻评论的舆论导向性》。《新闻界》,第 2 期,页 118-119。

赵爱、毕硕本、王军等(2017),《基于网络舆情的信息空间网络结构及特征研究》。《中国科技论坛》,第 11 期,页 149-157。

赵渺希(2011),《全球化语境中城市重大事件的区域关联响应——基于北京奥运会新闻信息流的实证研究》。《世界地理研究》,第 1 期,页 117-127。

赵燕慧、路紫、张秋娈(2018),《多类型微博舆情时空分布关系的差异性及其地理规则》。《人文地理》,第 1 期,页 61-69。

郑满宁(2018),《公共事件在微信社群的传播场域与话语空间研究》。《国际新闻界》,第 4 期,页 76-96。

周芳如、吴姗姗、吴晋峰等(2016),《旅游信息微博传播网络结构及时空特征》。《经济地理》,第 6 期,页 195-203。

Burns, M. C., Cladera, J. R., & Bergadà, M. M. (2008). The Spatial Implications of the Functional Proximity Deriving from Air Passenger Flows between European Metropolitan Urban Regions. *GeoJournal*, 71(1), 37-52.

Castells, M. (1992, October). The Space of Flows: A Theory of Space in the Informational Society. Paper presented at Conference of The New Urbanism, Princeton University.

Derudder, B., Witlox, F., Faulconbridge, J., & Beaverstock, J. (2008). Airline Data for Global City Network Research: Reviewing and Refining Existing Approaches. *GeoJournal*, 71(1), 5.

Hanley, R. (2004). *Moving People, Goods and Information in the 21st Century: The*

Cutting-Edge Infrastructures of Networked Cities. London: Routledge.

Malecki, E. J. (2002). The Economic Geography of the Internet's Infrastructure. *Economic Geography*, 78(4), 399-424.

Townsend, A. M. (2001). Network Cities and the Global Structure of the Internet. *American Behavioral Scientist*, 44(10), 1697-1716.

Wheeler, J. O., & Mitchelson, R. L. (1989). Information Flows among Major Metropolitan Areas in the United States. *Annals of the Association of American Geographers*, 79(4), 523-543.

“笑 cry 点赞”还是“允悲地抱抱”:表情符号作为一种舆论表达*

“Tears of Joy” or “Hug me”: Emoji as an Expression of Public Opinion

◈ 王童辰 许小可 钟智锦 刘 飞 游宇霞 任宏菲 卢海涛**

Wang Tongchen Xu Xiaoke Zhong ZhiJin Liu Fei You Yuxia Ren Hongfei Lu Haitao

摘要:随着移动互联网的进一步发展,人们的在线沟通方式发生了重大变化,基于计算机的沟通更喜欢通过文字和表情符号来进行。国内关于表情符号的研究大多局限于文化视角的解读,缺乏实证的经验数据支持。本研究收集了关于电影《我不是药神》和“昆山反杀案”的新浪微博文本,对其中的表情符号使用进行了对比分析。通过情感分析和语义网络分析,本研究发现表情符号的使用在目前相当普遍,并且表情符号的使用承担了一定的情感表达功能。表情符号使用数量庞大,但每种表情符号的使用频次都呈现幂律分布。表情符号传达的情感和文字传达的情感会出现不一致的情况,且表情符号传达的情感比重较大,有时起到的是噪声作用。同时研究还发现,用户倾向于使用相同的表情符号表达同一情感,通过表情符号共现的形式增强情感的深层表达。对表情符号使用行为进行研究,可以进一步了解社交平台文本交流的全貌,同时也丰富了CMC、SIP等相关传播学理论。

Abstract: With the further development of the mobile Internet, changes have taken place on the way of online communication. Computer-mediated commu-

* 本研究得到广东省舆情大数据分析与仿真重点实验室、国家社科基金重大项目“大数据时代计算传播学的理论、方法与应用研究”(项目编号:19ZDA324)、广州市大数据与公共传播重点研究基地的支持。

** 王童辰,广州大学新闻与传播学院讲师;许小可,大连民族大学信息与通信工程学院教授;钟智锦,中山大学传播与设计学院教授,本文通讯作者;游宇霞,中山大学传播与设计学院硕士研究生;刘飞、任宏菲、卢海涛,大连民族大学信息与通信工程学院硕士研究生。

nication (CMC) tends to express with text and emoji. Most domestic researches on emoji are about the interpretation of cultural perspectives, lacking empirical data. This study analyzed the different use of emoji in the Sina Weibo about the movie of *Dying to Survive* and the case of defensive killing in Kunshan. Through sentiment analysis, semantic network analysis and other methods, this study found that the use of emoji is quite common in CMC, emoji undertakes the function of emotional expression. The widely usage of emoji shows a pattern of power-law distribution cross different genres. The emotions conveyed by emojis and that conveyed by texts tend to be inconsistent with each other, and the emotions conveyed by emojis have a large proportion, sometimes acting as noise. At the same time, it is also found that some users tend to use the same emoji to express the same emotion, and the co-occurrence of emoji enhances the deep expression of emotions. The study of emoji usage behavior can further understand the full picture of text communication on social platforms, and also enrich the relevant communication theories such as CMC and SIP.

关键词:表情符号,CMC,共现网络,传播网络,情感分析

Keywords: emoji, CMC, co-occurrence network, communication network, sentiment analysis

一、引言

表情符号在当今以计算机、移动终端为中介的传播形态中被使用得非常频繁,每天产生的大量用户编辑内容都会加入相应的表情符号。表情符号最早是以标点符号的组合呈现的,例如":)"表示微笑,早在20世纪80年代就开始被使用(Walther & D'Addario, 2001),最初被应用在邮件、博客、手机短信中,近年来逐步在社交平台上被大量使用,并且一直是学界研究的重要对象之一。沃尔瑟和达达里奥(Walther & D'Addario,2001)指出,文字信息表意虽然准确,但是表情符号的使用显著地改变了传播的形态,并让用户对信息有了不同的解读。2015年牛津词典将"笑 cry"选入"年度词汇",表明表情符号的使用更加日常化,而且效果也更优于传统的以文字为基础、计算机为中介的传播(CMC, computer-mediated communication)。

现代社会,表情符号已经通过文本信息的传递成为塑造人们在线行为的重要方面(Wall, Taylor, & Campbell, 2016)。利布曼和格尔高(Liebman & Gergle,2016)也表示,表情符号对于在线人际关系的发展要更胜于纯文字,说明表情符号对线上交流具有重要意义。

近年来,表情符号 emoji 风靡全球社交媒体。这一表情符号形式发源于 20 世纪 90 年代的日本,2009 年正式加入统一编码系统(Unicode Standard),从此广受欢迎(Davis & Edberg, 2015),有 2%左右的推特和一半左右 Instagram 的文本都包含了 emoji(Novak et al., 2015; Dimson, 2015),在使用趋势上 emoji 逐年增加,且使用频次远高于传统表情符号(emoticon)(Pavalanathan & Eisenstein, 2016)。用户将 emoji 融入文字信息之中,利用其更好地进行意义和情绪的表达(Kelly & Watts, 2015)。新浪微博发布内容也大量使用了 emoji,虽然表情符号在不同平台上会存在视觉的细微差异(Miller et al., 2016),但在使用上都表达了用户相应的情绪和情感。

许多国内外学者都将研究聚焦在表情符号的使用上,国内学者多从文化阐释的视角解读表情符号使用所带来的符号意义,而西方学者多通过实证研究,或利用传统的量化或质化研究,或结合机器学习等大数据处理技术,对表情符号使用行为进行深入的解读。本研究利用中国新浪微博的文本数据进行实证分析,通过大数据的处理技术构建了神经网络,对两个网络热点事件(电影《我不是药神》和"昆山反杀案")的表情符号使用行为进行深度挖掘,以此来探究表情符号在线上信息传播中作为一种舆论表达的特征和作用。

二、文献回顾和研究问题的提出

(一) CMC 中的表情符号

传统的交流方式会产生许多非言语线索(non-verbal cues),用来辅助语言信息的传播,例如真实的表情、肢体语言等。而在 CMC 中,除了文本信息之外,用户很难再通过其他的社会线索来对信息发布者进行识别。早期的研究认为 CMC 和面对面传播(FTF, face-to-face communication)相比,不能将信息进行有效传播。肖特、威廉姆斯和克里斯蒂(Short, Williams, & Christie, 1976)分析,CMC 的用户无法感受到参与互动的真实个体,因此传播效果较弱。斯普劳尔和基斯勒(Sproull & Kiesler, 1986)也认为 CMC 缺失了社会语境线索,使得用户的身份难以辨别,互动行为规范也并不清晰,对传播甚至起到反作用。而沃尔瑟(1992)提出的社会信息加工理论(social informational processing, SIP)与前人的观点相反,认为CMC可以通过选择性自我呈现,使对方形成印象,进而发展人际关系。沃尔瑟认为,文字中带有的情感色彩在传播过程中取代了非言语线索,让CMC变得同样顺畅,即通过文字呈现的社会信息,被加工为形成印象的元素,最终保证了信息传播和关系进展。而进入互联网高速发展的时代,社交平台文本信息多用表情符号作为情感表达的元素来取代FTF中的非言语因素(Walther & D'Addario, 2001; Miller et al., 2016)。而且,表情符号对CMC产生的重要影响,可以迁移到人机交互(Human-Computer Interaction, HCI)领域,通过判别表情符号使用的内涵与行为规律,有助于利用表情符号在HCI的实践中进行情感表达(Wilson & Brewster, 2017; Chen et al., 2017)。

文字作为CMC的一个重要载体,通过其自身的表意功能将信息进行传递,但纯文字的交流不仅缺少非言语线索,而且不同的个体对文字的理解不尽相同,有时会造成语义的曲解。表情符号在CMC中有效地减少了这种曲解,让用户更加准确地理解信息的含义(Rodrigues, Lopes, Prada, Thompson, & Garrido, 2017)。人们通过在CMC中添加表情符号,进一步对文字的信息进行解读,表情符号在这其中充当了文本化的非言语线索(contextualization cues),使得文本的歧义和曲解程度大大降低(Skovholt, Grønning, & Kankaanranta, 2014)。同样地,表情符号本身附有的内涵也可以对文本内容进行替换,起到同样的表意效果,而且在视觉上更加生动,仿佛人们利用非言语线索进行交流,无论面部(face emojis)还是非面部(nonface emojis)的表情符号都是如此(Stark & Crawford, 2015; Riordan, 2017)。例如,人们在进行生日祝福时常常发出生日蛋糕或礼物的表情,这和现实生活中的场景一致。此外,由于表情符号在视觉上具有友好性,因此可以降低人们在接收较为严厉、悲伤等信息时的负面情感(Gacey & Richard, 2013)。有学者通过对工作邮件和CMC使用讽刺语言等情景进行研究发现,在拒绝、反讽、指出错误等类型的在线交流中,使用表情符号会让人们感受到积极的状态,减少上述情境中带来的负面情绪(Thompson, Mackenzie, Leuthold, & Filik, 2016; Skovholt, Grønning, & Kankaanranta, 2014)。因此,表情符号在CMC中的一个重要作用就是辅助文字的表达,减少文字表达中出现的不确定性,而且可以通过对文字进行同义替换使得表意形式更加多元、情绪更加正向。

表情符号同样也是用户在CMC中进行情绪表达的一种工具。用户通过对带有表情符号的信息进行认知加工,也获得了情绪信息(孙雨婷,2016;余晓冬、黄亚音,2016;Walther & Parks,2002),形成了对用户的印象、理解。因此,除了辅助文字的表达,表情符号的出现还提供了一个情绪信息展示的机会,让情绪元素不被局限在纯文字的传播中。表情符号自身带有情感色彩,例如"微笑"和"皱眉"本身就嵌入了正面和负面的情绪,所以通过表情符号的使用,可以增加CMC信息中的情感和意图(Kaye et al.,2016;Thompson & Filik,2016;Rodrigues,Lopes,Prada,Thompson,& Garrido,2017)。与线下相比,用户利用线上相对隐秘和安全的环境进行情绪的分享,表情符号利用视觉特征在情感的有效传播中发挥了重要作用(McKenna,Green,& Gleason,2002;Derks,Fisher,& Bobs,2008)。赵等人(Zhao et al.,2012)分析了微博上的表情符号,并把它们根据情感标签分类,发现在微博上使用表情符号可以更好地表达用户的悲伤、厌恶、生气和愉悦的情绪。同时,学者们通过研究发现,社交媒体文字内容表达的情感和表情符号表达的情感有着一定的关联(Derks,Bos,& Grumbkow,2008),但也存在文字的情感表意和表情符号的情感表意不相匹配的情况。具体来说,单表情符号的使用中,这种不匹配的情况相对较少,对于共现表情符号的使用来说,这种不匹配相对来说较多(Miller et al.,2016;Barbieri,Ronzano,& Saggion,2016)。这表明,表情符号在某些具体情况下可能成为用户表意的一种噪声。

用户还可以对表情符号进行组合或共现,以及在回帖和转发的过程中,利用表情符号将情绪信息进行传播。从中我们可以发现表情符号在情感传递上的特征,以及在社交媒体中的语义(Illendula,Yedulla,Kharagpur,& Hyderabad,2018;Ai et al.,2017)。例如,连用三个"赞",表达了用户对某事件的态度和评价更为积极。因此,表情符号可以让文本信息整体上更加丰富和完善。

总的来说,在CMC中使用表情符号具有三个功能:一是协助文字表达,减少话语的模糊性;二是立情绪的基调,通过表情符号加强整体信息的情绪表达,在CMC中进行情绪的传播;三是让表达的情绪放松,让发布的内容更加得体。我国以往对表情符号的研究多从文化的角度进行阐释,缺乏实证数据的支持。在我国网络舆论环境下,表情符号在CMC中具有怎样的特征?表情符号的使用在数量、情感上与文字有怎样的关联?表情符号如何通过共现和级联传播起到表意作用?这些问题是本研究希望进行探究的。

(二)基于文化视角的表情符号研究

作为一种文化现象,表情符号的使用也是用户融入网络文化的一种体现。从文化角度对表情符号进行的研究,主要集中在主流文化及亚文化视角:一是通过对表情符号的文化阐释来探究其表意功能;二是探究不同文化背景下表情符号流行的原因;三是从社会文化,尤其是人口学特征的角度,来分析表情符号使用的差异。

大量中外学者对表情符号进行了文化阐释的基础研究,包括在文化视角下对表情符号功能、意义及发展的研讨,亚文化视角的讨论集中于青年群体如何创造性地使用表情符号,整体网络文化视野的讨论集中在表情符号使用的消极影响上。郝芙慧(2016)对表情符号在传播过程中体现的青年亚文化风格进行了解读,指出其具有"自主性""颠覆性"与"戏谑性",对传统秩序具有"解构"、对新秩序具有"建构"的作用。一个给定的表情符号和一个特定的含义之间并不存在简单的一对一关系(Dresner & Herring, 2010),因为表情符号经常被创造性地使用(Garrison et al., 2011)。从亚文化视角下讨论表情符号发展方向时有人发现,现阶段表情符号在使用过程中存在商业化、虚无化及集体失范现象(郝芙慧,2016)。滕雪梅、华乐功(2009)指出,网络通过表情符号,以一种易于接受的娱乐姿态出现在网民面前,具有草根性、亲民性及易读性。从广义的网络文化视角来看,表情符号是当前网络文化的典型表现。网络文化可以说是一种反讽文化,虽然反讽表意让表情符号变得更加有趣,有助于使用者构建"有趣""幽默"的个人形象,但同时也推动了整个社会文化的"浅平化"转向(饶广祥、魏清露,2018)。有学者通过会话分析,探讨了表情符号在中国移动阅读社区中的交际功能,指出人们对表情符号的各种联想可能与正在进行的其他交流行为并不相符,质疑人们对表情符号作为一种"通用语言"的交流可能性(Will, 2018)。总的来说,在文化和亚文化的阐释主义范式下,对表情符号的研究主要聚焦于它给传统文化带来的挑战,探究它能否辅助文字表达,以及思考它在使用过程中可能出现的负面影响。这一方面是对新型表达方式的思辨,另一方面也从文化角度延伸了 CMC 所起的作用。

学界还对表情符号的使用进行了跨文化研究与文化对比研究,试图从国家层面出发,对表情符号文化在世界范围内普遍流行的原因进行阐释。肖思涵(2012)基于中、日、韩和西方国家使用的表情符号,指出文字和符号会存在系统性差异,人际交往模式的差异是形成东西方表情符号文化内涵差异的重要原因。有学者通过实证数据,对一个包含 212 个国家和地区的 388 万活跃用户一个月的表情符号使用数据进行了分析,结果显示表情符号在国家间呈现出不同的模式,这在一定程度上和国家间的文化背景差异有关联,符合著名的 Hofstede 文化维度模型(Lu et al., 2016)。通过对不同文化背景的用户进行访谈,凯利和沃茨(Kelly & Watts,2015)发现,用户在基于文本的交流过程中,会通过表情符号来表达和修改话语的意义和情感价值。以往的研究表明,跨文化的差异会对 CMC 产生较大影响(Lu et al., 2016; Park et al., 2014),进而导致了人们在表情符号使用上也存在差异。表情符号使用频率较低的地区与较高的地区相比,用户利用表情符号进行情感表达的敏感性较低,这与社会、地理环境的差异存在一定关系(Barbieri, Anke, & Saggion, 2016)。因此,跨文化视角下对于表情符号的研究更多基于地域间的差异,不同地区因其不同的社会环境、风俗习惯等会在 CMC 实践中产生不同的用户行为和文化阐释,这些也体现在对表情符号的使用上。换句话说,对一个社会进行表情符号使用行为的研究,需要结合当地特有的文化,在文化和环境影响的机制下,能够较好地对行为进行一定的解读。

此外,有学者也从性别文化出发,研究了性别刻板印象对表情符号使用的影响,在性别刻板印象机制的作用下,人们在表情符号的选择上会存在差异(Chen et. al., 2017)。沃尔夫(Wolf,2000)发现,由同性别组成的论坛和男女混合组成的论坛,在表情符号的使用上会存在差异,在男女混合的论坛中,男性更多地采用被标签为“女性”情感的表情符号,女性也会增加使用团结、支持、感谢等方面情感的、在固有观念中被认为是“男性”的表情符号,以此对不同性别的用户采用不同的传播策略。同时,研究还指出,现实环境中男性有可能压抑情感的表达,但在 CMC 环境中男性会借助表情符号来传递个人的情感(Wolf, 2000)。从表情符号使用的类型上来看,女性经常发送带有情感元素的表情符号,男性使用的表情符号更多元(Tossell et al., 2012)。也有学者利用性别变量对表情符号使用的频率和态度进行了预测。奥莱什凯维奇等人(Oleszkiewicz et al.,2017)对 86,702 名脸书用户的表情符号使用模式进行了研究,发现性别可以准确地对表情符号的使用频率进行预测。普拉达(Prada,2018)也通过实验证明,女性使用 emoji 符号的频率更高,对 emoji 符号的使用态度也更积极。由上述的研究可以发现,性别作为重要的文化维度,对于表情符号的使用行为具有较大的影响。一方面,性别差异带来的行为差异是由个体所处的文化环境所决定的;另一方面,这种差异也和社会心理因素脱不开关系,尤其是对性别的刻板印象。由此，文化环境和社会心理因素会综合影响人们在 CMC 过程中的行为，文化的制约导致了特定的行为倾向，而在社会心理压力和效仿机制下，不同的社会、群体会形成不同的表情符号使用行为。

（三）用户视角下的表情符号使用

受职业、环境、文化、社会规范等因素影响，不同用户会形成不同的表情符号使用习惯（Jack，Blais，Scheepers，Schyns，& Caldara，2009；Park，Barash，Fink，& Cha，2013）。在人口社会学视角下，有学者发现用户的性别、年龄和人格特征等都对其表情符号的使用产生了一定的影响。例如，普拉达（2018）发现青年用户更偏向于使用表情符号；陈等人（Chen et al.，2017）指出，和男性相比，女性用户更倾向于使用强情感色彩的表情符号；李等人（Li et al.，2018）通过实证研究表明用户的五大人格差异会带来表情符号使用的差异，如外向型（extraversion）和尽责型（conscientiousness）较强的用户会偏向于发布正面的、积极情感的表情符号，而神经质（neuroticism）特质强的用户会更偏向于发布强感情色彩的表情符号，表明表情符号的使用和人格特质具有对应关系。由此，用户个体特征的差异会影响其表情符号的选择，也会影响表情符号的使用频率。

用户对某些表情符号使用频率较高，陆等人（Lu et al.，2016）的研究发现，“笑 cry”是全球许多国家用户最喜欢的表情符号，使用频率达到总表情符号使用数的 15%，而第二位的“爱”则下降至 6%，表明用户对某一种或某一类表情符号有较强的偏好。用户对某些特定表情符号的偏好，体现了模因机制对网络行为起到的作用。模因（meme）理论由生物学家道金斯（Richard Dawkins）于 1976 年在《自私的基因》（*The Selfish Gene*）一书中提出，其借鉴了遗传学的理念，认为文化传递具有复制效应，其复制因子便是模因，在社会学视角下，模因就是语言、观念、信仰、行为方式等的传递机制（孟育耀、张丽娜，2018）。表情符号在用户解码的过程中会有不同的理解，人们可以结合表情符号在网络文化中的特有内涵进行使用。如果大多数用户对某些表情符号有相同的理解，或者在现实生活中和某些表情符号所表达的内涵具有相同境遇，这类表情符号往往会较快流传，这种传递就是在模因机制下形成的（Yopak，2018）。例如，“笑 cry”在中国语境中会表达一种无奈、不知所措的意涵，在日常生活中用户们会遇到大量类似的现实情境，所以用户对于这种意涵的理解更为深刻，这个表情符号的使用和传递也就更为广泛，成为经典表情符号。李玉立（2017）在其研究中，将表情符号的模因机制概括为三种,分别是直接引用式、移花接木式、拼贴组合式,而以 emoji 为代表的表情符号主要属于直接引用式。这一类表情符号主要是系统自带的,大部分社交平台难以对自带的表情符号进行修订,因此直接引用较多。虽然是直接引用,但用户在使用过程中会对其创造丰富的内涵,一旦某些含义符合大部分用户的表达需要,表情符号就会在模因机制下被反复使用和传播。表情符号具有类似于漫画的特点,在表达中会让用户感到轻松和幽默,因此更容易被模因机制影响(Danesi, 2016)。由此可见,用户大量使用某一个或某几个表情符号的重要因素便是模因机制,有些用户甚至对流行的表情符号连续、重复使用,以表达特定的意义和内涵。因此,本研究希望探究在我国的语境下,用户的表情符号使用行为是否会受到模因机制的影响,表情符号是否会呈现某一个或某一类大量使用的情况。

综上,本研究从表情符号在不同议题间的使用差异、表情符号的人际使用差异、表情符号与文字的关系和表情符号的内在联系四重维度,探究作为舆论表达的表情符号使用特征,并提出:

研究问题 1:表情符号使用呈现哪些基本特征?不同类型议题之间会出现哪些差异?

研究问题 2:表情符号用户在使用频率、目的、性别之间存在怎样的特点和差异?

研究问题 3:表情符号与文字在数量和表达情感方面呈现出何种特点和关联?

研究问题 4:表情符号使用具有怎样的内在逻辑?表情符号的聚类具有怎样的特征?在原创帖和转发帖间有何传播规律?

三、研究方法与指标的建立

(一)数据基本描述

为了对比娱乐性和严肃性话题的异同,本研究将《我不是药神》(以下简称“药神”)和“昆山反杀案”(以下简称“昆山”)的数据进行了对比。“药神”帖子共 5,383,914 条,原创帖的比例较低;原创帖和转发帖的用户总数为 2,825,425 人,原创用户多于转发用户;性别上,男性 282,417 人,女性 155,065 人,未标识 162,509 人,女性比例相对较小,未标注性别的用户一部分为媒体或电影官方微博等公共账号。相比之下,“昆山”原创帖比例较低,原创用户少于转发用户;性别上,女性比例远小于男性。

(二)分析工具及指标的测量

本研究基于 Python 和 MATLAB 两种脚本代码,以 ECHARTS、图说数据网站、Python 第三方库 matplotlib、seaborn、igraph、igraph2 等作为可视化手段,对两组数据 18 个字段进行计算和整合,通过情感分类、复杂网络等方法进行分析。情感分类算法基于情感字典,对文本内容进行分类,并根据人工对表情符号分类的结果进行比对,探究表情符号和文本结合使用的情况是否具有相同的表意。同时引用复杂网络的概念,构建表情符号加权有向共现及传播网络:①以表情符号为节点,共现表情符号关系作为边;②原创帖被转发依然使用表情符号,原/转帖中的表情符号存在传播关系。同时对表情符号使用频次进行统计,针对网络中节点中心性大小筛选出需重点研究的表情符号。此外,还要运用下列具体方法并定义如下指标:

(1)网络的图表示:具体网络可以抽象为由点集 V 和边集 E 组成的图 G=(V,E)。节点数记为 N=|V|,边数记为 M=|E|。E 中每条边都有 V 中一点与之相对应。

(2)加权有向网络:在无权无向网络基础上,连边带有权重和方向两个属性。加权网络中,两个节点间边数最少的路径并不一定是权值之和最小的路径。有向网络中,从节点 A 到 B 的距离可能并不等于从 B 到 A 的距离,甚至可能存在从 A 到 B 的有向路径,但不存在从 B 到 A 的有向路径。

(3)节点重要性:节点度就是所有和它直接相连的节点数量,是研究网络拓扑结构的最基本参数。节点度大小反映出节点的重要性。其中,N 为网络中节点数,k_i 为第 i 个节点的度值,度值越大的节点说明其重要性也越大。每个节点度重要性的定义为:$I_i = k_i / \sum_{i=1}^{N} k_i$。

(4)度中心性:直接衡量网络中节点重要性的指标,即一个节点的度越大就意味着这个节点越重要。

(5)模体检测:模体即网络中的子图,对网络进行模体检测即探究网络中存在不同结构子图的过程。

(6)社区检测:社区检测指从复杂网络中挖掘出有实际意义的模块或层次结构的过程,可以更好地认识和分析复杂系统中不同个体间的多层次联系。社区检测提取出的网络结构特征,有助于理解和分析网络的拓扑特性、功能特性及动力学特性等,进而挖掘出网络中蕴涵的深层信息,并对网络行为进行预测。本研究根据表情符号共现网络和传播网络的连边关系对表情符号进行分类,探究用户使用表情符号时是否具有类别和情感的一致性。

(7)时间处理:将时间转化成时间戳的形式,时间戳指在一连串资料中加入辨识文字时间,分别对一天中不同时间用户对表情符号的使用情况进行统计,并将一天分为上午、下午及晚上三个时段,统计三个时段内数量排名前10的表情符号有哪些。

四、研究发现

(一)表情符号在不同议题中的使用特征

整体上,微博文本普遍使用了表情符号,无论原创还是转发,表情符号使用都占有较大比例,表明了表情符号在网络表达中的重要地位。但不同的议题(娱乐性、严肃公共性)对表情符号使用存在一定的特征差别。从使用表情符号的数量和用户量来看,“药神”均多于“昆山”,且无论原创帖和转发帖均呈现出该特征。这从侧面反映出,用户对严肃问题的讨论更偏向于用纯文字进行表达,而在娱乐性话题上,用户更喜欢借助表情符号表达个人情感。这说明,表情符号作为一种网络舆论的表达方式,多数时候履行了在线交流的娱乐功能,尤其是在娱乐性事件中,更能起到辅助表达的效果。

从表情符号使用频次发现,虽然用户大量使用了表情符号,但被高频使用的表情符号局限在特定类别之中,且被高频使用的表情符号极少数是微博平台独立设计的,多为流传度较高、多个社交平台共有的表情符号,如emoji系列。从表情符号使用频次的分布上看,整体呈“幂律”分布(power-law distribution),“药神”和“昆山”均有约100个表情符号被使用频次较高(见图1、2)。对比原创帖和转发帖,两个话题高频转发帖使用的表情符号数量均大于原创帖使用的表情符号数量,由此发现,无论是娱乐性话题,还是严肃的社会性议题,转帖时都会大量使用表情符号,协助观点和情感的表达。

我们析出了两个话题的文本中总使用频次排名前10的表情符号,发现其间表情符号的使用会呈现不同特点,反映的网民心态也有所差异。作为偏娱乐

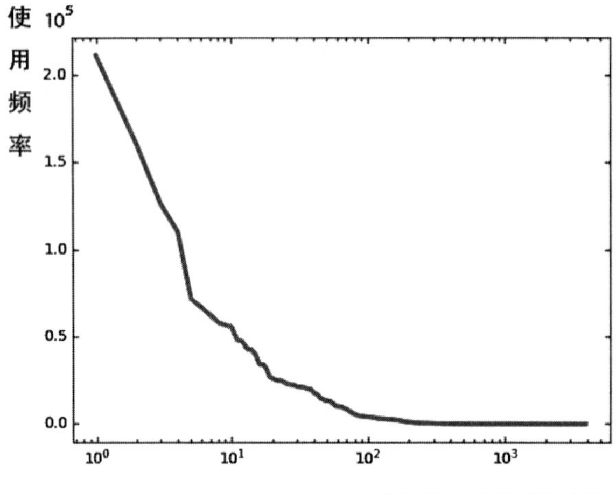

图 1 "药神"表情符号使用频次分布

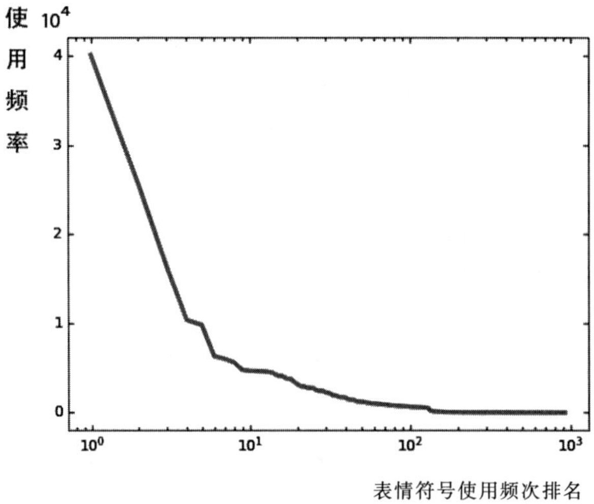

图 2 "昆山"表情符号使用频次分布

性话题,"药神"表情符号使用上[①]:①与话题类型紧密关联,"电影""超话"等表情符号的大量使用,都关联了影片、明星、娱乐等要素;②多表达与影片主题相符的正面情绪,有的表达了用户对故事情节本身的情感倾向,如使用"泪""心",有的表达了用户对影片所反映的深层次医药问题的关注,对国家相关医药政策

① "药神"数据中,表情符号总使用频次排名前 10 位的分别为(括号内为频次数):星星(211,418),心(160,509),电影(126,086),泪(110,170),超话(71,835),good(66,678),鼓掌(62,402),允悲(58,241),哈哈(56,719),爱你(55,975)。

改革的称赞,如“good”“鼓掌”等。在“昆山”的舆论讨论中,用户在表情符号选择上[①]:①多运用非面部、非人类的表情包,如“doge(狗)”“二哈”等,这与事件的特征有关,作为出现反转的公共事件,网民更具有围观心态,并且对事件的态度多为反讽,这直接反映在其表情符号的选择上;②强烈的情绪表达较少,仅出现“泪”表达悲伤,该表情符号展现了用户对事件中生命消逝的同情和哀伤。

对总使用频次排名前10的表情符号进一步细分可以发现,使用频次高的表情符号集中在转发帖中:“昆山”数据显示,转发帖中使用频次前10的表情符号多于原创帖;“药神”数据中,和电影宣传相关的话题,例如“电影”“超话”,原创帖中使用表情符号的频次较高,而其他的表情符号都是转发帖中使用量更高。从中可以看出,转发用户在转帖的过程中会利用表情符号,尤其是带有情感色彩或特定语境和网络文化意涵的表情符号(如“doge”“哈哈”等)来强化观点的表达,以有效传播观点。

(二)表情符号使用的人群特征及差异

从用户数量上看,大多数用户在网络表达中会使用表情符号,且偏向于重复使用某些表情符号(见图3)。其中以重复使用3个表情符号的情况最多,其次为重复使用2个,重复使用4个及以上表情符号的情况占比整体较小。这在现实生活中较为常见,比如青年人在表达关心的时候,经常会使用两个“抱抱”或两个“爱心”的表情符号,又如用户经常使用三个“棒”来表达对人的称赞等,这一方面或与中文文本运用的过程中经常使用叠词有关,另一方面,同样的表情符号堆叠在一起,在视觉上更加震撼,具有加强表意的作用。

具体分析高频使用表情符号用户发现,营销类、追星类、“僵尸”类账户都是表情符号的重度使用者。首先,从这些重度使用表情符号的原创微博用户群体来看,“药神”数据反映出(见表1左侧):①其所属行业类型,除电影官方宣传微博外,其余以医药、保健品类营销号为主。一方面说明目前营销号偏向大量使用表情符号编辑营销文本,吸引用户关注;另一方面,营销号青睐利用热门话题为其营销行为开辟渠道,使营销信息广泛传播。②使用种类相对单一,说明用户虽大量使用表情符号,但偏爱重复使用同一表情符号。③主要表达正面情感,这符合营销号的文本特征。同时,营销号大多都发布“超话”表情符号,表明

---

① “昆山”数据中,表情符号总使用频次排名前10位的分别为(括号内为频次数):good(40,080),赞(25,603),鼓掌(16,458),doge(10,358),允悲(9,812),二哈(6,291),哈哈(6,005),笑cry(5,606),微笑(4,772),泪(4,662)。

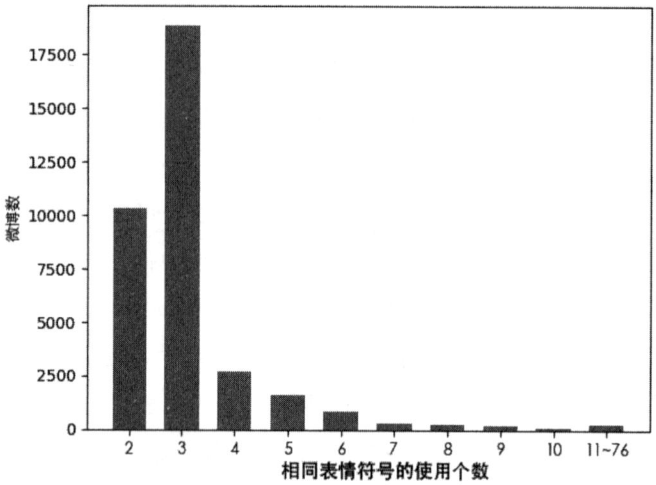

图 3　相同使用表情符号占总体发帖的占比情况

营销号不仅需依靠文本内容和热点事件进行勾连,同时也会主动发布超级话题,让其生产内容挂靠热门话题而得以广泛传播。而“昆山”原创微博使用表情符号数较多的用户(见表 2 左侧),有 3 个账号(2 个为普通用户,1 个为企业用户)发布了昆山反杀案的最新进展,其余 4 个均为蹭热点的“僵尸号”,表明严肃的社会事件未能得到营销号的青睐,只吸引了部分“僵尸号”蹭热度。

从重度使用表情符号的转发微博用户群体来看,“药神”高频使用表情符号用户均为个人用户(见表 1 右侧),其中:①有 13 人是韩国艺人朴施厚的粉丝,从用户的发文内容、更新状态、粉丝状态等可以发现其呈现了“僵尸号”的特点,1 人为中国艺人郑恺的粉丝,这些用户同样大量使用重复表情符号,发布与影片无关的追星消息;②文本中还包含像“向往的生活”“世界杯”“王者荣耀”“极限挑战”等不同方面的热点话题,集中利用热点事件、热门综艺等发布追星信息,引起相关主题追随者的关注,同时,表情符号情感以正面为主。这反映出当今娱乐行业公关手段往往和热点事件、热门产品挂钩:第一,利用热度的“传递性”让相关娱乐产品、从业者再现大众视野;第二,娱乐行业,尤其是娱乐公司艺人的宣传,除官方号会主动蹭热度增加曝光和关注外,也会利用粉丝团体,通过大量的、分布于各地的粉丝(团)的力量,让娱乐从业人员和热点事件发生关联,加强关注度,其中不乏注册大量“僵尸号”借以广泛传播的;第三,娱乐公关发布网络信息的策略,主要采用病毒式传播,针对某一热点事件重复地、不间断地发布,达到快速、持久且深入地“霸屏”网络的目的,通过这种方式让相关人员、话题的热度有所提升。

“昆山”高频使用表情符号者为个人用户(见表 2 右侧),6 人中有 4 人(1 人为认证用户)发布了相关的法制评论,表明社会性议题,转帖者更注重对事件发表见解,增强事件本身的有效传播,表情符号在其中只起到“锦上添花”的辅助作用,而非主要的表达手段。

表 1 “药神”使用表情符号较多的用户

使用表情符号较多的原创微博用户(数量超过 500)				使用表情符号较多的转发微博用户(数量超过 1,000)			
用户昵称	发表原创微博条数	使用表情符号数	使用不同表情符号数量	用户昵称	转发微博条数	使用表情符号数	使用不同表情符号数量
张庭 TST 活酵母秘密	311	1,648	44	郑在恺始 201,711	941	3,138	28
宇玮涵	89	1,373	13	丝瓜蛋汤来了	294	2,255	31
嗨购购生活导购助手	159	920	7	愿望05,811	264	1,746	22
TST 张庭活酵母-幸子	503	744	34	天使小小千金	446	1,731	26
蜗蜗品牌招商总戴祥辉	69	642	10	sgdtdmj01	251	1,716	32
上海丽质医疗美容	88	565	27	天秤云朵 8,888	504	1,608	20
宜兴达美缝官方微博	38	523	24	守护星梅梅	177	1,376	22
李昊燃_健康体重管理教练	88	522	31	守厚星梅子	167	1,356	23
电影我不是药神	190,919	452	37	大萌苏苏李喋喋	4,555	1,226	31
				梦里有你可知	268	1,215	25
				用户愿望 05,812	173	1,202	25

续表

使用表情符号较多的原创微博用户(数量超过500)				使用表情符号较多的转发微博用户(数量超过1,000)			
用户昵称	发表原创微博条数	使用表情符号数	使用不同表情符号数量	用户昵称	转发微博条数	使用表情符号数	使用不同表情符号数量
				hoo的小天使_eyj	328	1,124	17
				心伴花香	113	1,108	23
				清爽柠檬味888	446	1,106	22

表2 "昆山"使用表情符号较多的用户(使用数量超过100)

使用表情符号较多的原创微博用户				使用表情符号较多的转发微博用户			
用户昵称	发表原创微博条数	使用表情符号数	使用不同表情符号数量	用户昵称	转发微博条数	使用表情符号数	使用不同表情符号数量
大波娃娃BOBODOLL首席执行官鱼鱼	84	815	16	可爱多乖乖	114	528	19
欧德司默克	19	344	4	翔宇XZ	61	241	8
用户6048263577	38	197	1	Cat ᐢ Knight	11	120	8
观海听潮2021	14	137	14	时间是生活也是经验	6	114	4
愚乐圈钱显神通	8,601	127	18	孤独的跋涉者8	86	109	10
博友圈	334	106	9	延河石	81	106	5
中捷司法	125	104	5				

从用户的性别上来看(见表3),"药神"话题中的表情符号使用呈现出以下特征:①女性使用表情符号的数量更多,表明女性偏向在娱乐性事件中借助表情符号进行观点表达;②男、女在表情符号的使用种类上无明显区别;③女性表情符号使用具有情感偏向。而"昆山"话题中的表情符号使用呈现出以下特征:

①男性发布的表情符号数多于女性，侧面反映出男性对于社会性事件倾向于通过表情符号辅助表达见解；②男、女使用表情符号种类无明显差异；③情感上，女性有情感偏向，男性表情符号使用多展现围观心态，而女性在娱乐和社会议题中的表情符号选择均偏向感性。

表3　不同性别使用表情符号的总数及频次情况

"药神"					"昆山"				
性别	原创微博表情符号总数	原创微博频次前10	转发微博表情符号总数	转发微博频次前10	性别	原创微博表情符号总数	原创微博频次前10	转发微博表情符号总数	转发微博频次前10
男	242,111	星星 电影 超话 心 泪 good 允悲 doge 半星 嘻嘻	677,392	心 爱你 鼓掌 哈哈 good 泪 赞 嘻嘻 doge 二哈	男	12,760	超话 话筒 good 赞 允悲 doge 鼓掌 二哈 喜 衰	173,566	good 赞 鼓掌 doge 允悲 二哈 哈哈 笑 cry 吃瓜 摊手
女	677,545	星星 电影 泪 心 超话 允悲 good doge 二哈 悲伤	1,146,293	心 泪 鼓掌 哈哈 good 爱你 超话 赞 嘻嘻 doge	女	5,659	超话 允悲 话筒 good doge 鼓掌 赞 微笑 摊手 心	101,865	good 赞 鼓掌 doge 允悲 泪 心 作揖， 微笑 二哈

（三）表情符号与文字的关系

首先，我们探究了表情符号与文字的数量关系（见图4）：①总的来说，用户平均发表情符号的数量在5个以内，大多数用户发布的文字数在10字以内，表情符号在2个以内（见图4-a）；②整体趋势上，随着发布文字数量的增多，表情符号的使用量也整体上升，但波动性较大，并未呈现线性规律（见图4-b）。

其次，我们分析了文字和表情符号间的情感关系。根据以往的研究（刘伟朋、陈雁翔、孙晓，2014；何跃等，2017），学界普遍将情绪划分为：正面（高兴、喜爱、惊讶）、负面（悲伤、愤怒、恐惧、厌恶）、中性和其他综合性情绪，本研究同样

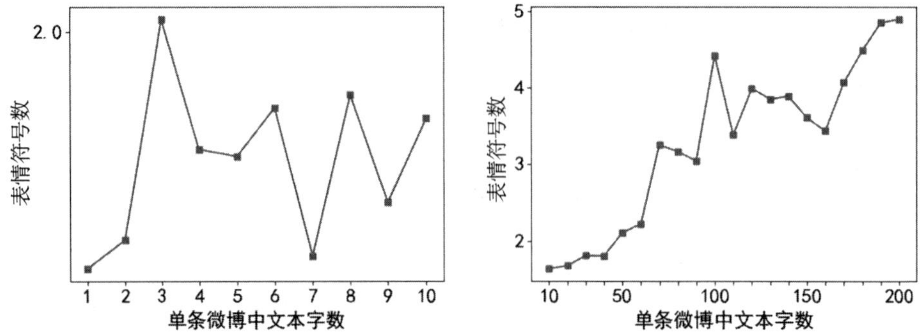

4-a. 文本字数 10 字以内的变化趋势　　4-b. 整体变化趋势(文本字数 200 字以内)

图 4　微博文本字数与表情符号数之间的关系

采用此标准(见表 4)。结果表明:①从数量上来看,文本和表情符号整体以正面情感占比最高,负面情感占比相对较低。②从总体一致性上来看,文本和表情符号不一致的比例较高,极性相反情况分别占总比 11%(“药”)和 16.4%(“昆”)。我们通过对表情符号和文本的情感进行一致性检验发现,“药神”的文字和表情符号显著不一致(Kappa=−0.01, p<0.001),“昆山”的文字和表情符号显著一致,但整体一致性水平较低(Kappa=0.04, p<0.001)。两话题情感不一致主要体现在中性和正、负向情感的不一致,其中“昆山”的中性文本中仅有12.4%的表情符号为中性,其他为有正、负倾向的情感,表明中性文本的情感通过正、负情感的表情符号使用,使发布内容的整体情感向两极增强。③从情感小类的一致性来看(见表 5、6),文字与表情符号的情感一致性与比例同样不高,“药神”一致性比例较高的为喜爱、高兴两个具体情感,“昆山”文字/表情符号情感一致性比例略高,集中在喜爱、中性和高兴三个类目上。情感一致性检验结果显示,“药神”的文字和表情符号显著不一致(Kappa=−0.012, p<0.001),“昆山”的文字和表情符号显著一致,但整体一致性水平较低(Kappa=0.05, p<0.001)。

通过对比发现:①表情符号和文本一致的情况主要出现在正面情绪表达上,整体一致性水平相对较低;②不一致的情况普遍存在,表情符号使用或成为文本情感表达的噪声,后面会对此展开讨论;③在严肃性的话题中,文本与表情符号一致性比例略高,尤其是中性情感。中性情感多用来表达理性,侧面说明了讨论较为严肃性话题的理性程度要略高于娱乐性话题。

表 4　文本情感大类与表情符号情感大类交叉列表

		表情符号情感									
		“药神”					“昆山”				
		正面	负面	中性	其他	总计	正面	负面	中性	其他	总计
文本情感	正面	277,772	49,644	251,794	68,424	647,634	32,167	10,622	10,622	4,194	16,200
		(19.70%)	(3.50%)	(17.80%)	(4.80%)	(45.90%)	(21.90%)	(7.20%)	(7.20%)	(2.90%)	(11.00%)
	负面	88,303	44,363	172,277	38,282	343,225	6,956	5,241	5,241	2,066	6,243
		(6.30%)	(3.10%)	(12.20%)	(2.70%)	(24.30%)	(4.70%)	(3.60%)	(3.60%)	(1.40%)	(4.30%)
	中性	194,827	49,083	124,575	51,823	420,308	29,291	11,575	11,575	4,853	17,327
		(13.80%)	(3.50%)	(8.80%)	(3.70%)	(29.80%)	(20.00%)	(7.90%)	(7.90%)	(3.30%)	(11.80%)
总计		560,902	143,090	548,646	158,529	1,411,167	68,414	27,438	11,113	39,770	146,735
		(39.80%)	(10.10%)	(38.90%)	(11.20%)	(100.00%)	(46.60%)	(18.70%)	(7.60%)	(27.10%)	(100.00%)

注:括号内为占总计百分比。

表 5 “药神”文本情感小类与表情符号情感小类交叉列表

		表情符号情感									
		高兴	悲伤	喜爱	愤怒	厌恶	惊讶	恐惧	中性	其他	总计
文本情感	高兴	18,328	7,385	22,511	1,034	480	716	324	56,233	10,979	117,990
		(1.20%)	(0.50%)	(1.50%)	(0.10%)	(0.00%)	(0.00%)	(0.00%)	(3.70%)	(0.70%)	(7.90%)
	悲伤	4,330	7,461	4,845	376	267	139	134	16,728	3,998	38,278
		(0.30%)	(0.50%)	(0.30%)	(0.00%)	(0.00%)	(0.00%)	(0.00%)	(1.10%)	(0.30%)	(2.50%)
	喜爱	100,018	31,433	131,106	4,689	1,986	2,476	1,619	193,554	56,830	523,711
		(6.70%)	(2.10%)	(8.70%)	(0.30%)	(0.10%)	(0.20%)	(0.10%)	(12.90%)	(3.80%)	(34.90%)
	愤怒	21,830	10,002	12,564	2,031	8,954	1,354	654	32,546	0	89,935
		(1.50%)	(0.70%)	(0.80%)	(0.10%)	(0.60%)	(0.10%)	(0.00%)	(2.20%)	(0.00%)	(6.00%)
	厌恶	33,698	29,930	38,710	2,255	1,518	2,472	805	150,539	32,906	292,833
		(2.20%)	(2.00%)	(2.60%)	(0.20%)	(0.10%)	(0.20%)	(0.10%)	(10.00%)	(2.20%)	(19.50%)
	惊讶	1,642	496	862	141	30	113	27	2,007	615	5,933
		(0.10%)	(0.00%)	(0.10%)	(0.00%)	(0.00%)	(0.00%)	(0.00%)	(0.10%)	(0.00%)	(0.40%)
	恐惧	1,540	1,217	2,051	209	133	518	58	5,010	1,378	12,114
		(0.10%)	(0.10%)	(0.10%)	(0.00%)	(0.00%)	(0.00%)	(0.00%)	(0.30%)	(0.10%)	(0.80%)
	中性	89,670	38,973	100,760	5,604	2,699	4,397	1,807	124,575	51,823	420,308
		(6.00%)	(2.60%)	(6.70%)	(0.40%)	(0.20%)	(0.30%)	(0.10%)	(8.30%)	(3.50%)	(28.00%)
总计		271,056	126,897	313,409	16,339	16,067	12,185	5,428	581,192	158,529	1,501,102
		(18.10%)	(8.50%)	(20.90%)	(1.10%)	(1.10%)	(0.80%)	(0.40%)	(38.70%)	(10.60%)	(100.00%)

注:括号内为占总计百分比。

表 6 “昆山”文本情感小类与表情符号情感小类交叉列表

		表情符号情感									
		高兴	悲伤	喜爱	愤怒	厌恶	惊讶	恐惧	中性	其他	总计
文本情感	高兴	2,167	364	3,234	322	26	100	58	566	3,681	10,518
		(1.60%)	(0.30%)	(2.40%)	(0.20%)	(0.00%)	(0.10%)	(0.00%)	(0.40%)	(2.80%)	(7.90%)
	悲伤	329	236	533	110	13	26	26	230	1,094	2,597
		(0.20%)	(0.20%)	(0.40%)	(0.10%)	(0.00%)	(0.00%)	(0.00%)	(0.20%)	(0.80%)	(2.00%)
	喜爱	7,388	2,044	16,593	2,102	122	725	519	3,560	15,306	48,359
		(5.60%)	(1.50%)	(12.50%)	(1.60%)	(0.10%)	(0.50%)	(0.40%)	(2.70%)	(11.50%)	(36.40%)
	愤怒	1,901	136	87	881	407	51	79	980	8,123	12,645
		(1.40%)	(0.10%)	(0.10%)	(0.70%)	(0.30%)	(0.00%)	(0.10%)	(0.70%)	(6.10%)	(9.50%)
	厌恶	2,203	472	2,310	838	107	141	122	1,651	7,508	15,352
		(1.70%)	(0.40%)	(1.70%)	(0.60%)	(0.10%)	(0.10%)	(0.10%)	(1.20%)	(5.60%)	(11.50%)
	惊讶	80	34	97	29	3	21	6	68	327	665
		(0.10%)	(0.00%)	(0.10%)	(0.00%)	(0.00%)	(0.00%)	(0.00%)	(0.10%)	(0.20%)	(0.50%)
	恐惧	345	239	544	63	5	38	27	185	1,291	2,737
		(0.30%)	(0.20%)	(0.40%)	(0.00%)	(0.00%)	(0.00%)	(0.00%)	(0.10%)	(1.00%)	(2.10%)
	中性	9,350	2,669	17,462	2,565	182	960	594	4,853	1,500	40,135
		(7.00%)	(2.00%)	(13.10%)	(1.90%)	(0.10%)	(0.70%)	(0.40%)	(3.60%)	(1.10%)	(30.20%)
总计		23,763	6,194	40,860	6,910	865	2,062	1,431	12,093	38,830	133,008
		(17.90%)	(4.70%)	(30.70%)	(5.20%)	(0.70%)	(1.60%)	(1.10%)	(9.10%)	(29.20%)	(100.00%)

注:括号内为占总计百分比。

(四)表情符号社团划分和级联传播

通过分析两个话题的文本数据发现,相同表情符号的共现频率要大于不同表情符号的共现频率。相同表情符号的共现,“药神”常见每条 2～3 个共现,最多为 63 个共现;“昆山”多以 3 个表情符号共现,最大共现数为 76。依据费德等人(Fede et al.,2017)在其文章中提到的方法,我们根据表情符号在每条微博中出现的顺序和方向,以及整体上共同表情符号出现的情况,对表情符号的共现网络进行构建(见图 5)。通过构建共现网络(见图 7a),我们发现:第一,表情符号共现的网络主要以单向网络为主,缺乏互惠性;第二,表情符号共现网络中的情绪聚类更多以同类情感为主,具体来说,正向的情感表情符号会主要和正向情感的表情符号共现,负向的情感表情符号会更多与负向情感的表情符号共现。

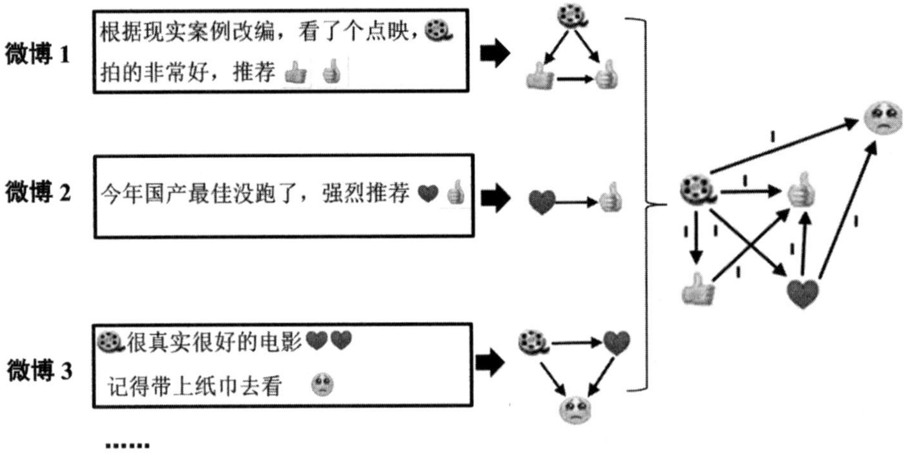

图 5　表情符号共现网络的构建举例

为了探究表情符号在原创帖和转发帖之间的传播关系,我们构建了表情符号的级联传播网络。通过原创帖和转发帖之间表情符号在不同层级的使用情况,我们首先建立了每两层之间的表情符号传播子网络,再根据每一个子网络之间的关系,构建了传播网络(见图 6)。在传播网络中(见图 7b)我们能够发现:第一,原创帖—转发帖在传播过程中利用相同表情符号进行表达的频次较高,表明转发帖的表情符号使用会受原创帖影响,表情符号的情感和话题的情感有一定关联;第二,级联传播的网络同样以单向网络为主,缺乏互惠性;第三,从情感的角度来看,出现了不同情感的传播,甚至由相反情感的表情符号进行传递,这从侧面表明用户所使用的表情符号表达的情感并非十分明确,需根据文本信息的情感重新定义和拾取。

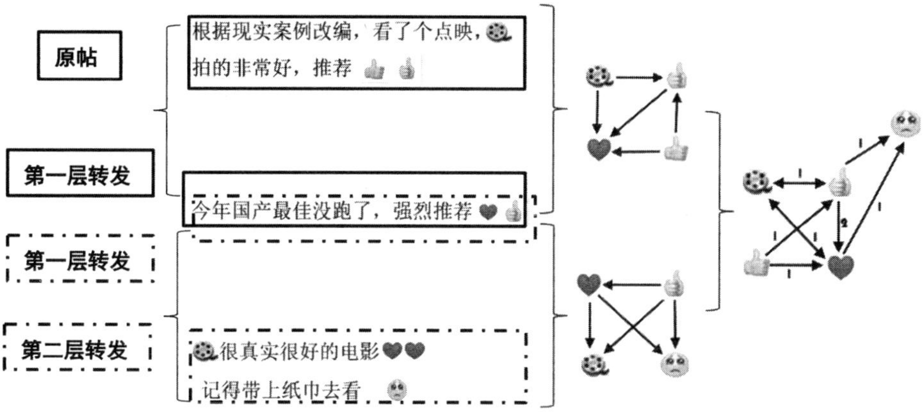

图 6　表情符号级联传播网络的构建举例

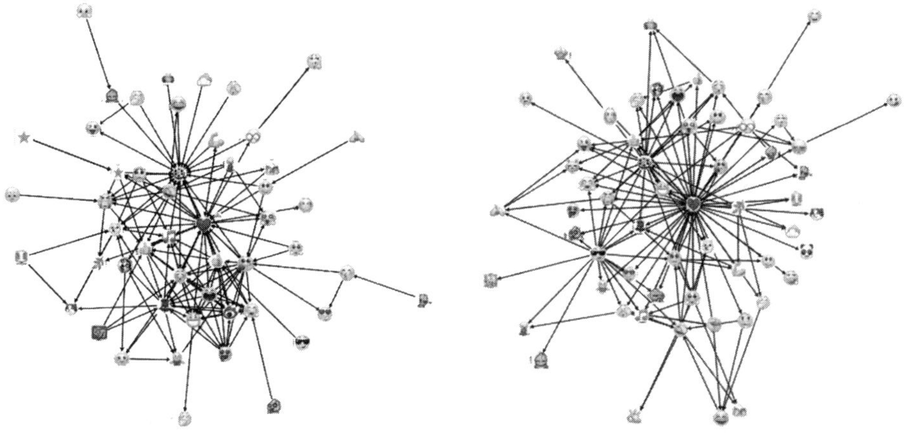

7-a. 表情符号使用的共现网络　　7-b. 表情符号级联传播的共现网络

图 7　电影《我不是药神》微博表情符号使用的两类网络对比

同时,我们还探究了原创微博的表情符号使用对转发微博是否产生影响,我们统计了每条原创微博及其所有转发微博的表情符号使用情况。若该原创微博中使用了表情符号,我们计算其转发微博中使用表情符号的比例为 r_1,计算方式如下:

$$r_1=\frac{\text{原创微博使用表情符号同时转发微博也使用表情符号的数量}}{\text{转发微博总数}}$$

若该原创微博中未使用表情符号,我们计算其转发微博中使用表情符号的

比例为 r_2，计算方式如下：

$$r_2 = \frac{\text{原创微博未使用表情符号但转发微博使用表情符号的数量}}{\text{转发微博总数}}$$

这样，每条原创微博都会得到一个 r 值（0～1），通过 r 值的分布图（见图 8），我们发现，整体上 $r_1 > r_2$。也就是说，原创微博使用了表情符号，会令用户更容易产生转发行为，并且在转发的微博中使用表情符号。

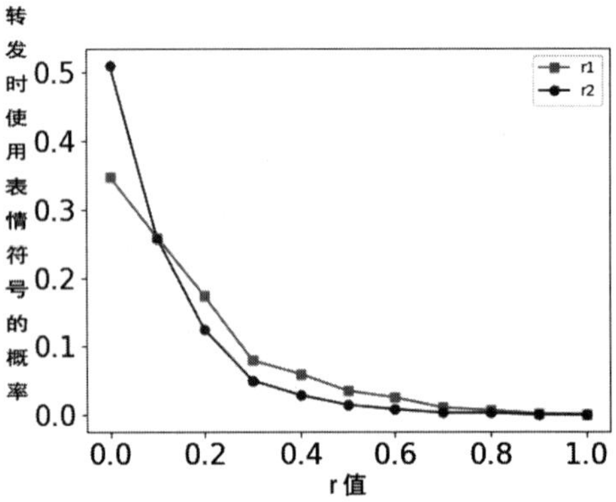

图 8　原创微博使用表情符号对转发微博使用表情符号的影响

五、结论与讨论

本研究聚焦表情符号作为舆论表达的特征，通过对比娱乐类和公共类的两个热点事件发现：

第一，从使用数量和用户数量上来看，表情符号已成为当今 CMC 中高使用率元素，但不同属性议题上存在一定差异。用户在娱乐性话题中更喜欢通过表情符号辅助表达，也表明表情符号自身带有文化娱乐功能；而在社会性议题中用户倾向于多文字少表情符号发表理性言论。表情符号作为替代 FTF 非言语线索的重要元素，在 CMC 中发挥着越来越大的作用，通过减少不确定性、强化情感表达等方式让人们的线上交流更加顺畅。通过表情符号的使用，建立良好的在线印象，可以促进人际关系的发展。超人际传播理论（hyper-personal communication）认为，CMC 过程中用户会通过选择性自我呈现让自己呈现出理想的线上形象，并且这种线上形象会产生自证预言效应，让用户向理想的线上印象发展（Walther, 1996）。而对于互联网时代来说，选择性自我呈现的一个重要工具就是表情符号。人们喜欢利用表情符号塑造自身在线形象的习惯，可以帮助研究者们更好地理解用户的在线行为。

第二,在表情符号使用上,用户表情符号使用频次不均衡,呈幂律分布,出现多数用户使用某一种或几种较为流行的表情符号的现象,如常用的“笑 cry”“doge”等。这体现了表情符号的使用上具有模因效应,人们对于流行的表情符号纷纷效仿使用,一方面加强了表情符号的进一步传递,同时也使得表情符号的文化内涵发生了一定的转变。例如,“微笑”表情符号本意是打招呼、表示善意的笑容,随着大量用户在网络使用中将其赋予无奈、不满,甚至愤怒等意涵,模因机制在其中起作用,使其广泛传播,并变更了其文化内涵。文化内涵的变化一方面和人们所处的社会环境相关,同时也与人们的经历相关(孟育耀、张丽娜,2018),例如,不同年龄层的人对于“微笑”表情符号的理解与他们所处的时代背景和媒介素养有关。不同用户对同一表情符号的理解不同,文字和表情符号所赋予的意涵也就不同。因此,在表情符号的研究当中应注重对其文化内涵的判定,这样会有助于理解人们的文化认知和网络使用行为。

第三,人们使用的表情符号多以面部表情符号为主,非面部表情符号次之。表情符号功能之一是补充线上交流的非言语信息,让用户接收到类似线下交流的表情信息。表达情感的非面部表情符号多为动作,如“加油”是手臂,能够补充线上交流的肢体语言信息。还有一类表情符号的使用率也较高,如“doge”“二哈”,因其网络文化特征,受到用户欢迎。从辅助表达的功能上来说,用户使用表情符号主要是利用其传递情绪的作用,尤其是对面部情绪起到强化效果。从表情符号自身的特性来说,由于它缺乏微信表情包多元、动态的特性,人们会通过不同的身体部位模拟 FTF 的表达,以及通过不同表情符号的组合对某些情感意涵进行表达。所以,从产品开发的角度来看,今后在符号类的表情设计过程中,可以更多从情绪表达、肢体语言等角度出发,来丰富人们对表情符号的选择。

第四,表情符号的高频使用用户更多为利益获取型,娱乐性话题尤甚。利益获取型用户的主要特征是在线进行营销获取经济利益,或用热门话题进行追星等获得个人、团体利益。这一方面和微博近年来的发展趋势有关,微博已变成“围观多于发言,吃瓜多于参与”的社交平台,这给线上产品和明星的营销提供了温床。营销号通过热门话题传播营销信息,用正向情感的表情符号来规避普通用户对强行营销产生的厌恶感,利用普通用户追捧热门话题的心理机制,将营销理念逐渐传递并对普通用户起到涵化作用。另一方面,泛娱乐化和消费主义充斥网络,让用户远离了公共事务。斯塔克和克劳福德(Stark & Crawford,2015)认为,网络表情符号长期浸泡在消费主义和泛娱乐化的网络环境中,人们会成为信息资本控制下的工具。营销号文本所使用的大量重复的表情符号,会使用户对其传递的情感脱敏,也会通过启动机制(priming)让人们改变对消费的态度,陷入消费主义的陷阱。

第五,表情符号能较好地传递情感信息,但表情符号与文字表达情感有不一致的情况。个体与社会等方面的差异对此造成了影响。①在个体认知和态度上,不同类型社交平台在表情符号的使用上会出现差异。以微博和微信为例,微博主要是一对多传播(包括强关系用户,也包括陌生用户),表情符号使用主要呈现个人性格特点,即使表达非正面情绪,也偏向使用正向情感的表情符号,从而降低了呈现负面印象的可能性;微信朋友圈也是一对多传播,但其存在好友关系,所以表情符号选择既注重个性展示,也注重表达情感;微信聊天是一对一传播,类似 FTF,表情符号多是辅助表达对话的情绪,而且情感的表达也不局限在表情符号上,多种类的表情包也为情感的表达进行了细化,所以文字与表情符号的情感表达较为一致。由此,即使是同一系列的表情符号,用户也会根据平台类型的差异进行不同的选择。②从行为上来看,个体差异会呈现出不同的使用习惯,尤其受到性别、地域、年龄、职业等方面的影响。例如,有的用户就是习惯性地使用"笑 cry""允悲"等表情符号,与文本所表达的情感无关,导致文本与表情符号的情感表达不一致。③受不同文化环境的影响,同一表情符号表达的深层含义具有差异。例如,"笑 cry""允悲"从字面意义看是流泪,表达难过、伤心等情绪,但在网络文化语境下,这两个表情符号往往表示多种情绪,既包括感激,也包括无奈和惊讶等,情绪的属性需要结合语境来判断。这一方面说明,表情符号的深层含义较为晦涩,用户对其存在理解差异也带来其使用差异;另一方面,从计算传播的研究实践上来说,这种情况也给表情符号的分类带来了挑战,使机器学习过程中出现机器和真实个人在表情符号分类上存在不同的标准。

第六,表情符号共现多为共现相同表情符号,共现不同表情符号也多表达同类情感。表情符号共现的目的是增强情感表达,同一表情符号多次使用可从视觉上让人感受某种情感的释放,表达同类情感的不同表情符号也有相同的功效。同时,从用户使用行为的角度来说,重复使用相同的表情符号也是用户的一种行为惯性。使用相同表情符号起到的增进情绪表达的作用,同样也是模因机制的一种反映,用户效仿这一行之有效的表达强化行为,也进一步让重复使用表情符号成为舆论表达的常态,在网络传播的实践中被广泛应用。共现表情符号所产生的聚类主要以面部表情符号为主,也印证了表情符号的功能是替代线下非言语信息。居于共现网络中心位置的表情符号会根据不同的议题、时间段等发生改变,能够从侧面反映出当前网民对网络事件的看法。对处于中心位置的表情符号的情绪、文化内涵进行分析,有助于舆情监测工作,可以快速对网络事件的性质和态势进行一定的初步判断。因此,舆情监测部门可以通过对共现表情符号网络中心位置的监测,有效地预测网络舆情,找到舆情变化的重要节点。

本研究是对表情符号使用的初步研究,通过对两类不同性质事件的表情符号使用情况进行分析,我们得到了上述结论。表情符号的使用作为CMC的重要一环,对研究网络舆情、用户使用习惯、网络文化等方面都起着至关重要的作用。本研究在前人研究的基础上,为我国的表情符号研究补充了实证数据,让表情符号使用行为的结论有据可依,为表情符号的进一步研究进行了铺垫。同时,本研究也存在一定的不足,例如,没能够与用户的特性进行深入联系,也缺少对常用、流行的表情符号在不同议题上的文化内涵进行详尽探讨。因此,后续可从情感类别精准细分、表情符号传播时间、用户地域差异和文化差异等角度深入研究,以弥补本研究在这些方面的欠缺。

参考文献

郝芙慧(2016),《青年亚文化视角下微信表情符号的发展研究》。山西大学文学院硕士论文。

何跃、张月、肖敏等(2017),《微博社区内不同情绪的传染关系研究——以亚航失联事件为例》。《统计与信息论坛》,第8期,页110-116。

李玉立(2017),《模因理论视野下表情包的生成、传播与动员》。重庆大学新闻学院博士论文。

刘伟朋、陈雁翔、孙晓(2014),《基于表情符号的中文微博多维情感分类的研究》。《合肥工业大学学报(自然科学版)》,第7期,页803-807。

孟育耀、张丽娜(2018),《模因视角下表情包的舆情传播分析》。《采写编》,第1期,页61-63。

饶广祥、魏清露(2018),《"趣我"与浅平化:网络表情符号的传播与反思》。《福建师范大学学报(哲学社会科学版)》,第2期,页161-168。

孙雨婷(2016),《从网络表情包看视觉化语言及情绪表达》。《新闻知识》,第10期,页78-81。

滕雪梅、华乐功(2009),《网络表情符号初探——以当代青少年网络文化为基点》。《北京联合大学学报(人文社会科学版)》,第3期,页79-82。

肖思涵(2012),《从网络表情符号看东西方文化差异》。“江西省语言学会第七次会员代表大会暨2012年学术年会”论文,江西。

余晓冬、黄亚音(2016),《从“帝吧出征”看表情包在网络交流中的功能》。《硅谷》,第9期,页20-21。

Ai, W., Lu, X., Liu, X., Wang, N., Huang, G., & Mei, Q. (2017, April). Untangling Emoji Popularity Through Semantic Embeddings. Paper presented at Eleventh International AAAI Conference on Web and Social Media.

Barbieri, F., Espinosa-Anke, L., & Saggion, H. (2016). *Revealing Patterns of Twitter Emoji Usage in Barcelona and Madrid*. IOS Press.

Barbieri, F., Ronzano, F., & Saggion, H. (2016, May). What Does This Emoji Mean? A Vector Space Skip-Gram Model for Twitter Emojis. Paper presented at Proceedings of the Tenth International Conference on Language Resources and Evaluation.

Chen, Z., Lu, X., Ai, W., Li, H., Mei, Q., & Liu, X. (2018, April). Through a Gender Lens: Learning Usage Patterns of Emojis from Large-Scale Android Users. Paper presented at Proceedings of the 2018 International World Wide Web Conferences Steering Committee.

Danesi, M. (2016). *The Semiotics of Emoji: The Rise of Visual Language in the Age of the Internet*. Bloomsbury Publishing.

Davis, M., & Edberg, P. (2015,June 9). Unicode emoji. Retrieved from http://www.unicode.org/reports/tr51/tr51-3.html.

Derks, D., Bos, A. E., & Von Grumbkow, J. (2007). Emoticons and Social Interaction on the Internet: The Importance of Social Context. *Computers in Human Behavior*, 23(1), 842-849.

Derks, D., Fischer, A. H., & Bos, A. E. (2008). The Role of Emotion in Computer-Mediated Communication: A Review. *Computers in Human Behavior*, 24(3), 766-785.

Dimson, T. (2015, May 1). Emojineering Part 1: Machine Learning for Emoji Trends. Retrieved from https://instagram-engineering. com/emojineering-part-1-machine-learning-for-emoji-trendsmachine-learning-for-emoji-trends-7f5f9cb979ad.

Dresner, E., & Herring, S. C. (2010). Functions of the Nonverbal in CMC: Emoticons and Illocutionary Force. *Communication Theory*, 20(3), 249-268.

Gacey, H. J., & Richard, E. M. (2013). Influence of Emoticons on Perceived Negative Affect and Professionalism in Work-Related Email. *Academy of Management Proceedings*, (1),14646.

Garrison, A., Remley, D., Thomas, P., & Wierszewski, E. (2011). Conventional Faces: Emoticons in Instant Messaging Discourse. *Computers and Composition*, 28(2),

112-125.

Illendula, A., & Yedulla, M. R. (2018). Learning Emoji Embeddings Using Emoji Co-occurrence Network Graph. arXiv preprint arXiv:1806.07785.

Jack, R. E., Blais, C., Scheepers, C., Schyns, P. G., & Caldara, R. (2009). Cultural Confusions Show That Facial Expressions Are Not Universal. *Current Biology*, 19(18), 1543-1548.

Kaye, L. K., Wall, H. J., & Malone, S. A. (2016). "Turn That Frown Upside-Down": A Contextual Account of Emoticon Usage on Different Virtual Platforms. *Computers in Human Behavior*, 60, 463-467.

Kelly, R., & Watts, L. (2015,September). Characterising the Inventive Appropriation of Emoji as Relationally Meaningful in Mediated Close Personal Relationships. Paper presented at Experiences of Technology Appropriation: Unanticipated Users, Usage, Circumstances, and Design.

Li, W., Chen, Y., Hu, T., & Luo, J. (2018, June). Mining the Relationship between Emoji Usage Patterns and Personality. Paper presented at Twelfth International AAAI Conference on Web and Social Media.

Liebman, N. & Gergle, D. (2016, February). It's (Not) Simply a Matter of Time: The Relationship between CMC Cues and Interpersonal Affinity. Paper presented at Proceedings of the 19th ACM Conference on Computer-Supported Cooperative Work & Social Computing.

Lu, X., Ai, W., Liu, X., Li, Q., Wang, N., Huang, G., & Mei, Q. (2016,September). Learning from the Ubiquitous Language: An Empirical Analysis of Emoji Usage of Smartphone Users. Paper presented at Proceedings of the 2016 ACM International Joint Conference on Pervasive and Ubiquitous Computing.

McKenna, K. Y., Green, A. S., & Gleason, M. E. (2002). Relationship Formation on the Internet: What's the Big Attraction? *Journal of Social Issues*, 58(1), 9-31.

Miller, H. J., Thebault-Spieker, J., Chang, S., Johnson, I., Terveen, L., & Hecht, B. (2016, March). "Blissfully Happy" or "Ready to Fight": Varying Interpretations of Emoji. Paper presented at Tenth International AAAI Conference on Web and Social Media.

Novak, P. K., Smailović, J., Sluban, B., & Mozetič, I. (2015). Sentiment of emojis. *PloS ONE*, 10(12), e0144296.

Oleszkiewicz, A. , Karwowski, M. , Pisanski, K. , Sorokowski, P. , Sobrado, B. , & Sorokowska, A., (2017). Who Uses Emoticons? Data from 86702 Facebook Users. *Personality and Individual Differences*, 119,289-295.

Park, J., Baek, Y.M., & Cha, M., (2014). Cross-Cultural Comparison of Nonverbal Cues in Emoticons on Twitter: Evidence from Big Data Analysis. *Journal of Communica-*

tion, 64(2), 333-354.

Park, J., Barash, V., Fink, C., & Cha, M. (2013, June). Emoticon Style: Interpreting Differences in Emoticons Across Cultures. Paper presented at Seventh International AAAI Conference on Weblogs and Social Media.

Pavalanathan, U., & Eisenstein, J. (2015). Emoticons vs. Emojis on Twitter: A Causal Inference Approach. Paper presented at AAAI 2016 Spring Symposium on Observational Studies through Social Media and Other Human-Generated Content.

Prada M., Rodrigues, D. L. , Garrido, M. V. , Diniz, L. , Bernardo, C. , & Rui, G., (2018). Motives, Frequency and Attitudes toward Emoji and Emoticon Use. *Telematics and Informatics*, 35(7),1925-1934.

Riordan M. A. (2017). Emojis as Tools for Emotion Work: Communicating Affect in Text Messages. *Journal of Language and Social Psychology*, 36(5), 549-567.

Rodrigues, D., Lopes, D., Prada, M., Thompson, D., & Garrido, M. V. (2017). A Frown Emoji Can Be Worth a Thousand Words: Perceptions of Emoji Use in Text Messages Exchanged between Romantic Partners. *Telematics and Informatics*, 34(8), 1532-1543.

Short, J., Williams, E., & Christie, B. (1976). *The Social Psychology of Telecommunications*. London:John Wiley and Sons.

Skovholt, K., Grønning, A., & Kankaanranta, A. (2014). The Communicative Functions of Emoticons in Workplace E-mails. *Journal of Computer-Mediated Communication*, 19(4), 780-797.

Sproull, L., & Kiesler, S. (1986). Reducing Social Context Cues: Electronic Mail in Organizational Communication. *Management Science*, 32(11), 1492-1512.

Stark, L., & Crawford, K. (2015). The Conservatism of Emoji: Work, Affect, and Communication. *Social Media + Society*, 1(2), 2056305115604853.

Thompson, D., & Filik, R. (2016). Sarcasm in Written Communication: Emoticons Are Efficient Markers of Intention. *Journal of Computer-Mediated Communication*, 21(2), 105-120.

Thompson, D., Mackenzie, I. G., Leuthold, H., & Filik, R. (2016). Emotional Responses to Irony and Emoticons in Written Language: Evidence from EDA and Facial EMG. *Psychophysiology*, 53(7), 1054-1062.

Tossell, C. C. , Kortum, P. , Shepard, C. , Barg-Walkow, L. H. , Rahmati, A. , & Zhong, L.(2012). A Longitudinal Study of Emoticon Use in Text Messaging from Smartphones. *Computers in Human Behavior*, 28(2), 659-663.

Wall, H. J., Taylor, P. J., & Campbell, C. (2016). Getting the Balance Right? A Mismatch in Interaction Demands between Target and Judge Impacts on Judgement Accuracy for

Some Traits But Not Others. *Personality and Individual Differences*, 88, 66-72.

Walther, J. B. (1992). Interpersonal Effects in Computer-Mediated Interaction: A Relational Perspective. *Communication Research*, 19(1), 52-90.

Walther, J. B. (1996). Computer-Mediated Communication: Impersonal, Interpersonal, and Hyperpersonal Interaction. *Communication Research*, 23(1), 3-43.

Walther, J. B., & D'Addario, K. P. (2001). The Impacts of Emoticons on Message Interpretation in Computer-Mediated Communication. *Social Science Computer Review*, 19(3), 324-347.

Walther, J. B., & Parks, M. R. (2002). Cues Filtered out, Cues Filtered in: Computer-Mediated Communication Add Relationships. In M. L. Knapp, & J. A. Daly (Eds.), *The SAGE Handbook of Interpersonal Communication*(pp.529-563). Thousand Oaks,CA:Sage.

Will, G. , Pingping, H. , & Qianyun, Y.,(2018). Emoji and Communicative Action: The Semiotics, Sequence and Gestural Actions of "Face Covering Hand". *Discourse, Context & Media*, 26,91-99.

Wilson, G. , & Brewster, S. A. (2017, May). Multi-Moji: Combining Thermal, Vibrotactile & Visual Stimuli to Expand the Affective Range of Feedback. Paper presented at Proceedings of the 2017 CHI Conference on Human Factors in Computing Systems.

Wolf, A. (2000). Emotional Expression Online: Gender Differences in Emoticon Use. *CyberPsychology & Behavior*, 3(5), 827-833.

Yopak, J. A. (2018) The Meme as Post-Political Communication Form: A Semiotic Analysis. *UVM Honors College Senior Theses*. 263.

Zhao, J., Dong, L., Wu, J., & Xu, K. (2012, August). Moodlens: An Emoticon-based Sentiment Analysis System for Chinese Tweets. Paper presented at Proceedings of the 18th ACM SIGKDD International Conference on Knowledge Discovery and Data Mining.

基于传播行为的微博用户联合谱聚类方法研究*

Research on the Microblog User Spectral Co-clustering Based on Propagation Behavior

◈ 周　胜　龚鸣敏　田福庆**

Zhou Sheng　Gong Mingmin　Tian Fuqing

摘要:为解决微博用户属性数据、标签数据、行为数据和文本数据较少甚至缺失情况下的用户聚类问题,学界提出了一种基于传播层面的微博用户联合谱聚类方法。根据用户在关注和转发信息源上的认知差异,可构建用户和信息源的双模网络。采用联合谱聚类方法建立的关注和转发两级聚类机制,能够有效区分不同认知属性的用户群体。实际聚类结果表明:该算法聚类准确率高、鲁棒性好,对于网络个体的传播动机和行为预测、群体划分和舆情分析,具有较强的实际应用价值。

Abstract: Focusing on the microblog user attribute, user tag, behavior data and content missing and low accuracy of classification, a spectral co-clustering method is proposed based on communication theory. Building users' portraits of all kinds of groups in microblog can directly show the typical characters of the group members which help to analyze users' behaviors and attitudes in various kinds of groups. On the basis of the user perceive dissimilarity about users' interested microblog topics, two-mode network of user and media is bulit. Applying the spectral co-clustering method and mechanism of two clustering stage of interested topics and transmitted topics, it can effectively distinguish user groups with different cognitive attributes. The experimental results demonstrate the precision, robustness, and effectiveness of the proposed method

---

* 本文系教育部科技发展中心资助项目"基于大数据的行业推荐系统"(项目编号:2018A02016)研究成果之一。

** 周胜,博士,武汉学院讲师;龚鸣敏,硕士,武汉学院副教授;田福庆,博士,海军工程大学教授。

for propagation motivation and behavior prediction of Internet individuals network group division and public opinion analysis.

关键词:微博用户,双模网络,聚类

Keywords: microblog user,two-mode network,cluster

一、引言

微博作为信息驱动型的社交网络平台,通过关注机制,分享实时的简短信息,具有传播的高时效性和参与的开放性。截至 2019 年 3 月,微博日活跃用户达到 2.03 亿,月活跃用户共 4.65 亿,成为拥有广大用户群体、庞大信息量和广泛社会影响力的媒体平台。

用户的聚类,是在线社交网络分析的一个基本任务。对数量庞大的微博用户,按照特征和相似度进行聚类和划分,是实现社交网络的结构分析、用户属性和行为推测、用户推荐、舆情监测等众多功能的前提和技术实现途径(任薇,2014;Poell,Kloet,& Zeng,2014;Zhao,Sala,& Wilson,2012)。

针对微博用户数据缺失、文本信息不足等用户聚类面临的实际问题,本研究在联合谱聚类算法的基础上,设计了一种基于传播层面的微博用户聚类方法。此方法从微博用户的传播行为入手,提取微博用户接收、传播信息的认知特性和行为特性,构造用户—关注、用户—转发的双模网络,得到双模网络的邻接矩阵,对邻接矩阵进行联合谱聚类,由此实现微博用户的聚类。这种聚类方式,是从用户的价值判断和利益诉求方面对用户群体进行划分,在对用户聚类的同时,对用户群体关注和转发的信息源,也进行了分割。根据微博用户的信息传播行为特征,聚类模型还建立了关注、转发的二级聚类机制,能够有效区分不同认知属性的用户群体。

微博用户的联合谱聚类方法,可以压缩和简化庞大的微博社交网络,降低网络规模。利用聚类群体的用户画像和信息源的属性,有助于准确把握各类群体的认知、态度和行为,有效推测同一类型群体的传播行为,为在线网络社区发现、用户营销、舆情态势分析、信息源的定位等实际问题,提供分析工具。

实验结果表明:微博用户联合谱聚类方法,不依赖微博用户的文本内容,解决了非活跃、属性数据不全的微博用户聚类困难的问题,准确率高,稳定性和健壮性好,适合大数据背景下的微博网络分析。

二、微博用户聚类方法

如何对微博用户进行聚类,一直是在线社交网络数据挖掘的研究热点。根据用户发布的文本、传播行为、用户偏好、社交关系等信息,采用支持向量机、Logistic 回归、混合提升算法 AdaBoost 等方法,对用户的年龄、性别、职业、情感、兴趣和政治倾向进行聚类、识别和推测,已经取得了很多的研究成果(Huffaker,2010;苏宏元、黄晓曦,2018;林燕霞、谢湘生,2018;McGregor & Vargo,2017)。根据用户自定义标签和关注情况等用户认知属性,可以实现用户聚类。科斯基(Kosinski)等人利用脸书用户的 likes 行为,预测了用户的人格特点、种族、宗教、性取向等多种用户特征(Kosinski,Stillwell,& Graepel,2013)。熊回香(2017)依据用户标签与关系网络,采用 *K-means* 方法,对微博用户进行了聚类。李运华(2016)根据微博用户的关注数、粉丝数、微博数、微博转发时间、微博内容、转发数、评论数、点赞数和微博地址,同样采用 *K-means* 方法,完成了微博用户聚类。

现有的聚类方法,利用微博用户发帖的行为数据、文本信息甚至表情符,来分析和推断用户的年龄、性别、兴趣和情感,实现用户群体的属性聚类(McGregor & Vargo,2017;Kosinski,2013;熊回香、蒋武轩,2017;林燕霞、谢湘生,2018;李运华,2016)。但在实际应用中,微博用户聚类常面临用户属性数据缺失、微博文本信息不足、用户群体遗漏等现实问题:用户在注册微博账号时,被要求填写个人资料信息,但经常会出现用户信息填写不全或不准确的情况;相当部分用户,只是将微博作为信息获取渠道,不定义个人标签,少部分甚至不发布评论。对于这类用户,常见的处理方法是直接忽略(林燕霞、谢湘生,2018;李运华,2016)。依据第 39 次《中国互联网络发展状况统计报告》,该类用户是互联网新闻的高频重度用户,占互联网新闻网民的 15.3%,集中在“70 后”群体,35~44 岁占比达到 76.8%。因此,只通过用户微博的评论文本来进行用户聚类和预测,会导致大量用户遗漏,使得推测结果出现较大偏差;微博用户的认知态度和行为动机,对于舆情监测和分析是非常重要的(张春华,2012)。但相较于可以直接获取的微博用户显性数据,微博用户的认知态度和行为动机是隐于其后的,难以直接获取、量化和分析。

目前,微博用户聚类和用户分类的方法,大多是基于网络结构的分析模式,将用户视为网络中的独立节点、传播行为视为网络的边,直接使用网络科学理论的传播模型和研究方法(Castellano, Fortunato, & Loreto, 2009; Burt, 2017)。这种聚类方法,只考虑到接收者作为网络节点的物理属性,却忽视了接收者对信息接收和处理的主动性。

从传播层面来看,用户作为信息传播的受众,其获取、传递信息,并非被动地完全接受,而是具有相当程度的主动性。用户通过微博的关注功能,主动选择自己认为可信、有价值、符合个人价值观的信息源,构建用户自有的信息来源渠道。另外,关注同一信息源的用户群体,由于年龄、职业、学历、社会经历和价值观的差异,对信息的认同和处理方式会有所不同。用户转发信息的行为,也能反映出用户的兴趣偏好和价值取向,代表了用户对信息和信息源的认可(Xu, Ru, & Xiang, 2011; Hughes, Rowe, & Batey, 2012)。奎尔西亚(Quercia)等人认为推特上的议题和情感,会吸引同类用户聚集在一起(Quercia, Capra, & Crowcroft, 2012)。西美尔博伊姆(Himelboim)等人选择了推特上 10 个有争议性的政治议题,分析了用户群体聚类以及聚类表达的政治倾向(Himelboim, McCreery, & Smith, 2013)。

用户选择媒介、参与媒介传播的行为,实际上已经隐含了用户的认知和动机。"物以类聚,人以群分",通过微博用户关注和转发信息源的类型不同,分析用户从何处接收信息、认同哪些信息,可以有效划分用户类型(许小可、胡海波、张伦、王成军,2015)。

微博用户关注他人的微博号,转发他人的微博信息,建立信息接收和分发的联系,形成了两个双模网络:用户—关注网络、用户—转发网络。每一个模代表一类实体,分别表示为:微博用户和关注信息源、微博用户和转发信息源。

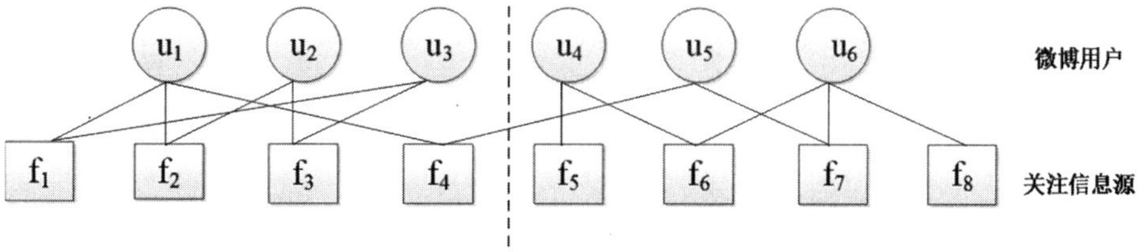

图 1　微博用户与关注信息源的双模网络

如图 1 所示,该网络是一个 6 个微博用户关注 8 个信息源的双模网络。从拓扑角度观察,该双模网络形成了一个二部图。微博用户与转发信息源的双模网络,如图 2 所示。与关注信息源不同,微博用户有时会转发自己的信息,不是严格意义的二部图。简化起见,我们将转发自身信息的用户,转换为另一个镜像用户,依然保留二部图结构。

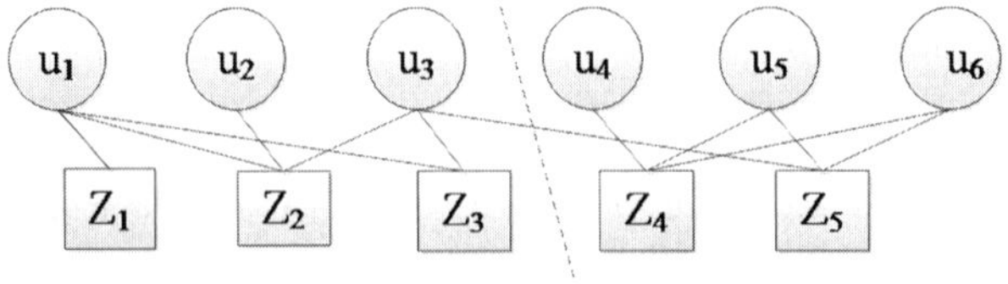

图 2 微博用户与转发信息源的双模网络

双层网络考虑到了用户接收信息的主动性和被动性,可以应用到信息传播模型中(Gomez, Diazguilera, & Gomezgardenes, 2013)。本研究的微博用户关注和转发信息网络未采用双层网络的原因是:双层网络的节点一般为同一类实体,描述双层网络用户的耦合关系,而信息传播过程中,一方是信息发布源,具备媒体性质,另一方是信息接收方,二者在信息传播中的地位是单向和不对等的。这种限定情况下的传播网络,更接近多类型的异质网络。

本研究的研究目的是关注信息源和用户之间的关联情况和影响程度,因此选择了双模网络作为网络信息传播模型。另外,双模网络经过后续的谱聚类处理后,同时完成信息源和用户群体的归类,可以观察到什么样的用户关注哪种信息源,为后续分析用户认知倾向和信息源对用户认知的影响设定明确的研究范围。

在双模网络中,一个模集合与其他模中的社区相关联。一个模集合的聚类形成,是由于这个模集合中的个体共同与另一个模集合中的集合相连接。在用户—关注信息源、用户—转发信息源的双模网络中,兴趣相同的用户更倾向于接收相似的信息,认知相同的用户更倾向于转发相似主题和内容的信息。

根据网络的整体拓扑结构,对双模网络中二部图的顶点进行分割,划分出不相交的集合。图 1 和图 2 中的虚线,表示了二部图的分割。这种划分,可以同时得到用户和关注信息源的集合、用户和转发信息源的集合:通过微博用户与关注、转发信息源的联结关系,可以将微博用户$\{u_1, u_2, u_3, u_4, u_5, u_6\}$分为$\{u_1, u_2, u_3\}$和$\{u_4, u_5, u_6\}$两类,将关注信息源$\{f_1, f_2, f_3, f_4, f_5, f_6, f_7, f_8\}$分为$\{f_1, f_2, f_3, f_4\}$和$\{f_5, f_6, f_7, f_8\}$两类,将转发信息源$\{z_1, z_2, z_3, z_4, z_5\}$分为$\{z_1, z_2, z_3\}$和$\{z_4, z_5\}$两类,其中$\{u_1, u_2, u_3\}$类用户关注的信息源类是$\{f_1, f_2, f_3, f_4\}$,转发的信息源类是$\{z_1, z_2, z_3\}$;$\{u_4, u_5, u_6\}$类用户关注的信息源类是$\{f_5, f_6, f_7, f_8\}$,转发的信息源类是$\{z_4, z_5\}$。

三、微博用户的联合谱聚类算法

二部图的最小割集问题,可以得到高效求解,但所得的解往往是不平衡的,有的集合可能只包含很少的顶点,甚至只有一个顶点。如果将图 2 进行最小化切割聚类,则微博用户聚类结果为:$\{u_4\}$ 和 $\{u_1, u_2, u_3, u_5, u_6\}$,转发信息源聚类结果为:$\{z_1\}$ 和 $\{z_2, z_3, z_4, z_5\}$。这样的切割是不平衡的,没有实际应用价值。

孙(Sun)等人使用 RankClus 聚类框架,实现了异质网络的用户聚类。对于构成二部图的异质网络,采用联合谱聚类方法,效率更高,更为常用。

源于图划分问题的谱聚类方法就是寻找一种切割方法,可以将图中的顶点分割成若干不相交的集合,同时切割最少的边(Von Luxburg,2017)。采用联合谱聚类方法可以有效解决切割不平衡的问题,并能同时得到用户及其关注信息源、用户及其转发信息源的聚类。

谱聚类方法原理如下:由双模网络生成对应的邻接矩阵,采用多维向量方法,对邻接矩阵进行降维。将邻接矩阵的特征向量分量作为新的参考系,把网络中的所有顶点映射到一个新空间,使得原始网络在新的空间中更容易被划分(Trivedi & Dey,2016)。谱聚类方法中的谱,是邻接矩阵对应的特征值与特征向量。谱聚类,就是对特征向量进行正交变换,然后采用 *K-means* 算法,对双模网络的顶点聚类,实现用户和信息源的同时聚类。这种谱聚类方法可以利用现有成熟的分布式矩阵计算框架,能够快速地实现大规模网络的社区发现。

微博用户谱聚类的具体算法如下:

(1)爬取微博页面信息,获取用户基本属性、传播行为和信息传播路径。获取评论页面的用户名称、评论内容、评论时间;用户页面的用户情况、认证信息、转发数、关注数、粉丝数、转发信息源、转发内容、发帖时间;用户关注页面的关注者名称、粉丝数、个人信息、认证信息。

(2)建立用户关注集和用户转发集。收集用户关注信息源和转发信息源信息,合并重复关注和转发的对象,得到用户关注集和转发集。

(3)建立用户—关注邻接矩阵、用户—转发邻接矩阵、用户关注连接度矩阵、关注连接度矩阵、用户转发连接度矩阵、转发连接度矩阵。根据用户名称和用户关注集,建立以用户名称为行,用户关注集元素为列的用户—关注邻接矩阵 A_g,建立以用户名称为行,用户转发集元素为列的用户—转发邻接矩阵 A_z。

以A_g每行元素的和作为对角矩阵的对角元素值,得到用户关注连接度矩阵D_{ug}。计算A_g每列元素的和,得到对角矩阵D_{vg},即关注集连接度矩阵。依此方法,得到用户转发连接度矩阵D_{uz}、转发集连接度矩阵D_{vz}。

(4)规范邻接矩阵A_g、A_z,并对规范后的邻接矩阵$\widetilde{A_g}$、$\widetilde{A_z}$进行奇异值分解。

邻接矩阵的规范方法为:

$$\widetilde{A_g}=D_{ug}{}^{-1/2}A_g D_{vg}{}^{-1/2} \tag{1}$$

$$\widetilde{A_z}=D_{uz}{}^{-1/2}A_z D_{vz}{}^{-1/2} \tag{2}$$

对规范后的邻接矩阵进行奇异值分解:

$$\widetilde{A_g}=U_g\sum_g V_g{}^T \tag{3}$$

$$\widetilde{A_z}=U_z\sum_z V_z{}^T \tag{4}$$

(5)将邻接矩阵的特征向量分量作为新的参考坐标系,把网络中的节点映射到新空间中,得到特征向量$S_g^{(u)}$、$S_g^{(v)}$、$S_z^{(u)}$、$S_z^{(v)}$:

$$S_g^{(u)}=U_{g(1:k)},S_g^{(v)}=V_{g(1:k)} \tag{5}$$

$$S_z^{(u)}=U_{z(1:k)},S_z^{(v)}=V_{z(1:k)} \tag{6}$$

其中k值由待划分的用户类别数决定。

由式(5)、(6),得到新空间的联合聚类指标集矩阵Z_g、Z_z:

$$Z_g=\begin{bmatrix} D_{ug}{}^{-1/2}S_g^{(u)} \\ D_{vg}{}^{-1/2}S_g^{(v)} \end{bmatrix} \tag{7}$$

$$Z_z=\begin{bmatrix} D_{uz}{}^{-1/2}S_z^{(u)} \\ D_{vz}{}^{-1/2}S_z^{(v)} \end{bmatrix} \tag{8}$$

(6)对联合聚类指标集矩阵Z_g、Z_z的*K-means*聚类和二级聚类联合聚类指标集矩阵Z_g、Z_z的第一列,无法提供有效的聚类信息。从第2列开始,通过*K-means*聚类算法,完成微博用户类别的划分。根据Z_g、Z_z的聚类结果,完成关注矩阵用户聚类、转发矩阵用户聚类的二级聚类。

这里采取关注和转发二级聚类,是基于微博用户的实际传播行为:某些用户虽然主动接触大量信息源,但并不热衷表达自己的观点,很少评论和转发信息。有些用户虽然关注同一信息源,但认知态度可能截然相反。还有的用户关注大量不同类型信息源,所发的信息均为转发信息。这类用户往往出于商业行为,成为各类信息的中转站,对信息没有任何个人的意见和态度。采用信息源的二级聚类方法,可以有效识别用户群体,准确定位影响用户群体的信息源。

四、用户谱聚类方法的应用和改进

本研究以微博用户关于老龄化话题的讨论作为具体实例,来验证联合谱聚类方法的可行性和有效性,并结合微博用户的实际情况,对算法做进一步的改进。

2019 年 1 月 19 日,中国财政学会副会长贾康在第十届中国经济前瞻论坛上谈到了减税降费,并建议尽快提升养老金统筹机制,将南方多年的滚存结余调到东北救燃眉之急。该新闻由《经济观察报》报道,并通过经济观察网官方账号,在微博上传播。

选择该实例作为微博用户谱聚类方法的分析对象,出于几个因素的考虑:对于养老金统筹方案,微博用户群体存在分歧和争论,没有出现一面倒的主导性观点,有利于检验聚类方法的效度;微博上对养老金统筹方案的争论,不同于群体性事件和社会热门事件,较少受到舆情管理和情感因素的干扰,提取的评论信息和用户信息较为完整,能够基本反映出用户群体的全貌,有利于检验聚类方法的信度。

(一)联合谱聚类方法的具体应用

该条微博共得到 225 条回应,其中热门评论有 9 条。我们先以这 9 个评论用户作为聚类对象,应用联合谱聚类方法,完成用户和关注信息源、用户和转发信息源的聚类,验证微博用户联合谱聚类方法的可行性。接下来,我们将联合谱聚类方法应用到 225 个回应用户、相关话题的 835 个随机用户的聚类问题中,验证算法的有效性和鲁棒性。

表 1 为 9 个微博用户关于该话题的评论情况,我们按照谱聚类方法,对 9 个微博用户进行聚类分析:考虑将 9 个用户分为两类,即 k 值取为 2。奇异值分解后的向量U_g、V_g、U_z、V_z均取前两列。9 个微博用户共关注信息源 516 个,共转发信息源 525 个。微博用户关注和转发的信息源有相当部分是重合的,这说明,对微博用户进行联合谱聚类方法,在理论上是可行的。除去开通微博自动关注的微博小秘书、微博客服等微博号,并删除重复信息源,取粉丝关注数为 10 万以上的大 V 信息源 411 个,转发信息源取自用户页面的前 20 页,得到转发独立信息源 409 个。

表 1　9 个微博用户评论

Id	评论内容	点赞数	评论时间
苏 *	南方人干活是傻子,全部歇着不干活靠央行印钞机养活好了。	73	01 月 19 日 20:56
s *	这个事情因为东北的养老金穿底是个必然。也算是纠正多数人长期以来“缴纳养老金是给自己存钱”的错误理念。缴纳养老金就是代际间的转移支付。	52	01 月 19 日 20:57
醉 *	变相投资三亚?	36	01 月 19 日 20:53
陆 *	凭啥?计划生育做得好就要承受这结果。	7	01 月 19 日 23:19
T *	您老不把你的养老金调到东北去?!	15	01 月 19 日 21:09
铁 *	南方人养东北人?	22	01 月 19 日 20:51
爱 *	南钱北调?	11	01 月 19 日 22:46
L *	不用。将央企上缴的税金留给属地 10%就是一笔巨款,补充地方养老金绰绰有余。一汽一年 500 多亿全额上缴,上汽是地方国企和国家 3:7 分成。	11	01 月 19 日 20:53
小 *	在经济和社会发展面临巨大困难时,政府部门通过裁员限薪、精简机构、财务透明公开等方式逐步缩减财政支出是必须的,这既是真正的让利于民,又能传达政府与国民同舟共济、共度时艰的决心,它的实际影响力远胜于减税降费。	3	01 月 20 日 08:01

由此,我们得到用户—关注邻接矩阵为 9 行 411 列的矩阵,9 为用户数,411 为用户关注的信息源数;用户—转发邻接矩阵为 9 行 409 列的矩阵,9 为用户数,409 为用户转发的信息源数。用户关注连接度矩阵D_{ug}、用户转发连接度矩阵D_{uz}均为对角阵,得到矩阵D_{ug}对角线上的值为:[42,88,77,25,93,78,20,63,30],矩阵D_{uz}对角线上的值为:[60,71,98,45,64,39,51,82,15]。篇幅所限,用户—关注邻接矩阵A_g、用户—转发邻接矩阵A_z、关注集连接度矩阵D_{vg}、转发集连接度矩阵D_{vz},这里未做数值展示。

根据式(4)规范邻接矩阵A_g、A_z,并对规范后的邻接矩阵$\widetilde{A_g}$,$\widetilde{A_z}$进行奇异值分解,由式(5)和式(6),得到特征向量如下:

$$S_g^{(u)}=U_{g(1:2)},S_g^{(v)}=V_{g(1:2)},S_z^{(u)}=U_{z(1:2)},S_z^{(v)}=V_{z(1:2)}$$

根据式(7)和式(8),得到联合聚类指标集矩阵Z_g、Z_z:

$$Z_g=\begin{bmatrix}D_{ug}{}^{-1/2}S_g^{(u)}\\D_{vg}{}^{-1/2}S_g^{(v)}\end{bmatrix},\ Z_z=\begin{bmatrix}D_{uz}{}^{-1/2}S_z^{(u)}\\D_{vz}{}^{-1/2}S_z^{(v)}\end{bmatrix}$$

根据Z_g中的$D_{ug}^{-1/2}S_g{}^{(u)}$,观察用户聚类情况:

$$D_{ug}^{-1/2}S_g{}^{(u)}=\begin{bmatrix}-0.04402255 & 0.04507677\\-0.04402255 & -0.0848417\\-0.04402255 & -0.0144273\\-0.04402255 & -0.0357588\\-0.04402255 & 0.02679906\\-0.04402255 & 0.0393015\\-0.04402255 & 0.03173025\\-0.04402255 & 0.02005016\\-0.04402255 & 0.00407081\end{bmatrix}$$

矩阵Z_g的第一列值相同,表示将所有的用户和关注信息源划分为同一大类,没有为用户聚类提供分割的有效指标值。因此,从矩阵的第二列数值进行聚类,由 *K-means* 聚类方法,可以将用户分为{2,3,4}和{1,5,6,7,8,9}两类。两类用户的关注信息源,也同时得到了聚类。观察微博原始信息,进行内容分析,可以发现:用户{2,3,4}关注 156 个信息源,类型多为生活、明星、影视、娱乐类和自媒体,而用户{1,5,6,7,8,9}关注 255 个信息源,内容为财经、时政类信息。

建立的用户—转发矩阵,进行联合谱聚类后,可以将用户分为{2,7}和{1,3,4,5,6,8,9}两类,用户的聚类指标集矩阵为:

$$D_u^{-1/2}S^{(u)}=\begin{bmatrix}0.04364356 & -0.01320677\\0.04364356 & 0.00510275\\0.04364356 & -0.01967403\\0.04364356 & -0.02132703\\0.04364356 & -0.00208713\\0.04364356 & -0.03558176\\0.04364356 & 0.12881503\\0.04364356 & -0.01566728\\0.04364356 & -0.02971368\end{bmatrix}$$

$D_v^{-1/2}S^{(v)}$共有 2 列 409 行,篇幅所限,文中未做展示。根据联合聚类指标集Z_z,可以将用户分为{2,7}和{1,3,4,5,6,8,9}两类。其中用户{1,3,4,5,6,8,9}偏重于转发时政、生活类、财经类的信息源 309 个,用户{2,7}喜好转发娱乐、搞笑类视频的信息源 100 个。

组合关注聚类和转发聚类过程,建立用户两级聚类模型(见图3)。结合用户的个人信息、传播行为、使用场景和微博评论的内容分析,得到9个微博用户的用户画像,可以发现微博用户联合谱聚类方法的聚类结果是合理的。现在考虑在更多用户群体中,验证该算法的有效性和鲁棒性。

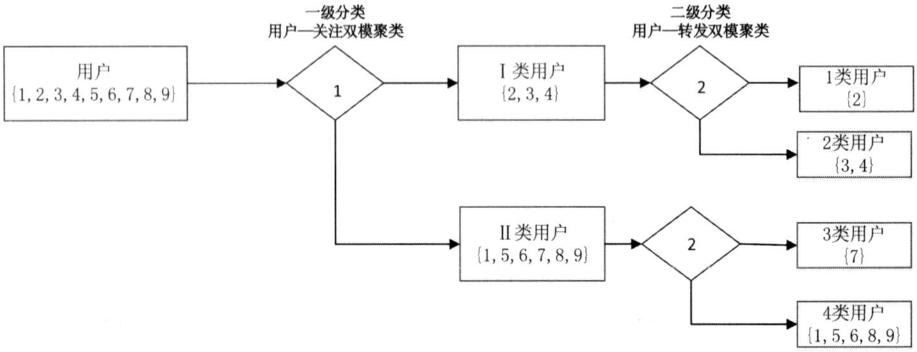

图3 两级聚类模型

分析全部评论用户,225个用户共关注3,268个信息源,用户分为二类时,个数分别为164和61。发表热门评论的9个用户均在第一类中。在关注信息源的二聚类中,第一类为财经类和时政类信息源2,779个,第二类为明星、娱乐和时尚生活类信息源489个。225个用户共转发信息源7,668个,两类用户的个数分别为158和67。采取用户—关注联合谱聚类和用户—转发联合谱聚类,两聚类群体的人数基本一致。之前的9个用户,除了用户{2}外,其余8个用户均被划归在第一类用户中。分析发现,用户{2}转发的信息源较多,所以二聚类时被分在了第二类中。转发的7,668个信息源中,第一类信息源有4,820个,多为时政、财经、生活类信息,第二类信息源有2,848个,集中在明星、娱乐、体育、游戏类信息。

随机选取其他微博中参与延迟退休相关政策讨论的835个用户,删除重复发言用户,共得到739个用户,739个用户共转发信息源19,029个,关注10万+的大V信息源8,255个。用户分为5类,原来的9个用户均被划分到第4类中,聚类的结果与225个用户聚类结果一致,验证了算法的有效性和鲁棒性。225个用户,去除重复发言情况后得到183个用户。聚类后各类的人数和对应的关注信息源的类型如表2所示。

表 2 关注类型聚类情况

类别	时尚美容类	搞笑视频类	影视明星类	财经类和时政类	新闻类和生活类
类别个数	571	190	861	363	594
用户人数	43	19	44	39	38

(二)k 值的选取和重复发言用户的修正

上述 9 个用户的聚类数目是 2,那么增加 k,是否就能提高聚类精度? k 值是否需要根据聚类数量进行调整?

对 9 个用户的聚类,当 k 取为 3 时,聚类可得到进一步细化,将用户{1}和{5}分离出来,这两个用户也是偏向于传播信息的资讯类博主,关注和转发大量的信息源,由于转发种类广泛,所以二聚类时,被归于第 4 类用户,采用三聚类,可以有效地将其识别出来。增加聚类数目,可以提高聚类的准确度。在对 835 个用户的聚类过程中发现:增加聚类数目,可以识别出重复发言的用户。在统计该用户的传播行为时,这是有价值的信息。但在用户聚类时,会增加聚类的计算量。考虑重复发言情况,我们将原有的 225 个用户合并为 183 个。

对 183 个用户,根据关注信息源进行二聚类,由于存在异常用户(机器人用户或者关注信息源较少的用户)导致聚类效果不佳,大部分用户被归于一类。通过增加 k 值,分析聚类结果:当 $k=4$ 时,将异常用户(机器人用户 2 个,刚使用微博、关注极少的用户 2 个)分为两类,其余 179 个用户分为两类,第一类有 92 个用户,其中原热门评论的 9 个用户,除用户{2}外的其余用户均在此类中,关注信息源 1,417 个,集中在新闻、财经和生活类信息。第二类有 87 个用户,包括用户{2},关注信息源 1,565 个,集中在明星、娱乐和搞笑类信息。当 $k=6$ 时,采用用户和转发信息源的联合谱聚类方法,删除了异常情况,大部分用户被分为两类,第一类用户 48 个,转发娱乐消息、明星动态类信息源 2,267 个;第二类用户 131 个,转发信息源 4,993 个,大部分为新闻、时政和民生类信息。其中用户{7}被归在第一类中,与之前的聚类结果一致。聚类结果如表 3 所示。

表 3 用户数目与聚类数目 k 对应关系

k	关注用户数目	转发用户数目
2	179/4	180/3
4	92/87/2/2	179/1/1/1/1
6	99/79/2/1/1/1	131/48/1/1/1/1
8	98/78/2/1/1/1/1/1	85/78/14/2/1/1/1/1

由此可知,增加 k 值,可以有效识别机器人用户、重复发帖用户等情况,但对原有的二聚类法群体结构改变不大。这是由用户信息获取渠道的基本结构决定的,大体表现为娱乐类和时政财经类两类信息源。

因此,k 值的选取,要依据用户聚类的目的。微博用户关注的信息,大体上可以分为娱乐资讯类和财经时政类两大类。对于内在聚类结构为 m 的情况,$k=m+2$ 就可以得到较好的聚类效果。继续增加 k 值,只是在原有的聚类群体中不断分化出零散边缘个体,但不会影响聚类的总体结构。另外,可以在二聚类的框架下,针对同类群体进一步细化。例如,将娱乐类信息源细化为时尚美容类、影视、搞笑视频、明星等几个群体。这种对用户和信息源的细化,有助于微博用户的商业营销和用户推荐等实际应用。

(三)转发矩阵的修正和矩阵规模设置

对于 $D_u^{-1/2}$ 和 $D_v^{-1/2}$,特别是用户转发矩阵 D_v,会出现用户不转发任何信息,都是原创信息的特殊情况,这时矩阵 D_v 的值为 0,导致聚类算法失效。将转发信息作为自身信息的一个镜像,转发矩阵值统一加 1 的处理方法,可以解决该问题,在不影响聚类结果的前提下,增强了算法的鲁棒性。

随着用户群体数量的增加,社交网络也会随之扩张,带来用户关注和转发的信息源数量急剧增加。合并重复用户,原有的 835 个用户降为 739 个,转发的信息源已经达到 19,029 个。后续处理中,邻接矩阵 A_g、A_z 会成为大规模的稀疏矩阵。因此,从传播层面考虑,我们只选择粉丝数在 10 万以上的信息源进行分析。粉丝数 10 万以上的信息源,总体数量较为稳定。2016 年的统计数据显示:新浪微博和腾讯微博中,粉丝数 10 万以上的大 V 用户超过 1.9 万个,100 万以上的超过 3,300 个。

通过删除重复发言用户和选择大 V 信息源的方法,可以提升微博用户联合谱聚类方法的效率,减小运算规模,降低运算成本。本实例中,运算时间降低了 23.2%。

对 739 个用户通过人工标注的形式,完成用户聚类,然后分别采用关注矩阵谱聚类、关注—转发二级谱聚类方法和用户行为的 *K-means*,用聚类的准确度和耗时作为性能指标,比较三种聚类方法的性能(见表 4)。

如表 4 所示,二分类时,实际是聚类方法将异常用户分离出来,三种方法聚类准确度大致一致,但随着聚类簇数的增加,只依据用户行为的 *K-means* 聚类方法准确度下降明显,而谱聚类方法仍保持较好的聚类准确度,鲁棒性较好。

表 4 用户谱聚类方法性能比较

	$k=2$		$k=4$		$k=6$		$k=8$	
	准确度	耗时	准确度	耗时	准确度	耗时	准确度	耗时
关注矩阵谱聚类	99.73%	12.1s	94.32%	14.3s	93.23%	21.5s	91.88%	28s
二级矩阵谱聚类	99.86%	16.2s	98.38%	17.1 s	97.97%	24s	97.43%	35s
K-means 聚类	99.73%	5.3s	84.05%	5.5s	71.71%	5.8s	66.3%	6.1s

与经典的 *K-means* 聚类方法比较,谱聚类算法的优势还在于能够同时得到用户和关联信息群,可以构建信息源和用户的异构信息网络,便于后续更好地分析信息源和受众的信息传播网络(孙艺洲、韩家炜,2017);谱聚类算法的缺点是其计算的复杂度较高,聚类耗时高于 *K-means* 聚类方法。谱聚类的计算量问题,通过 Graclus 方法对加权割进行最优化,或者使用并行算法技术,是可以得到有效解决的(Charu,2016)。

(四)用户群体聚类的画像分析

我们根据微博用户的信息进行具体的内容分析,来验证聚类的有效性。如图 3 所示,对 9 个用户的二级聚类:第一类用户,即用户{2},认证信息为知名互联网资讯博主,粉丝数为 9,804,关注 10 万以上的信息源 88 个,转发信息源 71。第二类是{3,4}两名用户,粉丝数不多,只有 75 和 245,属于普通用户,喜欢关注和转发财经类和时事类新闻,推断是低调的职场专业人士。第三类用户,即用户{7},关注娱乐、时事类信息,转发的大都是娱乐新闻,占总转发信息源的 87%,推测应为关注娱乐和时事的年轻人。第四类为普通用户{1,5,6,8},这类用户关注时政和新闻,关注和转发都较为平均,属于关注时事的上班族。

对用户群体关注信息源的聚类分析发现,时政、财经和娱乐的二聚类结构基本稳定,但通过同质关注细化,可以得到对应的目标群体。用户传递信息,在对接收信息源的分发、筛选和再传递的过程中,也将自己的个人认知赋予其中,对相当部分受众的认知和价值取向产生了影响。9 个热门评论用户均为男性,其中普通用户 6 人,互联网资讯博主 3 人。3 个资讯博主转发的微博数占 9 个用户的 84.9%,评论获得的点赞数占总点赞数的 52.8%。

我们对聚类后的用户和信息源进行微博用户属性与关注信息源的相关性分析。对表 5 的聚类结果进行用户的性别与关注信息源相关分析的卡方检验,自由度为 3,置信度取 99.5%,卡方值为 151.62,远大于对应置信度的卡方值

12.838。这说明,性别与关注信息源显著相关。联合谱聚类方法的结果,可以用于微博用户的性别推断。

表5 微博用户性别与用户关注信息源对应关系

<table>
<tr><th>关注类型</th><th>人数</th><th>性别</th><th>人数</th><th>微博关注数</th></tr>
<tr><td rowspan="2">微博明星</td><td rowspan="2">228</td><td>男</td><td>51</td><td rowspan="2">2,906</td></tr>
<tr><td>女</td><td>177</td></tr>
<tr><td rowspan="2">时政、新闻财政、专业知识</td><td rowspan="2">98</td><td>男</td><td>51</td><td rowspan="2">1,328</td></tr>
<tr><td>女</td><td>47</td></tr>
<tr><td rowspan="2">体育、科技、历史、军事、影视</td><td rowspan="2">199</td><td>男</td><td>148</td><td rowspan="2">1,840</td></tr>
<tr><td>女</td><td>51</td></tr>
<tr><td rowspan="2">娱乐、影视、搞笑、时尚</td><td rowspan="2">210</td><td>男</td><td>53</td><td rowspan="2">2,015</td></tr>
<tr><td>女</td><td>157</td></tr>
</table>

五、结论

本研究提出了一种微博用户联合谱聚类方法。该方法不依赖微博用户属性和文本内容,有效解决了微博用户数据缺失、微博文本信息不足等用户聚类面临的实际问题,在对用户聚类的同时,对用户群体关注、转发的信息源也进行了划分。该方法建立的关注、转发二级信息传播聚类机制,可以有效区分微博用户的不同认知群体。

实例证明,微博用户的联合谱聚类方法是可行和有效的。该方法对于微博用户、信息源聚类,具有较好的稳定性。微博用户谱聚类方法,可以同时得到用户和关联信息源,便于构建信息源和微博用户的异构网络,更为全面和准确理解信息在网络中的传播机制。

通过限定信息源的关注数,可以有效提高信息处理效率。限定后,739个用户共转发信息源19,029个,关注大V信息源8,255个。通过数据验证,用户规模增加到3,000名,聚类方法仍然有效。随着用户数量的增加,用户关注和转发的信息源数量会急剧增长,且存在大量机器人用户的干扰。为了在更大规模用户群体中验证聚类方法的有效性,下一步的工作考虑采取微博用户分层抽样的方法,抽取微博用户样本,进行信息源和用户群体的聚类,检验方法的有效性。同时,在联合谱聚类的基础上,结合微博用户的个人数据、传播行为、微博文本,进一步提高聚类准确度和算法效率。

参考文献

艾格华(2016),《社会网络数据分析》(陈哲、郭世泽、郑康锋译)。武汉:武汉大学出版社。

李运华、汪祖柱、叶燕霞等(2016),《基于热点事件的微博用户行为聚类实证分析》,《情报探索》,第2期,页75-79,83。

林燕霞、谢湘生(2018),《基于社会认同理论的微博群体用户画像》。《情报理论与实践》,第3期,页142-148。

任薇(2014),《基于微博网络的社会公共事件舆论传播研究》。《西南大学学报(自然科学版)》,第6期,页195-200。

苏宏元、黄晓曦(2018),《突发事件中网络谣言的传播机制——基于清晰集定性比较分析》。《当代传播》,第1期,页64-67,71。

孙艺洲、韩家炜(2017),《异构信息网络挖掘原理和方法》。北京:北京机械工业出版社。

熊回香、蒋武轩(2017),《基于标签与关系网络的用户聚类推荐研究》。《数据分析与知识发现》,第6期,页36-46。

许小可、胡海波、张伦等(2015),《社交网络上的计算传播学》。北京:高等教育出版社。

张春华(2012),《网络舆情的社会学的阐释》。北京:社会科学文献出版社。

张翼、李培林、陈光金(2013),《社会蓝皮书:2014年中国社会形势分析与预测》。北京:社会科学文献出版社。

Burt R. S. (2017). Structural Holes Versus Network Closure as Social Capital. In *Social Capital* (pp.31-56). Routledge.

Castellano C., Fortunato S., & Loreto V. (2009). Statistical Physics of Social Dynamics. *Reviews of Modern Physics*, 81(2),591-646.

Gomez S., Diaz-Guilera A., Gomez-Gardenes J., et al. (2013). Diffusion Dynamics on Multiplex Networks. *Physical Review Letters*,110(2), 028701.

Himelboim I., McCreery S., & Smith M.(2013). Birds of a Feather Tweet Together: Integrating Network and Content Analyses to Examine Cross-Ideology Exposure on Twitter. *Journal of Computer-Mediated Communication*, 18(2),154-174.

Huffaker D. (2010). Dimension of Leadership and Social Influence in Online Communities. *Human Communication Research*,36(4),593-617.

Hughes D. J., Rowe M., Batey M., et al. (2012). A Tale of Two Sites: Twitter vs. Facebook and the Personality Predictors of Social Media Usage. *Computers in Human Behavior*, 28(2), 561-569.

Kosinski M., Stillwell D., & Graepel T.(2013). Private Traits and Attributes Are Predictable from Digital Records of Human Behavior. *Proceedings of the National Academy of Sciences*, 110(15): 5802-5805.

McGregor S. C., & Vargo C. J.(2017).Election-Related Talk and Agenda-Setting Effects on Twitter: A Big Data Analysis of Salience Transfer at Different Levels of User Participation. *The Agenda Setting Journal*,2017,1(1):44-62.

Poell T., De Kloet J., & Zeng G. (2014). Will the Real Weibo Please Stand up? Chinese Online Contention and Actor-Network Theory. *Chinese Journal of Communication*, 7(1), 1-18.

Quercia D., Capra L., & Crowcroft J. (2012). The Social World of Twitter: Topics, Geography, and Emotions. Paper presented at Sixth International AAAI Conference on Weblogs and Social Media.

Sun Y., Han J., Zhao P., et al. (2009). RankClus: Integrating Clustering with Ranking for Heterogeneous Information Network Analysis. Paper presented at Proceedings of the 12th International Conference on Extending Database Technology: Advances in Database Technology.

Trivedi S. K., & Dey S. (2016). A Comparative Study of Various Supervised Feature Selection Methods for Spam Classification. Paper presented at ACM International Conference on Information & Communication Technology for Competitive Strategies, Surabaya.

Von Luxburg U. (2007). A Tutorial on Spectral Clustering. *Statistics and Computing*, 17 (4),395-416.

Xu Z.,Ru L.,Xiang L.,et al.(2011). Discovering User Interest on Twitter with a Modified Author-Topic Model. Paper presented at Proceedings of the 2011 IEEE/WIC/ACM International Conferences on Web Intelligence and Intelligent Agent Technology.

Zhao X., Sala A., Wilson C., et al. (2012). Multi-Scale Dynamics in a Massive Online Social Network. Paper presented at Proceedings of the 2012 Internet Measurement Conference.

计算传播视域下中捷友好交流报道的影响力评价及演化分析*

Influence Evaluation and Evolution Analysis of Sino-Czech Friendship Exchange Reports from the Perspective of Computational Communication

冯 鑫 张瀚水 李佳培 吴 晔**
Feng Xin Zhang Hanshui Li Jiapei Wu Ye

摘要:中捷友好源远流长,时代意义非比寻常。国内外媒体高度重视中捷两国的友好合作关系,中捷的相关报道数量大幅度增加。本研究以中捷友好交流报道为研究对象,选取了国内外具有较大影响力的四大媒体,对其传播力、引导力、影响力进行体系化评价,从报道主题与体裁、表达方式与叙事视角、报道篇幅与版面、报道对象等多方面对报道内容进行量化研究与可视化展现,在此基础上对《人民日报》历年中捷友好交流的报道进行时间序列分析,从计算传播视角完成了静态的量化评价和动态的演化分析。结果表明:宣传效果层面,新华社单篇报道的传播力以及《环球时报》的宣传效果综合表现优异;报道数量时序分布层面,近三年中捷报道数量预测值先增加后减少,较往年相比会有所降低;内容实质分析层面,报道主题从"人文交流"转换为"一带一路",以头版头条的长篇报道形式出现的频率增多。总体可见,中捷两国从文化互知走向建设共赢,计算传播视域下的量化评价和演化分析使得这一友好发展进程更加清晰可

---

* 本文系国家自然科学基金青年科学基金项目"基于知乎的知识网络生成机制及其统计规律研究"(项目编号:11905042);教育部人文社会科学研究青年基金项目"基于复杂网络及数据挖掘的智慧教育规划研究""基于网络结构演化的学术社交传播模式与规律研究"(项目编号:16YJC630022,20YJC870005);河北省"三三三人才工程"资助项目"基于混沌分形的舆情信息传播控制"(项目编号:A202001015)成果。

** 冯鑫,博士,副教授,燕山大学经济管理学院,河北地质大学管理学院;张瀚水,河北地质大学城市地质与工程学院硕士研究生;李佳培,博士,副教授,河北地质大学管理学院,本文通讯作者;吴晔,博士,教授,北京师范大学计算传播学研究中心。

见并为后续友好交流提供了借鉴。

Abstract:Sino-Czech have a long history of friendship, and the significance of the times is extraordinary. The domestic and international media attach great importance to the friendly and cooperative relations between Sino-Czech, and the number of related reports on Sino-Czech has increased significantly. This study takes the Sino-Czech friendship exchange reports as the object of study, and selects the four most influential media at home and abroad to systematically evaluate their communication power, guiding power and influence.To quantify and visualize the content of reports in terms of subject and genre, mode of expression and narrative perspective, report length and layout, and target audience. On this basis, a time series analysis of the *People's Daily*'s previous reports on Sino-Czech friendship exchanges was conducted, and a static quantitative evaluation and dynamic evolutionary analysis from a computational communication perspective were completed. The results show that at the level of propaganda effect, the combined performance of Xinhua News Agency's individual stories and the propaganda effect of the *Global Times* was excellent. At the temporal distribution of the number of stories, projected number of reports increasing and then decreasing over the next three years, with a decrease compared to previous years. At the level of content analysis, the theme of the report shifted from "People-to-People Exchange" to "The Belt and Road", and the frequency of long articles in the form of front-page headlines increased. Overall, we can see that Sino-Czech are moving from mutual cultural understanding to building a win-win situation,the quantitative evaluation and evolutionary analysis of the computational communication perspective makes this friendly development process more visible and provides lessons for subsequent friendly exchanges.

关键词:计算传播,中捷友好交流报道,宣传效果,时间序列,内容量化分析

Keywords: computational communication, Sino-Czech friendship exchange reports,publicity effect,time series,quantitative content analysis

一、引言

中捷之间的友好关系可以追溯到 20 世纪初,捷克斯洛伐克是第四个正式承认并与中国建交的国家,更有中捷友谊农场见证了中捷 70 年来风雨历程中的浓浓友谊(任凤珍、钱越,2019)。这些年,中捷两国双边贸易与投资稳定增长、联通格局初步形成、金融合作成果显著,即将到来的一系列交流机会表明两国合作空间广阔(王劲松,2019;张建敏,2019)。捷克的区位优势使其发展涉及中捷两国乃至中捷欧一体化发展道路的建设(杜娟,2016)。因此,中捷友好交流发展是中国外交工作中的一大议题。

新闻在一定程度上对政治、经济、文化等都会产生作用及影响(杨保军,2019)。国际新闻可以提供相关信息,设立议题,为重大外交活动提供舆论引导与铺垫,并且通过新闻评论等为外交政策提供一定参考(刘笑盈,2011),国际新闻报道在一定程度上影响着国家的外交活动。中捷友好交流报道反映了中捷交往的变迁,为中捷 70 多年的合作提供了记录,并对我国与捷克间的外交工作产生了作用,进而影响到中捷两国间的政策行为(李春霞,2012)。中捷友好交流报道对中国与捷克两国间的交流发展起着积极的推动作用。

大众愈来愈多地通过微信等新媒体平台和报纸等传统媒体去了解世界(谢骏、季德春,2018)。那么想要对两国间的关系以及合作进行了解,自然而然也需要通过一些媒体的报道。因此,中捷友好交流报道无论对国家还是人民,都有重要作用,而中捷的相关研究中对中捷友好交流报道的关注度有待提高。本研究希望通过对中捷友好交流报道的梳理和量化分析来发现一些深层次的规律与现象。更进一步说,中捷友好交流报道的分析与研究对中捷两国合作、共建人类命运共同体具有参考价值与推动作用。

中捷友好交流报道的梳理与研究,可以采用量化统计分析将一些定性的因素用数据进行表示,从而更加深层次地了解中捷报道的多方面情况(陈玉洁,2018)。因此,本研究将首先从计算单篇报道传播力及媒体的宣传效果,来了解这些年关于中捷报道及报道媒体的宣传情况;其次对建交至今报道数量构成的时间序列进行分析,从而深入了解中捷报道数量的动态变化;最后对中捷友好交流报道的相关内容进行梳理和量化研究(喻国明,2018),分别从报道主题与体裁、表达方式与叙事视角、报道篇幅与版面、报道对象等方面挖掘更深层次的信息。

二、研究现状

在中捷两国关系的研究中,刘作奎(2016)研究了捷克外交转变的现实因素、中捷关系的发展潜力,谈到了中国和捷克关系存在的问题,并给出了五点政策建议。在有关"一带一路"与中捷合作的研究中,姜琍(2016)分析了"16+1"合作和"一带一路"建设对中捷经贸合作的推动作用,从三个方面阐述了中捷经贸合作现状,提到了合作的重点领域(装备制造、能源、金融、基础设施等)。朱琳(2018)认为中捷合作成果在一定程度上推动了"一带一路"的建设,但是由于贸易逆差、投资方式等问题威胁着两国的合作,需引起双方的注意。苑生龙(2015)对捷克经济形势进行了分析(经济运行特点、影响经济的因素等),提到了"一带一路"背景下中捷关系发展及双边经贸合作现状,并给出了四点政策建议。刘进等人(2018)从五个方面阐述了捷克高等教育的现状及中捷在教育领域的合作交流,并且研究了"一带一路"框架下中捷高等教育的发展。沈子傲(2016)分析了"一带一路"倡议中中捷贸易合作的现状及进出口贸易结构,并对中捷贸易发展提出了一些政策建议。张海燕等人(2018)梳理了中捷产业合作现状,使用中德捷"3+1"价值链模型对2000—2014年投入产出数据进行了分析,提出了6个中捷合作主导产业、5个重点合作领域,并对回顾、旁侧和前向效应进行了分析。关于中捷友谊农场的研究,兰超(2018)阐述了中捷友谊农场推动现代农业的历程,从规模农业、农业链条的延伸与和旅游结合,到突破现代农业瓶颈期等走向。张希颖等人(2019)概述了中捷友谊农场的发展,从四个方面阐述了建立友谊农场对农业合作的好处,启示中国同中东欧进行农业合作。王盼盼(2017)谈到了中捷友谊农场这个中捷友谊的见证物推进了中国同中欧国家的合作。上述研究着眼于中捷两国政治、经济的方方面面,是学术领域对中捷两国友好关系的一种表述方式。相关研究中对中捷交流报道的研究少之又少,而中捷报道是中捷70多年交往的"记录者"和"见证者",应该对其进行更多面和更深层次的研究。

关于报道的量化研究方法,张淡云等人(2011)选取了新华社和美联社关于埃及骚乱事件的报道,定量分析了新闻来源和报道框架并提出了三项假设,用于研究对于同一事件不同国家媒体报道的区别。李建波(2018)用量化语言、结构和表达方式梳理了报道,并通过与美联社的对比发现了新华社新闻报道的特点。李烁明(2014)以2002—2011年《南方周末》中关于农民工的报道为研究对象,量化了农民工报道的体裁、报道中第一主角的分布以及报道中农民工的形象,提出了解决角色悖反的一些建议。白璐等人(2019)分别选取了《人民日报》和《朝鲜日报》2013—2019年关于"一带一路"的报道,定量分析与对比了两个报刊关于"一带一路"报道的数量、涉及的领域以及信息的来源。关于定量分析在两国研究中的应用,赵宏伟等人(2010)采用专家调查与赋值法从政治、文化、经贸等多角度分析和预测了中伊关系。李文聪等人(2015)对中捷两国学者合作的论文进行了文献计量分析,分别研究了中捷合作论文的时间分布、重点研究领域、作者信息与参与机构等,从而呈现中捷合作论文的特点。虽然对中捷的相关研究大多是定性分析和纪实,但是对中捷交往历程进行定量分析反而可以清楚、客观地呈现一些规律与现象。

许多学者使用了时间序列的方法研究新闻报道的相关内容。吴新燕等人(2019)对20多年新浪网报道的地震死亡人数构成的时间序列进行了分析,用对数函数对该时序进行了拟合。苗蕊等人(2010)用隐马尔可夫模型对28起突发事件报道的爆发性进行了建模,并进行了分析与聚类,得出了单峰型、宽峰型、多峰型以及波动型四种报道数量的演化模式。关于时间序列在两国研究中的应用,闫树熙等人(2015)采用EEMD分析了中美国债市场走势,并建立了VAR-GARCH-DEKK模型研究中美国债市场溢出效应。王领等人(2018)运用X12-ARMA模型研究了影响中国游客在日本消费的因素,并给出了一些政策建议。李晓慧等人(2017)研究了俄资对中国的直接投资与中俄进出口的关系,通过协整检验法发现两者间具有长期的协整关系,用格兰杰因果检验法分析两者间是否具有因果关系,并给出了一些政策建议。在对报道和两国研究的相关分析中,时间序列的应用很广泛,该方法可以从一些动态变化中挖掘信息。因此,将时间序列分析法应用于本研究,可以对中捷友好交流报道进行动态的分析。

中捷的相关研究以"中捷股份""中捷友谊农场""一带一路"等话题为主要研究对象,而作为中捷交往历程的"记录者"——中捷报道,其相关研究应该引起更多的关注。中捷的研究以定性分析居多,如今定量分析在新闻报道研究与两国之间的分析中被使用得越来越多,那么对中捷友好交流报道进行定量分析就显得尤为重要。因此,本研究通过计算报道的传播力与媒体的宣传效果来了解中捷报道和媒体的情况;对中捷报道数量构成的时间序列进行建模与预测,从而对报道数量进行演化分析;量化构成了报道内容的定性因素,使其可以从数字上进行精确对比与分析。此外,将定量分析结果同中捷发展历程结合,实现定量与定性相结合的分析与讨论。通过这一系列的量化分析，可以很好地梳理和研究中捷交流报道，对中捷的相关问题以及两国间相关报道的研究具有一定的参考价值。

三、研究内容

（一）研究对象

习近平总书记关于传播力、引导力、影响力和公信力等"传播四力"的论述，为新闻舆论工作指明了方向和路径。"传播四力"共同构成了层层递进的传播综合能力体系，并暗含着从传播量化能力到传播效果能力的深入发展逻辑（雷璐荣，2019）。传播力关键在于传通并有效；引导力在于扬强项之长、补弱项之短；影响力在于事、理、情、美等元素共同发挥作用；公信力是新闻舆论主体安身立命的根基（丁柏铨，2018）。本研究将其应用于报道宣传效果的评价，将传播力、引导力和影响力作为重大事件（本研究指中捷交流）单篇报道、单家媒体报道宣传效果评价指标。

本研究首先选取2014—2018年《人民日报》、新华社、中国网和《环球时报》四家媒体关于中捷主题的29篇报道（其中《人民日报》12篇、新华社4篇、中国网7篇、《环球时报》6篇），测量单篇报道的传播力、引导力和影响力，对四家中捷新闻报道媒体（不包含动画和视频报道）进行传播力、引导力、影响力和宣传效果的评估和排名；其次，选取三家具有国际影响力的主流媒体英国广播公司（BBC）、中国国际电视台（CGTN）和人民网海外版就中捷报道在国际上的影响力进行分析，选取120位政要、7个智库以及报道在推特评论中粉丝量超过300的用户作为观察对象；最后，在《人民日报》图文数据库查询到1949年以来中捷友好交流报道共447篇，具有研究意义的有效内容共352篇，对1949—2018年报道的数量进行时间序列分析，并选取五个特殊时期的报道作为内容量化分析的对象。

(二)研究方法

1.传播力、引导力、影响力的量化

表1 单篇报道宣传效果指标

一级指标	二级指标	三级指标
传播力(C_i)	公众传播力(C_{pi})	转发量(a_i)
		评论量(b_i)
	媒体传播力(C_{mi})	转引量(c_i)
		高度相关文章数量(d_i)
引导力(L_i)	公众引导力(L_{pi})	公众认同值(e_i)
		最大公众认同情感值(e_{max})
	媒体引导力(L_{mi})	媒体认同值(f_i)
		最大媒体认同情感值(f_{max})
影响力(I_i)	智库影响力(g_i)	
	政要影响力(h_i)	

如表1所示,利用三级指标计算二级指标与一级指标,由此如下:

单篇报道公众传播力:

$$C_{pi}=\frac{a_i/a_{max}+b_i/b_{max}}{2}\times 100 \tag{1}$$

单篇报道媒体传播力:

$$C_{mi}=\frac{c_i/c_{max}+d_i/d_{max}}{2}\times 100 \tag{2}$$

在对单篇报道传播力进行衡量时,公众和媒体层面分别占50%的比重,因此,单篇报道传播力:

$$C_i=C_{pi}\times 50\%+C_{mi}\times 50\% \tag{3}$$

式中a_i表示单篇报道i的转发量;b_i表示单篇报道i的评论量;c_i表示单篇报道i的转引量;d_i表示单篇报道i的高度相关文章数量;a_{max}表示中捷重大事件中我国媒体的全部单篇报道最大转发量;b_{max}表示中捷重大事件中我国媒体的全部单篇报道最大评论量;c_{max}表示中捷重大事件中我国媒体的全部单篇报道最大转引量;d_{max}表示中捷重大事件中我国媒体的全部单篇报道最大高度相似文章数量。

单篇报道引导力：

$$L_i = \frac{e_i / e_{\max} + f_i / f_{\max}}{2} \times 100 \tag{4}$$

式中 e_i 表示单篇报道 i 的公众认同值；f_i 表示单篇报道 i 的媒体认同值；$e_{\max}$表示中捷重大事件中我国媒体的全部单篇报道中最大公众认同情感值；$f_{\max}$表示中捷重大事件中我国媒体的全部单篇报道中最大媒体认同情感值。

单篇报道影响力：

$$I_i = \frac{g_i / g_{\max} + h_i / h_{\max}}{2} \times 100 \tag{5}$$

式中 g_i 表示单篇报道 i 的智库影响力；h_i 表示单篇报道 i 的政要影响力；$g_{\max}$表示中捷重大事件中我国媒体的全部单篇报道中最大智库影响力；$h_{\max}$表示中捷重大事件中我国媒体的全部单篇报道中最大政要影响力。

因此，单家媒体传播力：

$$C_j = + \sum_{i=0}^{n} C_{ji} \tag{6}$$

单家媒体引导力：

$$L_j = + \sum_{i=0}^{n} L_{ji} \tag{7}$$

单家媒体影响力：

$$I_j = + \sum_{i=0}^{n} I_{ji} \tag{8}$$

单家媒体报道网络外宣效果：

$$P_j = C_j + L_j + I_j \tag{9}$$

n 为单家媒体 j 中捷重大事件的总报道量。

2. ARMA 模型

ARMA 模型（自回归滑动平均模型）作为时间序列预测分析方法之一，是 AR 模型和 MA 模型相结合的模型。ARMA（p，q）中，AR 是“自回归”，p 为自回归项数；MA 为“滑动平均”，q 为滑动平均项数。如图 1 所示，本研究对中捷友好交流报道数量的时间序列按照该图的流程进行分析与建模。首先对研究的对象序列通过观察序列图、自相关图（ACF）以及进行 ADF 检验确定它是否平稳，如果不平稳则进行差分，之后可以考虑选用 ARIMA 模型。如果平稳，对其进行白噪声检验，因为对白噪声序列进行建模、预测等无意义。检验完毕，如果是平稳非白噪声序列，则可以进行 ARMA 模型的建模。接下来开始定阶，需要确定 p、q 值，可以通过观察自相关图和偏自相关图，也可以使用 AIC（赤池信息准则)、BIC(贝叶斯信息准则)进行定阶。确定模型后对原序列进行拟合,观察拟合结果进行调整,直至拟合效果较好。

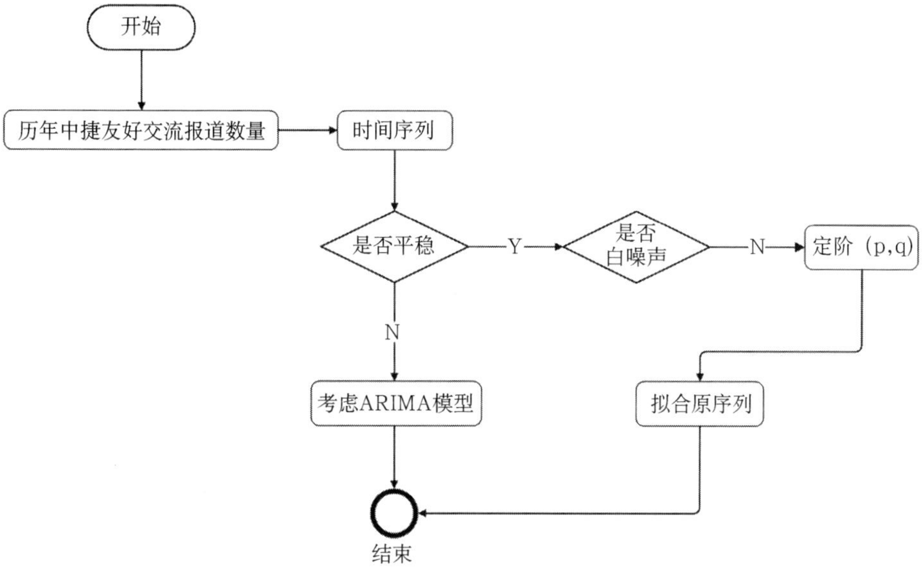

图 1　时间序列分析流程图

3. 内容分析法

本研究针对 1949、1956—1960、1985—1989、2004—2008、2014—2018 这些时期的报道,提取并量化其报道主题与体裁、表达方式与叙事视角、报道篇幅与版面、报道的对象(各类交流活动)等报道内容,分别进行对比分析。

上述三个方法以中捷友好交流报道为研究对象,运用量化传播、演化分析和内容分析三种手段从评价面、时间面、内容面全方位展示中捷友好相关新闻传播的效果和影响。

四、宣传效果量化分析

(一)单篇报道传播力

根据上述单篇报道传播力的量化方法,首先分别计算《人民日报》《环球时报》、新华社和中国网关于中捷的单篇报道传播力(见表 2),其次计算各家媒体报道的总公众传播力和总媒体传播力,并进行对比。

表 2　中捷报道单篇传播力

	a_i	b_i	c_i	d_i	单篇报道公众传播力	单篇报道媒体传播力	
《人民日报》	22	0	224	21	1.76	9.36	$C_{pi}=8.33$ $C_{mi}=8.34$ $C_i=8.34$
	42	5	131	42	7.75	7.85	
	28	5	70	29	6.63	4.72	
	39	13	78	38	14.53	5.71	
	22	0	224	23	1.76	9.52	
	80	0	164	80	6.41	12.02	
	112	2	102	113	10.73	12.54	
	20	5	25	20	5.99	2.46	
	39	13	78	40	14.53	5.87	
	71	7	107	70	11.83	9.27	
	85	6	203	84	12.07	13.68	
	64	1	53	65	6.01	7.02	
max	624	57	1,459	625			
《环球时报》	67	247	951	67	9.99	10.71	$C_{pi}=31.28$ $C_{mi}=16.67$ $C_i=23.98$
	28	101	256	28	4.13	3.17	
	457	656	342	457	48.53	16.25	
	103	298	585	103	13.80	8.36	
	634	668	2,934	634	62.72	45.27	
	457	656	342	457	48.53	16.25	
max	634	2,626	5,410	1,746			
新华社	22	9	61	22	8.73	21.06	$C_{pi}=25$ $C_{mi}=36.5$ $C_i=30.75$
	35	9	67	35	11.20	27.09	
	69	27	99	69	26.75	46.34	
	137	54	7	137	53.32	51.50	
max	263	99	234	137			
中国网	7	0	1	7	3.10	4.75	$C_{pi}=13.84$ $C_{mi}=16.43$ $C_i=15.14$
	4	0	4	4	1.77	4.19	
	9	0	4	9	3.98	7.28	
	4	0	2	4	1.77	3.33	
	81	24	96	81	85.84	91.38	
	5	0	2	5	2.21	3.95	
	3	0	7	3	1.33	4.87	
max	113	24	116	81			

新华社报道的传播力相对较优,其次是《环球时报》,但是两者仍有很大的提升空间。中国网与《人民日报》应该积极提升在中捷友好交流报道这块儿的传播力。《人民日报》和中国网报道的公众传播力和媒体传播力表现均衡,而《环球时报》和新华社报道的两种传播力差异明显。《环球时报》的单篇报道公众传播力较于媒体传播力表现优异,新华社则相反。

(二)媒体宣传效果

媒体报道宣传效果是将各家媒体的传播力、引导力和影响力相加再平均,得到一个总分进行比较。

表 3　媒体宣传效果

	C_j	L_j	I_j	P_j
《人民日报》	624	57	1459	2140
《环球时报》	1746	2626	5410	9782
新华社	263	99	234	596
中国网	113	24	116	253

数据显示,《环球时报》的传播力、引导力、影响力和宣传效果相对表现优异,其次是《人民日报》、新华社和中国网。

五、报道数量时序分析

《人民日报》成立于 1948 年,陪伴党和人民 70 多年,见证了中国的发展与变化。2016 年 2 月 19 日,习近平总书记考察人民日报社,充分肯定了《人民日报》作为党中央机关报的重要作用(黄楚新,2018)。因此,本研究从《人民日报》图文数据库查询中捷友好交流报道,1949 年以来共 447 篇,具有研究意义的有效内容共 352 篇,对其数量进行时间序列分析。

(一)时间序列分析与预处理

通过对 1949—2018 年《人民日报》中捷友好交流报道数量进行分析与预测,绘制报道数量的时间序列图(见图 2)。由图 2 可以观察到报道数量没有明显上升趋势和季节性变换,但可以发现 1956—1960 年因中捷的友好条约报道数突增,21 世纪初中捷关系处于低迷区,报道较少。2014—2018 年因“一带一路”政策的号召和中捷领导人的频繁往来,中捷的报道在此时期出现峰值,中捷之间的友好合作不断加强。

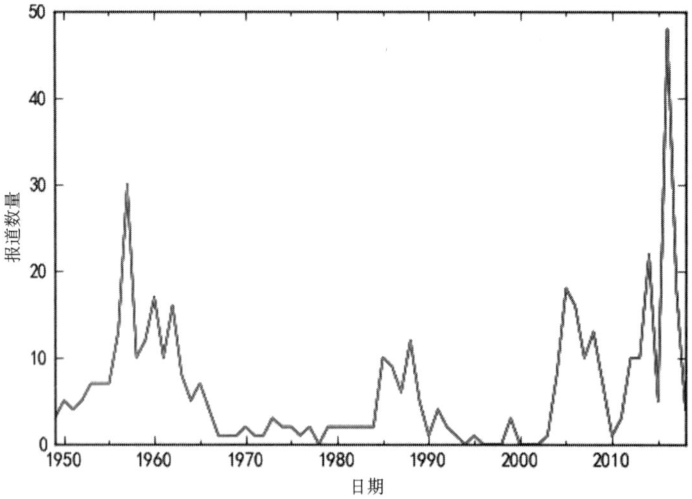

图 2　中捷报道数量序列图

该序列的自相关图(ACF)如图 3 所示。该序列在 3 阶后处于置信区间内。对中捷友好交流报道时序做 ADF 检验,检验结果 P 值为 0.0124603,小于 0.05,该序列为平稳时间序列,说明两国友好交流报道数量总体变化相对稳定(见表 4)。对其做白噪声检验,检验结果 P 值为 0.0002498,远小于 0.05,所以中捷友好报道时间序列是平稳非白噪声序列,可以对其建立 ARMA 模型。

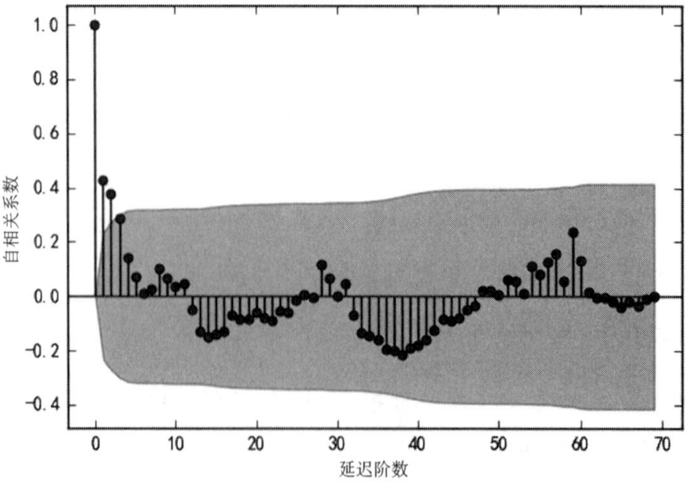

图 3　序列自相关图

表 4 ADF 检验结果表

Test Statistic	P-Value	Critical Value		
		1%	5%	10%
−3.3584313	0.0124603	−3.5303990	−2.9050875	−2.5900010

(二)模型定阶与检验

中捷友好报道时间序列的偏自相关图如图 4 所示,用自相关图和偏自相关图结合表 5 的建模原则,分析适合该序列的模型。

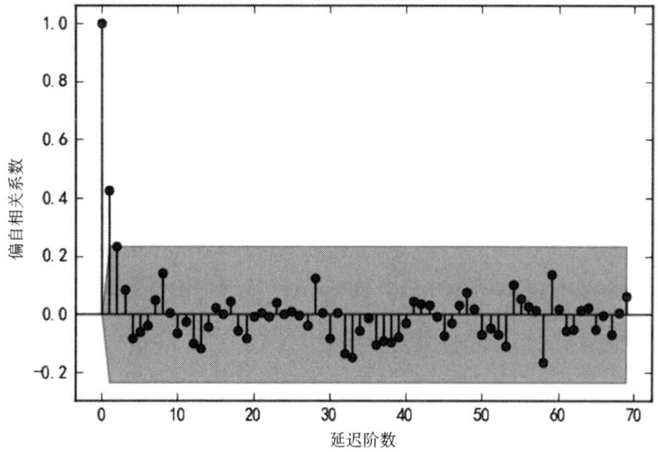

图 4 序列偏自相关图

表 5 建模原则

模型	ACF	PACF
AR(p)	衰减趋于零(几何型或振荡型)	p 阶后截尾
MA(q)	q 阶后截尾	衰减趋于零(几何型或振荡型)
ARMA(p,q)	q 阶后衰减趋于零(几何型或振荡型)	P 阶后衰减趋于零(几何型或振荡型)

自相关图 3 阶后衰减趋于零,偏自相关图 2 阶后衰减趋于零,两个图呈现出在 0 附近随机波动。初步选定 ARMA(2,3)模型,用该模型去拟合中捷友好交流报道数量的时间序列,结果 BIC 值表现很好说明模型的选择是可以的,但是拟合效果不太理想。观测时间序列图发现,由于“一带一路”等一系列政策的提出造成报道数量突增,所以考虑离群值再次去拟合报道数量时间序列,结果平稳 R 方和 R 方均为 0.826,模型拟合效果较好。以及 BIC 值仅有 3.204,同样说明模型的拟合效果不错。Ljung-Box Q(18)检测的 P 值为 0.65,明显大于 0.05,说明

序列的残差是白噪声序列,因此该模型可以进行对中捷报道数量的预测。

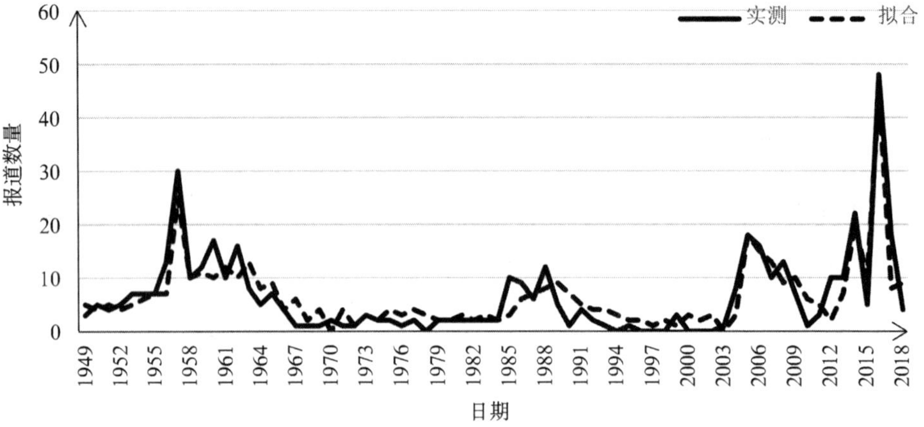

图 5　报道数量时序拟合效果

(三)模型预测

根据上图可以看出模型的拟合效果较好,因此,用该模型[ARMA(2,3)]对中捷友好交流报道的数量进行短期预测。2019—2021 年的报道数量预测如图 6 所示。

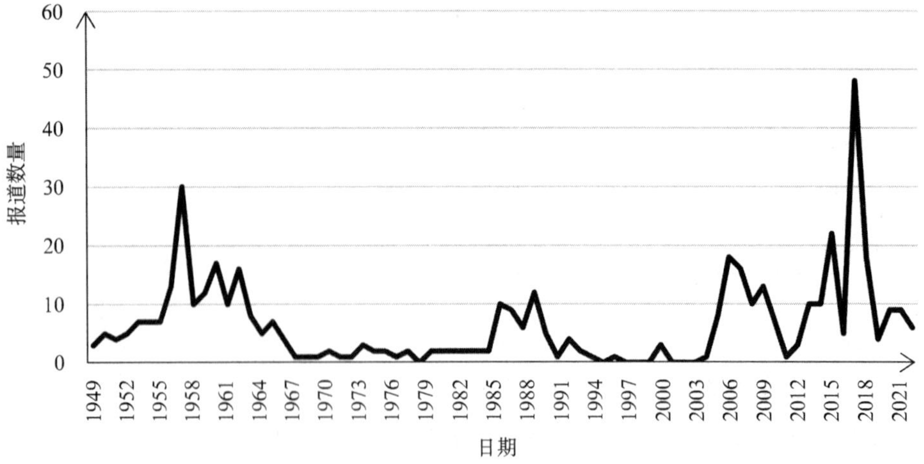

图 6　中捷报道数量预测

根据预测结果,报道数量比 2016、2017 年减少了很多。从局部看,2018—2021 年报道数量呈现先上升后下降的趋势。但是不排除一些重大政策的提出或者重大事件的发生导致离群值(报道数量的突变值)的出现。

六、报道内容实质分析

本研究从《人民日报》图文数据库查询到1949年以来中捷友好交流报道共447篇,具有研究意义的有效内容共352篇。选取1949、1956—1960、1985—1989、2004—2008、2014—2018五个时间段的报道,突出特殊年份、特殊时期,对于报道较少、主题零散年份进行部分屏蔽甚至完全屏蔽,进而从内容角度对这些报道进行梳理。下面分别从主题与体裁、表达方式与叙事视角、报道篇幅与版面、报道对象这几个方面进行定量分析。

(一)报道主题与体裁

根据中捷报道所围绕的中心不同将其划分为五种报道主题(人文交流、双边经贸、两国关系、一带一路、产业合作),绘制主题数量随年份变化图(见图7)。从图中可以观察到,自我国提出"一带一路"倡议以来,这一主题近几年多次被提到,"一带一路"主题的报道量在不断增长,并且在近几年增势最为明显。"人文交流"主题的报道量在1956—1960年达到最高峰后急速下降,在1985—1989年恢复上升趋势,从折线变化趋势看,伴随着"一带一路"这一主题量的增加又出现了下降趋势。"双边经贸"主题一直处于合作的重点内容,在1985—1989年后至今一直处于稳定上升状态。"两国关系"主题的报道量与"产业合作"主题的报道量变化趋势非常相似。2011年左右数量最多的主题发生了变化,在

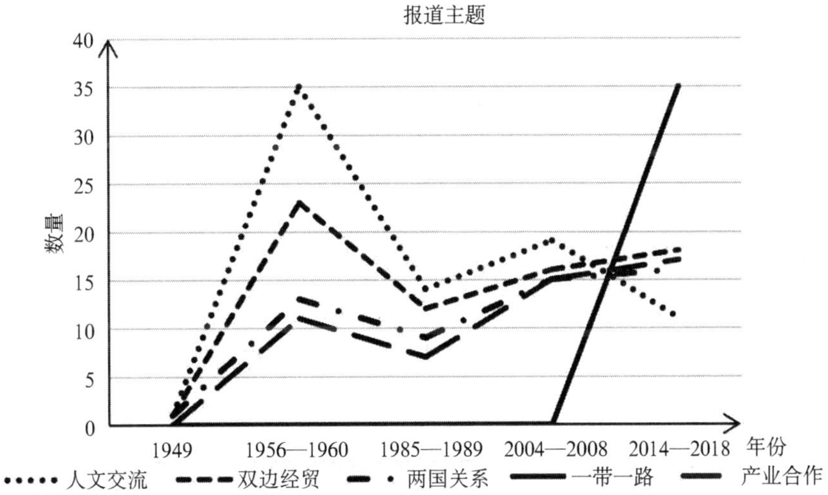

图7 报道主题变化

2011 年之前"人文交流"这一主题一直是最多的,2011 年之后"一带一路"赶超其他四种主题,成为中捷报道中经常出现的主题。通过对主题分布的量化统计分析可以看出,中捷两国不同合作部分的走势,可辅助后期发展领域的调整。

根据不同的中捷报道体裁(消息、通讯、评论、特写)绘制体裁数量随年份变化图(见图 8)。从体裁的年度数量变化图来看,中捷友好交流报道以通讯、消息为主,评论、特写为辅。整体上通讯数量比消息数量多,因为通讯选材较严、结构更加灵活、多种表达方式综合运用,与消息相比,可以更详细地报道具有新闻意义的人物或事件。而新闻特写可以抓住富有意义的某个时间和空间,因此辅助报道具有回顾和纪念意义。评论数量比特写稍多,评论是主观性的,不适合占比太大。

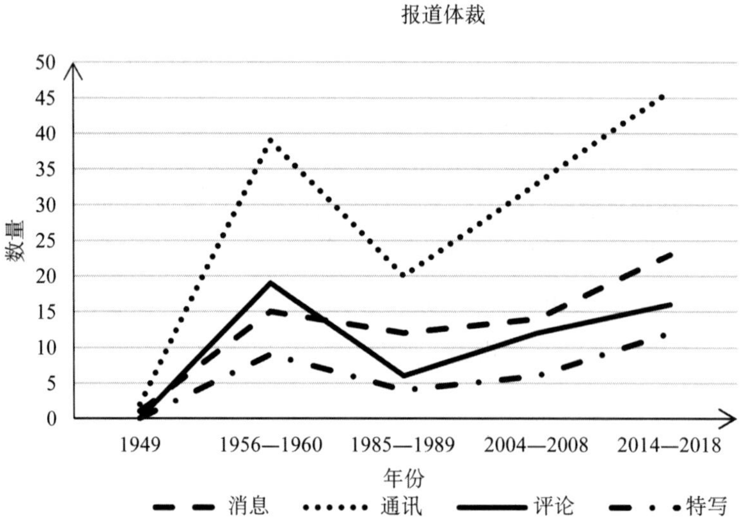

图 8　报道体裁变化

(二)表达方式与叙事视角

文章的写作过程包含理性分析与感性表达,本研究选取理性分析中的三种表达方式(叙述、抒情、议论)与感性表达中的一种表达方式(描写),除此之外的归于"其他"(马正平,1985)。通过分别从叙述、描写、抒情、议论、其他统计相应的中捷报道数量,绘制表达方式数量图(见图 9)。从图中可以观察到,中捷友好交流报道的叙述方式占多数(49%),差不多达到一半,其基本特点是陈述"过程",表明《人民日报》关于中捷友好交流的报道多从客观、公正的叙事角度进行;描写(25%)占到 1/4,就是把人或事物的状态具体、形象、生动地表达出来,说明报道很大的比例在留住一些值得纪念的人或事上;抒情(14%)具有主观性,是对当时发生的事发表一些看法,或者是对两国友好交流的感情抒发。

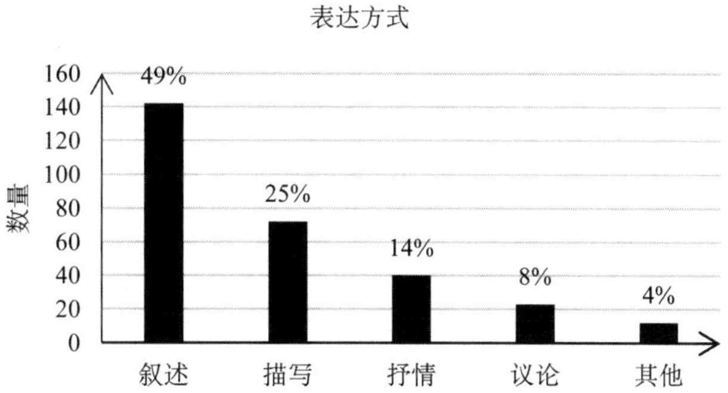

图 9　表达方式数量

量化中捷报道中不同人称的频率绘制叙事视角数量图(见图 10)。叙事视角多为第三人称,这与叙事多以叙述的手法表现有一定的关系,都是处于一个客观的角度,这也是报道应该做到的一点。第二人称的占比很少,而第二人称可以营造出一种“对话”的氛围,有很强的感染力,可以适当提高第二人称的使用比例。

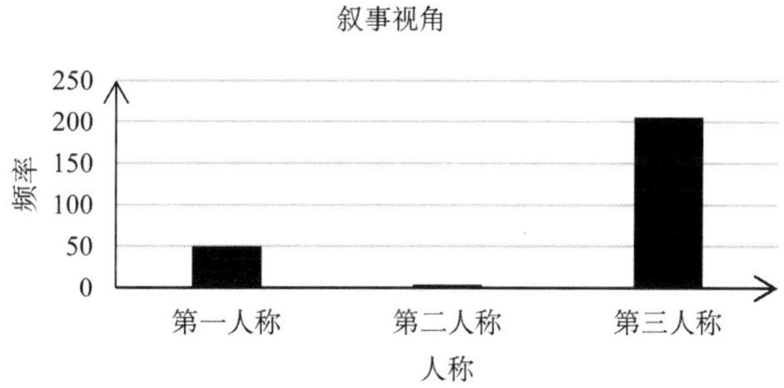

图 10　叙事视角数量

(三)报道篇幅与版面

根据中捷报道的字数可以将其划分为五种报道篇幅(短篇、中短篇、中篇、中长篇、长篇)(见图 11)。从图中可以观察到,1985—1989 年前中篇、中长篇、短篇报道相对较多,2004—2008 年后长篇报道数量快速增加,很快超越其他四种报道篇幅。中短篇报道在 1985—1989 年后数量增加趋势表现优异,与中篇报道一起有望超越 2004—2008 年后增长数量甚微的中长篇报道。长篇报道的波动（上升）最大，受政策、事件等的影响最明显。其他四类报道篇幅数量的变化总体处于稳定状态。

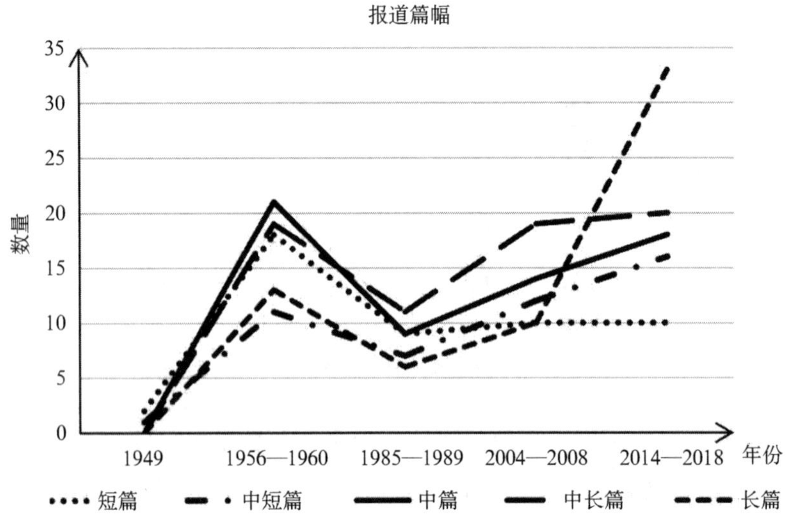

图 11　报道篇幅变化

根据相关事件是否在报纸的第一页（头版）或者是否是一个版上最重要的稿件（头条），可将中捷报道的版面划分为四类（头版头条、头版非头条、非头版头条、非头版非头条）（见图 12）。整体看来，头版头条、非头版头条、非头版非头条这三

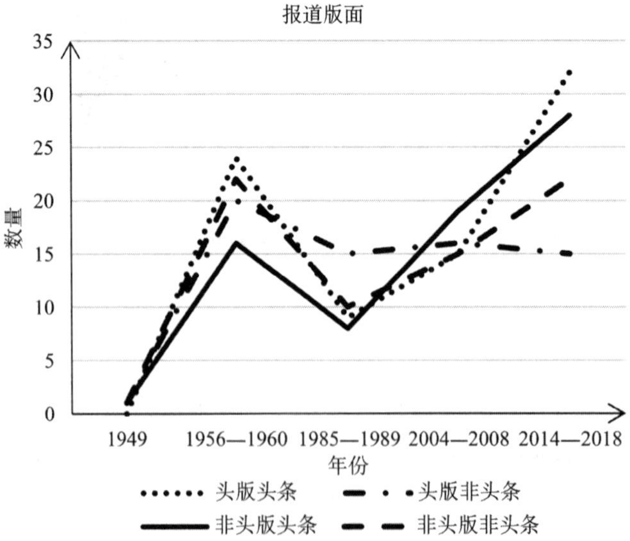

图 12　报道版面变化

种报道版面数量变化的大体走势相似。在 2004—2008 年后头版头条的数量迅速增长,2011 年后彻底超越其他三种报道版面的数量,并且从其增长速度来看,头版头条的数量会越来越多,这也是中国对中捷关系重视的表现。

(四)报道对象

根据中捷报道的对象,绘制其数量占比表(见表 6)。在中捷交流的前两个阶段(1956—1960、1985—1989),媒体报道的精力多数放在两国周年友好交流的文艺作品和作为两国友好交流代表的“友谊农场”上。第三阶段(2004—2008),两国关系走出了多年低迷期,又恰逢“友谊农场”50 周年,媒体在关注两国之间的经贸合作关系的同时,开始再一次回想起两国关系多年来的风风雨雨,媒体报道随之以“反思型”呈现。第四阶段(2014—2018),是两国建交 70 年来的新高潮,两国之间的多方面交流井喷式出现,媒体逐渐关注中捷政治交流,报道也开始多元化,是一种“创新型”的表现。

表 6　报道对象数量占比

年份	文艺作品	农业交流	体育交流	经贸交流	旅游业	其他	总计
1956—1960	12	17	10	8	0	4	51
	23.5%	33.3%	19.6%	15.6%	0	7.8%	
1985—1989	17	0	2	5	0	5	29
	58.6%	0	6.8%	17.24%	0	27.2%	
2004—2008	2	10	0	7	0	8	27
	7.4%	37.03%	0	25.9%	0	29.63%	
2014—2018	6	6	4	10	5	20	51
	11.76%	11.76%	7.8%	19.6%	9.8%	39.21%	

七、结论与讨论

本研究以中捷友好交流报道为研究对象,通过宣传效果量化分析、报道数量时序分析、报道内容实质分析三个方面的梳理,清晰地再现了中捷友好 70 年间新闻媒体传播所做出的贡献和努力。研究得到的结论有以下几个层面,这些数据与结论对更深层次研究中捷关系和挖掘其他报道蕴涵的信息具有参考价值,对一些媒体进行报道内容的调整和外宣效果的提高具有一定的参考意义。

首先,宣传效果层面。中捷友好交流单篇报道的传播力差异较明显,与发布时间和背景、报道内容等有关系,应该深入探究其影响因素,提高单篇报道的传播力,使其均衡发展。新华社关于中捷友好交流报道的总传播力表现相对来说最优异,新华社是政府层面最权威的信息发布者,包括《人民日报》等在内的众多媒体都需以新华社发布的信息为基础,这也是新华社关于中捷报道传播力优异的主要原因。关于中捷友好交流报道,《环球时报》无论是传播力、引导力、影响力或者宣传效果相较于另外三个媒体表现都很不错。《环球时报》是人民日报社主办的国际新闻报刊,因《环球时报》有《人民日报》派驻在全球各地的特约记者这一特色资源,发表的文章受到国内外同行的关注,因此其宣传效果各项指标表现都很优异。

其次,报道数量时序分布层面。对 1949—2018 年《人民日报》关于中捷友好交流报道数量构成的时间序列进行分析,通过序列图可以观察到在特殊年份报道数量突增(减)。对其绘制自相关图(ACF)以及进行 ADF、白噪声检验,得出该序列为平稳非白噪声序列,建立了 ARMA 模型。通过观察自相关图(ACF)与偏自相关图(PACF)为模型定阶,经过一些调整模型拟合度表现较好,并用该模型预测到 2021 年报道的数量总体上会比 2018 年报道数量上升,但相比 2016、2017 年左右数量较少,局部看是先增加后减少。不排除由于一些政策的提出和一些事件的发生而导致的突增或突降。

最后,内容实质分析层面。第一,1985—1989 年前人文交流这一报道主题数量最多,1956—1960 年前人文交流主题量快速增加,报道的对象也多是文艺作品和农业交流。这是因为 1949 年中华人民共和国成立,国家的工业、经贸、产业处于落后地位,所以两国间主要进行文化、体育、农业等方面的合作。第二,2014—2018 年"一带一路"倡议被提出并且这一主题迅速发展起来,因为在这个时期中国已走在世界前列,代表着世界发展的先锋,在很多方面中国有着发展经验,提出了"一带一路""16＋1"等一系列国际政策,带动其他国家的发展,以实现互惠互利共赢。这些事件在国内外都受到了很多关注,因此,这个主题发展速度最快。第三,报道多从客观的角度来叙述,并且 2004—2008 年后报道多以长篇呈现,迅速成为报道篇幅最多的形式。第四,近几年中捷报道呈现最多的是头版头条,由此可知中国非常重视同捷克的合作与友谊,同时也表明了捷克的区位优势以及对中国与中东欧合作的重要性。

本研究调查的媒体数量有限、时间跨度有限,后期研究可以进一步探索新媒体平台中时间跨度更长的中捷友好交流报道的传播力,以及更多媒体类型如报纸、期刊等的宣传效果。新闻报道的年份可以做如月度报道数量变化的横截面、精细化研究,以此形成多个时间序列来进行分析。对报道内容研究结果的分析还可以充分融入捷克的发展史来展开深层次内容分析。中捷友好源远流长,新闻媒体价值巨大。后续研究将继续应用计算传播等方法,为中捷报道的量化研究提供一些参考,对中国同捷克的合作及新闻媒体报道的提升起到一定的推动作用。

参考文献

白璐、覃坤晶(2019),《中韩主流媒体有关"一带一路"报道的比较分析——以〈人民日报〉和〈朝鲜日报〉为例》。《当代韩国》,第 3 期,页 57-69。

陈玉洁(2018),《基于内容分析法的我国信息安全报道研究——以〈南方都市报〉为例》。《情报探索》,第 11 期,页 84-90。

丁柏铨(2018),《论新闻舆论传播力、引导力、影响力、公信力》。《新闻爱好者》,第 1 期,页 4-8。

杜娟(2016),《"一带一路"背景下的中捷贸易》。《学术交流》,第 12 期,页 219。

黄楚新(2018),《风华正茂不忘初心 砥砺前行面向未来 与党和人民一路相伴的人民日报》。《人民论坛》,第 18 期,页 142-144。

姜琍(2016),《"16+1"合作和"一带一路"框架内的中捷经贸合作:现状和前景》。《欧亚经济》,第 6 期,页 32-45,122,124。

兰超(2018),《希望在田野上——中捷友谊农场推进现代农业发展走笔》。《中国农垦》,第 4 期,页 38-40。

雷璐荣(2019),《从"传播力"到"影响力":中国纪录片国际传播的深度发展方向与策略》。《现代视听》,第 8 期,页 9-13。

李春霞(2012),《越南官方媒体的中国认知变迁分析——以越南〈人民报〉(2000—2011)为样本》。《当代亚太》,第 5 期,页 97-120,159。

李建波(2018),《新华社新闻报道量化文本分析——基于与美联社新闻报道的对比研究》。《中国出版》,第 18 期,页 30-33。

李烁明(2014),《现代传媒在农民工城市融入上的角色悖反——以 2002—2011 年〈南方周末〉农民工报道为例》。《青年记者》,第 11 期,页 13-14。

李文聪、范英杰、鲁荣凯(2015),《基于文献计量学的中捷基础研究科研合作分析》。《中国基础科学》,第 6 期,页 28-32。

李晓慧、高茜(2017),《俄资与中俄进出口关系的实证分析研究》。《洛阳理工学院学报》,第3期,页19-25,93。

刘进、马丽娜(2018),《"一带一路"沿线国家的高等教育现状与发展趋势研究(十六)——以捷克为例》。《世界教育信息》,第22期,页38-40,49。

刘笑盈(2011),《国际新闻与外交——以媒体南海问题报道为例》。《电视研究》,第10期,页47-49。

刘作奎(2016),《捷克外交政策的转变与中捷关系的前景》。《当代世界》,第5期,页28-31。

马正平(1985),《关于文章"表达方式"的思考——兼谈"表达目的",并探讨这一对范畴的二层次内涵》。《殷都学刊》,第2期,页36-41。

苗蕊、刘鲁、刘志明(2010),《基于隐马尔可夫模型的突发事件新闻报道的爆发性分析》。《系统工程》,第8期,页89-95。

任凤珍、钱越(2019),《志者合,不以山海为远——献给中捷建交70周年》。《河北地质大学学报》,第4期,页94-96。

沈子傲(2016),《"一带一路"共建中的中国与捷克贸易合作研究》。《商场现代化》,第21期,页10-11。

王劲松(2019年9月27日),《中捷经贸合作硕果累累》。《国际商报》,第K04版。

王领、苟晓敏(2018),《中国游客赴日旅游消费的影响因素研究——基于X12-ARIMA模型的分析》。《山东财经大学学报》,第2期,页86-95,104。

王盼盼(2017),《中捷友谊农场:活跃在中欧合作的舞台》。《中国农垦》,第10期,页65-67。

吴新燕、吴昊昱、路尧等(2019),《地震新闻报道中中国地震死亡人数时间序列特征研究》。《灾害学》,第1期,页34-37。

谢骏、季德春(2018),《大众传媒科技传播量化研究——评〈媒介·科技·传播:大众传媒科技传播现状研究〉》。《传媒》,第18期,页97-98。

闫树熙、刘伟(2015),《中美国债市场溢出效应研究——基于集合经验模态分解》。《统计与信息论坛》,第9期,页27-35。

杨保军(2019),《论新闻对社会发展的能动作用》。《山西大学学报》,第4期,页58-71。

喻国明(2018),《健康传播的舆情特点与常态分布——基于2016年国内食药安全热点事件的量化分析》。《新闻与写作》,第5期,页50-55。

苑生龙(2015),《中捷经贸关系发展趋势与政策建议》。《中国物价》,第10期,页10-12。

张淡云、杨俊、徐钟颖等(2011),《关于新华社和美联社报道埃及骚乱事件的分析》。《新闻传播》,第11期,页60-62。

张海燕、郑亚莉(2018),《"一带一路"框架下产业合作的关联扩散效应分析——以中捷产业合作为例》。《浙江学刊》,第5期,页108-115。

张建敏(2019年9月27日),《传承友谊互利共赢 中捷携手明天》。《国际商报》,第

K04 版。

张希颖、梁慧慧、张丽扬等(2019),《促进中国和中东欧农业投资合作的探索——以中捷农场为例》。《商业经济》,第 4 期,页 79-80,182。

赵宏伟、杨兴礼、陈俊华等(2010),《中伊(朗)关系的现状与未来——从政治、经贸、文化多角度的量化研究》。《重庆工商大学学报》,第 2 期,页 28-33。

朱琳(2018),《中捷合作助力“一带一路”建设》。《智库时代》,第 21 期,页 57-59。

理论前沿

数字化时代的视觉情态议程*

Modality in the Digital Age

◈ 路易斯·拉韦利　西奥·范·勒文/文　陈静茜　赵光明/译**

Louise Ravelli　Theo Van Leeuwen　Chen Jingxi　Zhao Guangming

摘要：克瑞斯和勒文的《阅读图像：视觉设计语法》[2006 (1996)：155]为视觉文本中的情态提供了强有力的描写框架。然而，在数字化时代，人们熟悉的情态标记正在被创造性地重构。新的生产方式、多种分发平台出现，加之用户对情态变量的控制日益增强，这些新的技术支撑对情态在当代传播实践中的作用提出了拷问，并对情态的理论框架提出了进一步调整和深化的需求。本文旨在为这些修正设置议程，重新审视视觉情态及其在数字化时代的影响。

Abstract: Kress and Van Leeuwen's book *Reading Images: The Grammar of Visual Design* [2006 (1996): 155] provides a robust framework for describing modality in visual texts. However, in the digital age, familiar markers of modality are being creatively reconfigured. New technological affordances, inclu-

---

* 本文为教育部社科基金青年项目"社会化媒体环境下的城市阶层互动与空间建构"（项目编号：16YJC8600）的阶段性成果。

** 路易斯·拉韦利（Louise Ravelli）是新南威尔士大学艺术与媒体学院传播学系副教授。她运用社会符号学方法（包括系统功能语言学和多情态语篇分析）研究不同职业领域语境中的传播，以提高沟通和交流效果。她的著作包括 *Museum Texts: Communication Frameworks*（Routledge，2006），*Doctoral Writing in the Creative and Performing Arts*（Libri，2014，合著者 Brian Brianttridge 和 Sue Starfield）以及 *Multimodality in the Built Environment: Spatial Discourse Analysis*（Routledge，2016，合著者 Robert McMurtrie）。邮箱：l.ravelli@unsw.edu.au。

西奥·范·勒文（Theo Van Leeuwen）曾在故乡荷兰以及澳大利亚担任影视制作人。后来他前往悉尼和巴黎学习语言学，并在麦格理大学、伦敦印刷学院和卡迪夫大学教授电影制作理论、媒介研究和符号学等课程。在 2005—2013 年期间，他担任悉尼科技大学艺术与社会科学学院院长。自 2013 年 9 月起，他担任位于欧登塞的南丹麦大学语言与传播学院教授、兰卡斯特大学和悉尼新南威尔士大学的名誉教授以及伦敦教育学院的访问教授。他在社会符号学、批评话语分析和多情态等领域发表过大量文章，同时也是《视觉传播》（*Visual Communication*）的创刊编辑。邮箱：Leeuwen@sdu.dk。

陈静茜，北京交通大学语言与传播学院副教授；赵光明，上海千高原文化传媒有限公司文化传播（研究）中心研究员。研究方向为戏曲史论、艺术哲学、文化传播。

ding new modes of production, multiple platforms for distribution, and increased user control of modal variables, raise questions about the role of modality in contemporary communication practices and require the framework to be adapted and further developed. This article attempts to set the agenda for such adaptations and, more generally, for rethinking visual modality and its impact in the digital age.

关键词:编码方向,情态,多模态话语分析,多模态,社会符号学,视觉传播

Keywords:coding orientation, modality, multimodal discourse analysis, multimodality, social semiotics, visual communication

一、引言

长期以来,情态都是多情态文本的社会符号学分析方法中的一个关键概念[Hodge & Kress, 1988; Hodge & Tripp, 1986; Kress & Van Leeuwen, 2006(1996);Van Leeuwen, 2005],但近年来数字技术和实践的发展,对情态提出了新的问题。本文试图找出这些关键性问题,以便为重新审视视觉情态提出一个议程。

霍奇和特里普(Hodge & Tripp,1986:2)将情态定义为"对(文本)内容的感知现实(perceived reality)"。也就是说,情态是文本表征的属性(或属性组合),我们可以这样理解:情态将表征识解为一种近乎真实的存在。霍奇和特里普专注于电视传播媒介的研究,他们强调:"现实并非是绝对的(an absolute)……现实总是包含辨别和判断过程,从而使我们区分不同类型的节目以及同一节目的不同片段。"(p. 104)

克瑞斯和勒文[Kress & Van Leeuwen,2006(1996)]接受了霍奇和特里普关于建立一个"解释我们如何判断事物真实与否的综合情态理论"的提议(p.103)。首先,他们强调情态并不关注表征(representation)在现实中的真伪。情态是传播者和受众对表征进行共同判断的产物:一方面是传播者做出的同时也期望受众做出的判断,另一方面是受众"凭借能够作为情态判断潜在基础的各种线索"而实际做出的判断(Hodge & Tripp,1986:106)。也就是说,情态所关注的不是"表征绝对真实与否(absolute truth/untruth)",而是"一个给定的'命题'(视觉的、语言的或其他的)是否被表征为真"[Kress & Van Leeuwen, 2006(1996):155,着重强调]。这样,克瑞斯和勒文超越了那些将摄影图像的索

引性作为视觉真实(visual truth)基石的理论，认识到艺术作品可以像照片一样"写实"，照片(也可以)像艺术作品一样抽象[例如，曼·雷的"物影摄影"(photograms)]，并且预见了一种全新的"Photoshop"式的可操控的照片处理模式以及在计算机图像生成中对摄影现实主义(photorealism)的探索。

克瑞斯和勒文情态理论的第二个关键方面是他们对情态"标记物"(markers)的界定以及对这些标记物情态价值标准(编码方向)的判断。在电影和摄影中黑白和彩色的使用就是这种标记物的一个例子。黑白色在传统上表示现实，而彩色则表示幻想。例如，在1939年标志性的米高梅电影《绿野仙踪》(*The Wizard of OZ*)中，桃乐茜现实生活的早期场景是黑白的，而后桃乐茜戏剧性地来到了奥兹国的奇幻世界，则出现了美妙的技术色彩转换。编码方向的一个例子是"技术"编码方向，其中真实的标准不是逼真(verisimilitude)，而是有效性(usefulness)；它更倾向于使用简单的线型图示，这些线型图示往往自带尺寸，图片也附有组装指导。下文将更为详细地讨论标记和编码方向。

克瑞斯和勒文把他们的框架应用到了艺术、印刷媒介、儿童书籍、学校教材、广告等静态图像的分析中，同时对三维雕塑、网页等也展开了研究。他们的框架使得比较图像和其他视觉文本之间及内部的情态成为可能。随即，他们的理论又在不同的文本类型和符号模式中得到运用，比如儿童绘本(Painter et al.，2013)、三维空间(Ravelli，2000，2006a；Stenglin，2008)、超文本(Lemke，2002)、声音和音乐(Van Leeuwen，1999)，还有发型(McMurtrie，2010)等。这里仅列举了其中的一些例子。这类研究常常将理论框架加以调整和扩展，以适应不同符号模式和媒介的支持形式。例如，麦克默特里(McMurtrie)在发型研究中，为了解释发型表现形式引入了几种新的标记物——高度、垂度和纹理(p. 408)。但克瑞斯和勒文理论框架的核心原则仍完好无损，正如勒文(2005：175-176)明确强调的：该框架稳固且灵活，足以适应其他的符号模式。

自1990年第一版《阅读图像：视觉设计语法》(*Reading Images*：*The Grammer of Visual Design*)问世以来，视觉文本的产生、接受和性质都发生了巨大的变化。事实上，克瑞斯和勒文从一开始就将技术考量纳入了模型，且该模型多年来的发展与技术变革的关键节点同步。1990年，手机还像建房用的砖头那么大，也只有城市高薪主管才能负担得起。个人电脑方兴未艾，互联网几乎不存在。正如吉利斯和卡里奥(Gillies & Cailliau，2000)以及阿巴特(Abbate，1999)所详细描述的，CERN(欧洲原子能研究组织以及互联网的主要开发者)在1989年才正式采用互联网协议，当时，互联网在国防和学术组织之外几乎不为人知。1989 年,法国成为世界上线路覆盖面积最大的国家,其连接的不是互联网,而是 500 万套公共信息网终端设备(Minitel sets)(Gillies & Cailliau, 2000: 319)。美国国际商用机器公司于 1981 年推出了第一台个人电脑,当时的售价为每台 2,800 美元,但它的消费者也基本局限于商业领域。第一台苹果麦金托什机直到 1984 年才问世,且收效甚微(p.247)。1996 年,也就是劳特利奇出版社发行第一版《阅读图像:视觉设计语法》当年,移动电话已经从模拟技术发展成为真正的数字技术。个人电脑的应用更为广泛,但对样式表单的应用仍处于非常初级的发展阶段,这些样式表单可适用于其他文档,从而使桌面出版系统得到更广泛的应用(p. 247)。对当时主流的 35mm 相机(用宽度 35mm 胶卷的相机)而言,数码相机是一种昂贵而专业的替代品。

2006 年,在劳特利奇第二版《阅读图像:视觉设计语法》出版之时,3G 技术使手机变得"智能",个人电脑和数码摄影技术也得到了很好的发展。脸书则刚突破大学围墙,向外拓展自己的视野,推特还尚未出现。如今,在发达国家看来,互联网的普及以及互联网所提供的一切在很大程度上都被认为是理所当然的。Web 2.0 的发展、强大的搜索引擎、社交媒体以及大量可以轻松访问的各种创意工具和应用程序,不断改变着媒体的格局,并召唤着(对其开展)更深层次的解读、描述和批判。

这些发展对整个社会符号学分析提出了挑战,这就需要特别地对情态的描述和理解展开调试(参考 Holsanova,2014)。首先,新的生产模式带来了新的支持实现形式,这些都直接影响着情态标记物。例如,不同颜色的相对饱和度在摄影胶片和数字符号资源中配置不同,某一颜色可能现在是标准化的,而到了主观现实(如好莱坞电影和广告中的梦境和幻影)中就不尽相同了。因此,如今在某种程度上更不容易将现实和虚构清晰地区分开来了,美学因素更容易进入现实类视觉范畴中,例如新闻摄影(Caple,2013)。

其次,正因为第一个挑战的出现,也就需要重新审视最初制定编码方向(the coding orientations)时所依据的标准。虽然"自然主义"在理论和图像技术的发展中一直充当着"感知的现实"这一角色,其目的在于在视觉或听觉方面尽可能再现它所代表的事物,但事实上自然主义总是与当下相关自然再现技术密切联系。1996 年,克瑞斯和勒文仍然可以胸有成竹地断言,"普通标准 35mm 摄影"是实际上的自然主义标准。在数码摄影时代,这种说法不再准确。同样地,科学再现的形式不再局限于简单的线条画,现在还可以采用彩色和三维的手段。举个例子,通过观察互联网上的水文循环表征图(见图 1)就可以发现这一点。以往只使用线描示意图的建筑图纸和地板设计图亦是如此。因此，我们需要追问：如今自然主义的标准是否仍然与1996年的相同？今天可靠的“科学”与“科技”表征是否与1996年的契合？编码定向的新标准出现了吗？如果出现了，那是什么呢？或者是否有可能出现新的编码方向呢？

同一文本（图1a）可以通过多平台被查阅（例如，一张照片可以在手机、iPad、台式电脑上被浏览等），在各类程序和应用上，现成的滤镜、模板、特效等都可以对该文本（图1b）的信息进行更改。各类平台和随处可见的图像处理资

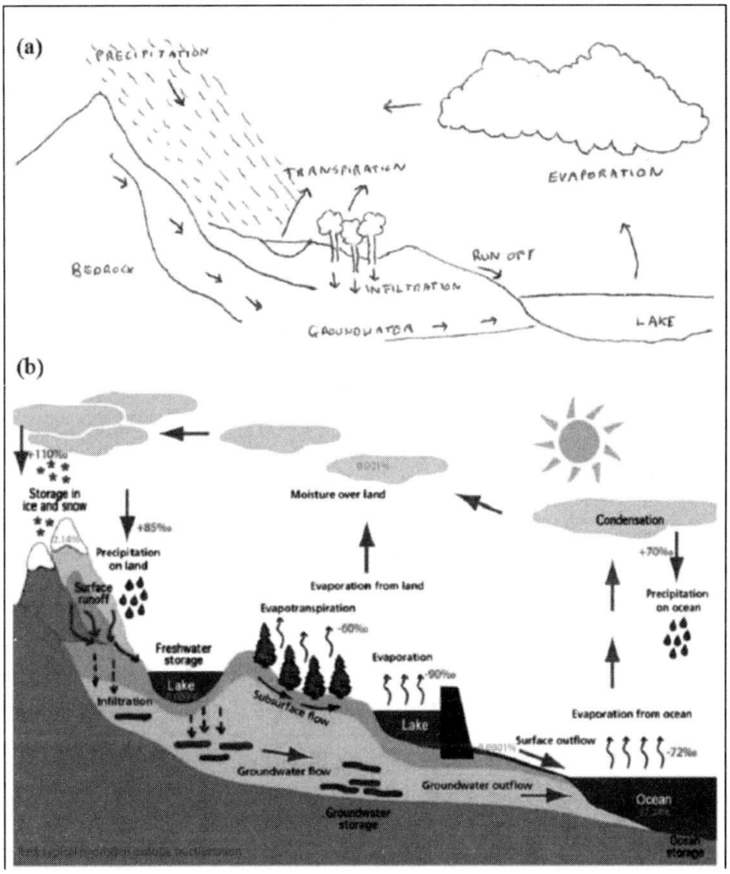

图1　(a)水文循环图①(b)水文循环彩色图②

---

① 由勒文绘制，www.lifewater.ca/drill_manual/appendix x_c.htm，访问时间：2018年3月10日。

② 原标题：Sunson08，2016，水文循环中的氢同位素分馏（从水文循环图修正而来）。同位素分馏的计算方法为各分馏过程中产物与水源水的差值。资料来源：https://upload.wikimedia.org/wikipedia/commons/thumb/4/4e/F3_hydrological_cycle.png/1024px-F3_hydrological_cycle.png，访问时间：2018年3月10日。

源也会影响情态标记物(如分辨率和显色性),这些变化可能是微妙的,也可能是显著的,但它们都能让情态的“消费者”变成可修改情态标记物的情态“生产者”(Bruns, 2008)。这就构成了第三个挑战。对上述变化结果的考察至关重要。正如克瑞斯和勒文[2006(1996)]所说(更早的提出者是霍奇和克瑞斯, 1988),情态引发了信息可信度的问题,在本文中是信息的可视化问题。在特定类型的文本中(如新闻、广告、动画片、教科书、技术图表等),标记物的特定结构作为有信度图像的相对稳定的符号,发挥着表征现实的作用。传统动画中的人物可能会被压路机压扁,也可能会被炸弹炸飞——这些图像的逼真模拟效果会让人深感不安——但这并不重要,它们的情态标记物表明它们“不是真的”。

现今,特效写实的摄影细节(in photo-realistic detail)不仅能呈现让人毛骨悚然的伤口,还能赋予人物不可思议的自愈能力[比如电影《金刚狼》(*Wolverine*)]。霍奇和特里普(1986)在他们开拓性的著作(groundbreaking book)中研究了儿童如何学习做出情态判断。因此,如果这个系统变得不稳定,如果广泛传播的图像和实际经验(无论是第一手的经验还是二手的经验)之间清晰、共享和普遍认同的联系被切断,那么这方面的视觉传播将显然会进入不断变化的阶段,这种变化带来的潜在影响也需要(我们)关注。

二、现有框架

克瑞斯和勒文[2006(1996)]在霍奇和克瑞斯(1988)的基础上指出,情态在建立和维系社会互动中发挥的作用,属于人际元功能的面向。克瑞斯和勒文有关多情态文本的社会符号学分析是以韩礼德(Halliday,1978,2004)的三大元功能框架理论为基础的,而人际意义(interpersonal meaning)正是韩礼德提出的三大元功能之一,另外两大功能是:概念元功能(ideational metafunction),在克瑞斯和勒文的模型中被称为表征功能(representational),与构建世界的表征(representations)有关;文本元功能(the textual metafunction),在克瑞斯和勒文的模型中被称为构图功能(compositional),它使人际意义和概念意义(ideational meanings)能在文本中结合。韩礼德语言学认为,情态是语言使用者借由进入其语篇,继而传达各种态度与判断的不同形式(Eggins,1994:179),它通过多种资源实现,包括有限的情态词(如“can”和“should”)和情态附加词(如“possibly”和“certainly”)。其他语言模型在表述上略有不同(如 Lyons,1977; Palmer,1986),但都与它们对语言构建的可能性和必然性程度有关。

克瑞斯和勒文[2006(1996)]用这些语言学中的基础概念来考察图像如何表现相关的判断。他们将框架划分出若干互动系统,如权力、关系以及联系程度,用于分析不同维度的社会关系。每个系统有若干特性,这些特性由图像的特定文本加以实现。例如,权力(关系)由不同类型的垂直视角实现:平等的权力(关系)由水平视角实现;代表参与者的权力由仰角呈现;观看者的权力由俯角呈现。

如上文所述,情态是一种补充性的互动系统,旨在分析和评价语篇的信度。情态与语言的概念联系紧密,其承认视觉传播的独特性,(故而)与(图像)制作者对命题真实性的评价关系不大。和语言中的情况一样(比如这个句子"Joseph might have done that"约瑟夫可能已经那么做了),克瑞斯和勒文提出的信度(reliability)与这个命题是一致的("you can believe this"你可以相信这一点)。它在本质上是互动的,因为情态与表征的"真实性"无关,而是与我们如何构造和感知它的信度有关。

克瑞斯和勒文提出了若干在图像中的情态标记物,它们均是连续的,因而也可以被无限分级。首先是色彩饱和度,从黑白到"自然的"色彩饱和度,再到高饱和颜色。色彩差异(colour differentiation)的范围从单一颜色("无区别"),到有限的调色板颜色,再到全色谱。色彩调制(调色,colour modulation)是指相对于阴影而言(as opposed to shading)的颜色的相对平整度,从完全平整的、没有色调的变化,到有一些调色,再到高度分化的色调"相同"的颜色。语境化(contextualization)指的是一幅图像的主要部分是否有背景呈现,其范围是否包括从"没有背景"到有完整而高度详细化的背景。表征深度(depth representation)的范围从"无深度表征",到使用重叠等简单方式的深度表征,再到使用透视技术实现的自然深度表征,最后到夸张的"鱼眼镜头"深度表征。表征指的是图像呈现的细节程度,程度从极少细节(只有一个确定的主要要素)到自然水平的细节(如裸眼观看),再到超高度细节(比如在大特写镜头或显微镜下展现的)。亮度(illumination)与是否存在光源及其产生的阴影有关,从亮到暗有不同的两对分级。图2展示了作为情态标志物之一的色彩饱和度标尺。

图 2　色彩饱和度的情态标尺[Kress & Van Leeuwen, 2006(1996):160]

这些标记均有助于判断情态的整体表征，从广义上来讲，尽管这些标记的赋值可以——且通常是——以复杂而微妙的方式混合在一起，但仍可以用低、中、高来判断(Kress & Van Leeuwen，2006：161)。然而，若是没有一个参照点，一个对何为“真实”的明确界定，即一个用来判定它们的“编码方向”，那么任何标记都将是毫无意义的。克瑞斯和勒文制定了四个编码方向。

如我们所见，自然主义编码方向建立在“感知真实”的基础之上：从特定的角度，在特定的光线以及其他条件下，我们在图像中看到的东西与在现实中看到的东西越相似，其情态就越高。实际上，正如前文所说，该标准与目前占主导地位的自然主义视觉再现技术的艺术状态密切相关，即与日常摄影技术有关(p.163)。中等程度的(但不是过度的)色彩饱和度、色彩差异(differentiation)和细节表征、自然调色、照明和亮度以及充分的语境化，可产生高度的(自然主义)情态。相比之下，技术编码方向则基于“实际真理”(pragmatic truth)，即图像在实际应用中的实用性，比如技术编码可以被用作“蓝图”(p.165)。要想通过表征来开展精确的测量，就需要低程度的深度表征。因此，高度细节化的表征、调色等就变得多余且容易分散注意力(如宜家出品的橱柜组装说明书)，颜色只有在协助区分不同类型物体(如地图)时才被加以考虑。感觉性编码方向(the sensory coding orientation)建立在“感觉真理”(truth of affect)之上：图像越能激发愉悦感(或是相反的情况，如恐怖图像)，则其情态就越高，这是由“超现实”的情态标记物——高饱和颜色、过度再现的结构细节等所达成的。最后是抽象性编码方向，它建立在“认知的真理”(truth of cognition)之上，聚焦于所再现事物的一般和本质特征，因而在自然主义和具体细节方面也是抽象的，这些特征在科学和艺术的视觉呈现中都能找到(虽然后者可能是“抽象—感觉”的，比如用“感觉性”颜色或材质结构的低程度细节再现与抽象形式结合起来)。总而言之，根据情态在何种程度上使用了何种情态标记，再根据具体的编码方向对其进行解释，情态可分为高、中、低三种。此外的一个考量是情态与样式(类型，genre)之间的关系。样式是体现共享的社会目的和特征(参见，例如，Kress，2003；Ravelli et al.，2013：400-401)的文化特性的文本类型(Ravelli，2006b)，而且样式很容易与特定的情态配置相关联。例如，在报纸上，事实新闻报道配有自然主义的图片，而观点版面所配的图画和政治漫画则具有较低的自然情态。正如我们在新闻摄影的审美中所看到的那样，随着样式的改变，情态配置也会随之改变(可以注意到，许多其他类型的摄影也在朝这个方向发展，参阅 Van Leeuwen，2015)。

三、修正框架

（一）进阶标准

数字时代悄然改变了人们的日常摄影图像。在传统的“模拟”摄影（photography）中，每种类型的胶片都有自己的色板，从而具备自身的特色。例如，柯达彩色胶片颜色较饱和，使用了高度饱和的红色。但是最常见的彩色负片在蓝色和绿色的区域内更为灵敏，在红色中则不太显眼，因此柯达彩色胶片看起来有些“花哨”得过头了。在数码摄影中，每种颜色的感应器可以单独进行调节并设置在同等的水平，从而使得红色和黄色的显色可以像蓝色和绿色一样强烈。就以前的标准来看，这有一点“超现实”。尽管如此，随着超现实慢慢变为标准，我们对于什么是看起来“自然”的感知可能会在光谱的红端趋向饱和。此外，传统的照片会随着时间更迭而褪色，因此，今天看来，20 世纪 60 至 80 年代老照片的饱和度在不同程度上降低了。今天，这种效果甚至可以通过数字化的方式添加，因此无疑创造了一种新的、暗示“档案”“历史”事实真实性的编码方向。而这种过去只能由时间自己产生的真实性，如今成了每个 Photoshop 或其他图形软件用户的选项。

虽然大多数数码相机在再现微小细节方面难与 35mm 摄影术相媲美，但数码相机拍照的“噪声”较少且看起来更简洁，就像 CD 的声音更“清晰”一样，没有唱片机特有的噼啪声。这种效果在计算机生成的图像中表现得尤为明显。尽管可以进行调制（modulation），但计算机自动生成的比自然生成的调制更为规整——计算机生成的图像永远无法复制手工艺品和自然世界的千姿百态。缺乏颗粒感和真实随机性再次成为常态，因此那些看起来“修饰过的”假象真实（an embellishment of reality）则取代了不加掩饰的真实再现，得以作为标准的自然主义形象被接受。在这一切中，自然主义能否保持其主导地位仍有待观察。目前，计算机生成的图像仍在致力于更高级的“摄影现实主义”（photorealism），尽管与此同时，图像也向着更简洁、“抽象”的趋势发展，例如，图库中所提供的计算机图标和图像中，更多地将摄影照片与不同程度的自然主义绘画（drawings）混合在了一起。

在追求“摄影真实主义”（photo-realism）的过程中，计算机生成的图像往往强调景深。例如，在三维建筑的可视化中，它们为尚未建造的建筑物外部和内部图像赋予了自然主义的感觉，由此创造了由一系列选择所表示的新编码方向。这些选择组合起来传达了一种未来的现实(a future reality)。当这些图像被动画化后，它们会利用景深运动(movement-in-depth)，随着镜头以极快的速度向朝着或远离观察者的方向变焦，并沿着离奇荒废的道路，展现幽灵般的行人甚至静止不动的汽车。即便所有的树木都被刻画得很细致，也是看起来差不多的样子。[①] 一方面，它们具有高度逼真的纹理、光线和阴影以及景深的渲染效果，但另一方面，对人物及其运动的自然渲染效果较差，继而创造了被认为对再现未来现实具有信度的情态标记配置。——简而言之，这是"可能性"情态(the "probability" modality)的视觉版本，在语言学中通常由情态辅助词如"may"和"will"来实现。这种配置的变化可以实现这种情态的各种程度，使得再现出来的未来即使根本不存在，也具有了或多或少的可能性。

与传统35mm标准镜头相比，当代相机的标准镜头具有更大的广角。这制造了更深的景深——并且在某些程度上聚拢垂面扭曲了图像。这在过去可能会被视为是"超现实"的，现在开始被认为是标准(norm)的。图3显示了一个尚未建好的建筑物内部图像中的广角效果和深透视效果——抛开图片整体较为空旷的特点，请注意光和调制(modulation)的使用是如何增加这种可视化的真实效果(reality effect)的。

图3　建筑意象的深度透视与广角[②]

简言之，新型数字图像技术的支持性(affordances)和限制性的发展，使得"标准平均自然主义"(standard average naturalism)的规范(norms)不断演变，

---

① 请参阅此网址的动画：http://www. realfeel.com.au/project/3d-architectural-animation/，访问时间：2018年3月。

② 真实的3D建筑图示。详情请访问 http://www. realfeel.com.au/3d-architectural-illustrations-gallery/，访问时间：2015年，转载已获允许。

其发展应该根据每种情态的标记而加以重新审视。图 4 为三张日常照片，这些照片从多个角度展示了这种演变过程，特别是增强色彩饱和度和提升细节表征方面。

图 4　日常照片①

(二)新的标记物

许多曾被人们视为静态(static)的文本现在加入了动作。在 PPT 里，句子可以从顶部、底部、左侧或右侧飞入，单词可以弹跳、旋转、爆炸等，同时图表也可以加入移动的箭头和其他元素。② 写作自然一直是多情态的(Van Leeuwen, 2006)，但这里强调的是，作为一种视觉符号资源，动作构成了一种新增的情态

① 分别拍摄于 1982 年、2005 年、2013 年(个人合集 Louise Ravelli)。

② 比如，http://pmm.nasa.gov/education/videos/water-cycle-animatio 的水文循环图，访问时间：2018 年。

标记。这一点已在克瑞斯和勒文[2006（1996）：264]的研究中得以指出。但是到目前为止，电影的多情态理论（例如，Bateman & Schmidt，2012）对于动作的情态研究却寥寥无几。

运动通过有限词汇的运动实现，变化的内容范围（range from）包括简单词组或者其他视觉对象的简单位移（displacement）。例如，在《南方公园》（*South Park*）里，步行是通过角色整体移动来表现的，就好像它们是剪切画一样。人物的反应也是由小小的眉毛、瞳孔的变化甚至嘴巴的姿态来表现的。在迪士尼故事片中也有动作细节的精细表达，例如，在《冰雪奇缘》（*Frozen*）中，冰雪女王的步履被刻画得很精细，每一步，身体都轻微转动并稍向前倾，包括她的长裙和她身后的山路（the train that trails behind her）都充满了细微的动作。这里涉及了一系列不同的情态标记，即不同动作的协作程度（co-articulation）（尖叫是否只涉及嘴部变化？是否眼睛也要睁大？眉毛要上扬？头部要倾斜？）、动作的规律程度（比如，再现海浪需要多规整？其实现实中海浪是相当不规整的）以及动作的速度变化程度（velocity variation）（汽车的速度变化是规律的吗？还是速度会随着汽车接近弯道而减慢，一路直行时加快？）。运动也可能是"感觉性"的，"超现实"的，在《玛莎·斯图尔特生活》杂志（*Martha Stewart Living*）的20周年平板电脑版本《美丽无边》中，强调了一种通常无法觉察到的运动，在这个杂志数字版的"封面"中，一朵玉兰花在慢慢绽放，这个细节被诠释得细腻而美丽。玛莎·斯图尔特和其他杂志主管就该封面（以及杂志的动态元素）对强化读者对文本的情感回应进行了讨论，认为这类运动会催生出感觉编码方向（a sensory coding orientation）①。

运动也会产生其他效果。在其他杂志以一种显著的非自然主义风格，用类似断奏的定格效果展示饼干的出现和消失时，一些有关饮食和生活方式的电子杂志，如 *Donna Hay*（https://www.youtube.com/watch? v = BHxNYABIbDg），通过平板电脑上文本动态滚动的动画效果给读者以自己在操作浏览的感觉。这种运动与情态和类型都有关。在线杂志可以被看作是由多种微观类型（Martin & Rose，2007）组成的宏观类型。每个类型在某些部分都有着独特的运动形式。诸如影片和动画等一些动态文本，一直以来都将动作视为一种资源加以嵌入。在杂志类型中，作为一种转型的新元素，运动影响着这些类型的情态特征。

① 详情请访问：https://www.youtube.com/watch? v=QGmu_6rRVFo。

（三）用户控制情态

如前所述，数字技术使得用户轻点手指就可以修改图像的情态，而这种方式在以前只有专家才能够驾驭，就像专业摄影师在暗房工作一样。例如，通过 Instagram 提供的滤镜，用户可以增加或降低图片的饱和度，将彩色照片改为黑白照片，为照片添加褪色效果或“做旧的怀旧”（棕褐色）效果、金色阳光或淡粉效果等，这里仅列举了一部分可选项。因此，用户不再受限于解读由图像生成者所提供的情态线索，而是有可能改写图像本身的情态，尽管这种修改只能在软件或应用程序中进行。例如，在 Instagram 中，可供使用的滤镜的数量和特点（nature）是有限的。

以前，视觉情态由图像生产者控制，如专业摄影师或艺术家。艺术家一直以来都通过微妙的方式操纵情态，以此来突出（foreground）图像中比其他元素更加逼真的某些元素，这样就能更具体地展现世间各种景象。例如，克瑞斯和勒文[2006（1996）]讨论了亨利·摩尔（Henry Moore）的雕塑“国王与王后”，其中国王和王后雕塑的下半身比上半身更能体现自然主义。这样，他们高贵的头部看起来像是诡异的抽象物体。正如克瑞斯和勒文的评论所说，“这表达了权力的实质是矛盾。他们的心灵与日常生活中的具体现实细节脱离了联系，但瞧瞧他们的手——他们终究还是人类”（p.252）。今天，情态作为一种具备可塑性表达方式的形态（a malleable means of expression），催生了关于“什么让事物看起来是‘真实的’”的解释，这些迥异且主观的解释不再是艺术家的专利，而是成为所有人都可以使用的视觉语言的面向之一。由于生产和接收之间的界限日益模糊（假使它们迥异），并且随着技术给图像操纵（image manipulation）提供了易于获取的资源，用户可以修改他们从社交媒体网站上下载图像的情态，从而可以像生产者一样对图像加以编辑（参见 Bruns，2008，关于“produsage”；Senft & Baym，2015，关于图像抓取，以及 Kress & Van Leeuwen，2001，关于生产、接收和传播）。

在改变接收的实践中，用户的行动角色（the more agentive role of the user）也是显而易见的。以前，文本资源的获取需要部分依靠机构的核准，即形式性相关（genre-related）的规范性操作。比如，新闻机构、社论媒体以及专业机构决定谁可以制作“新闻”；出版商和图书编辑决定谁可以成为“作者”；艺术机构决定谁可以被称为“艺术家”；等等。这些实践将从业者的定义限制在符合行业规范的专业人员范围内，但它们也限制了在相关语境里可接受的“文本”的定义。什么算“新闻”？什么算“好文章”？什么算“艺术”？传统规范实践长期以来一直提供有信度的信息，而如今它在社会化传播(social communication)中的影响力(power)正在逐渐减弱。因此，公民记者、自费出版作家，Instagram网红应运而生，他们的出现放宽了准则——这一准则曾经能决定谁是合法生产者，什么性质的文本才可供其他人体验。

文本生产日益多样化的另一个特点是，数字时代可以使多种文本得以并行地被体验。因此，用户倾向于运用多种编码方向，不仅仅是在单个文本内，还可以在同一时间内访问一系列的文本。以前，如果我们想研究一个特定的话题，诸如“人体”，首先必须明确需要什么类型的阐释，例如，是偏日常的、偏科学的，还是偏艺术的？接着必须找到符合要求的海报、教科书或者绘画。显然，多样的版本已经在多种表征形式中并行存在，但今天，新技术极大地促进了各表征之间自如转化的能力。搜索引擎使我们能够访问海量且多样的图像，并可以在同一时间进行查阅(有关示例，请参见图5)。例如，某一区域的晚间新闻天气报

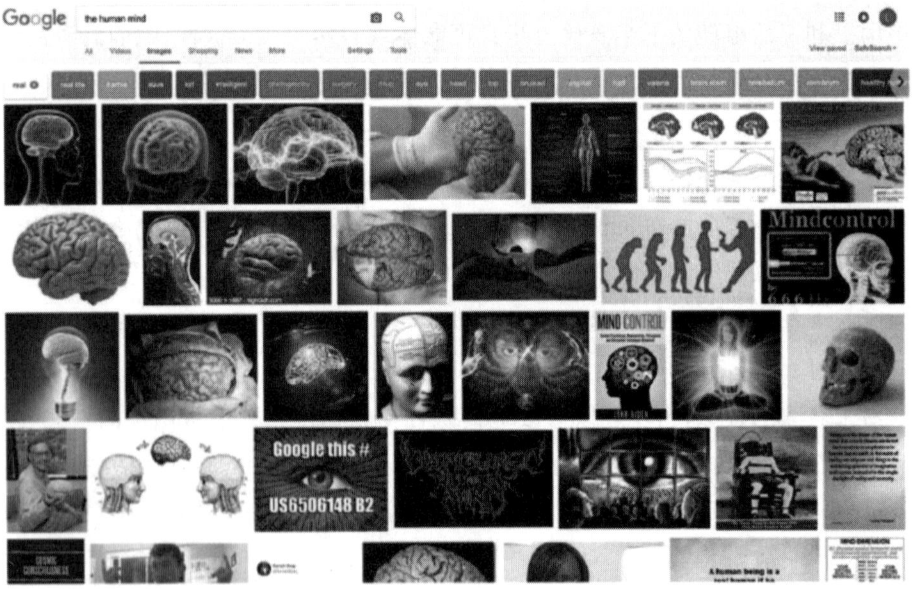

图5　谷歌图片搜索：“人类思想”[①]

---

① 部分结果可在以下网址获取：https://www.google.com/search? tbm = isch&q = the + human + mind&c hips = q: the + human + mind, g _ 3: real&sa = X&ved = 0ahUKEwjk9pLrv9nZAhWJxLwKHThhBF wQ4lYIKygA&biw = 1435&bih = 926，访问时间：2018年3月10日。谷歌和谷歌标志的版权由谷歌公司所有，使用须征得同意。

道需要包含该位置的卫星图像、当地镜头、地形图和动态动画。而像《自然》(*Nature*)这样的科普期刊(例如,第526卷,第7575期,2015年10月)则可能需要包括自然主义照片、科学图表(如通过显微镜)、漫画图表和技术(图)、科技图表,所有这些都被包含在一期里。而过去更严格的生产过程意味着这些多样形式的共存几乎是不可能的。

四、平台和情态

数字时代也强化了另一种沟通的潜能,即"相同"的文本可以在不同平台上被访问。从某种语境上来说,这种情况其实一直存在。例如,人们可以通过不同尺寸的屏幕收看电视,既可以通过电影院的全屏也可通过家中的小屏来观看电影。然而,数字时代显著地扩展了这样的可供性(affordances):照片(photograph)可以在手机移动屏幕、平板电脑上被观看,也可以被打印成纸质版来观赏;读者可以在线阅读杂志,也可以阅读印制出来的杂志;网站的网址可以通过台式计算机或移动手机来访问;等等。

如果只能通过一种媒介访问可视化文本,那么该文本作为一个物理对象对于每个观者而言,都是"相同的"。不论观者怎样解读文本,所有观者都将遇到同等的色彩饱和度、同等数量的细节表征、同样的色彩调制程度等等。然而,不同的平台或多或少地会影响图像质量的各个方面,这可能取决于屏幕大小、像素大小等因素,使得不同的观者得以遇见不同的物理对象(从某种程度上说这在电视的表征中已经实现,因为用户可以选择自己喜欢的亮度、对比度等级等)。这表明当代"传播"媒介(Kress & Van Leeuwen,2001)也会影响情态,仅仅从技术(正式的)规范(specifications)的角度来考虑它们是不够的。

由于情态极大地促成了意义的产出,因此也需要通过社会符号学的术语对其加以考证。尽管在不同平台上分析"相同"文本的情态可能会造成潜在的重大变化,但记录用户偏好也很重要。用户更想知道调整哪些变量以及如何调整、为什么调整、他们更偏好什么情态、这些选择与编码方向(coding orientation)有何相关。反过来,编码方向与用户习惯(Bourdieu,1986)有何关联,与社会阶层又有什么关系,或者与决定人们偏好和选择的人口统计学及生活方式因素的其他市场驱动定义有何联系?

五、走向新的研究议程

技术的发展改变了我们用于生产、传播和接收情态的资源,从而影响了编码方向所提供的现实标准的一应条件(repertoire of reality criteria)。如果我们记得情态基本上是关于信息的“信度”,那么数字时代会在用户做出选择、多个选项可以并行存在、媒体本身可能会改变信息时,引导我们思考信息的信度是怎样达到的。重要的是,这些变化引发了一个问题,即克瑞斯和勒文[2006(1996)]对情态的描述是否依然有效。我们认为其是可行的:第一,经证明,该描述是一个强大的,能用于描述各种文本类型的框架(如前文所述);第二,其基本组成要素依旧可以识别情态的变量、介绍编码方向、解释情态的社会目的。尽管如此,这一框架在某些方向上仍需要进行修正和扩充。

首先,数字技术对情态变量(modal variables)本身的影响就值得研究,既要重新审视现有的变量(如颜色饱和度),又要考虑新的变量(如视觉运动)。显然,克瑞斯和勒文的框架可以被应用于修图技术的数字手段(digital means of modifying technology)。但是,同样需要清楚的是,数字图像技术的设计者已经创造了资源,这些资源可能会排除克瑞斯和勒文框架中所包含的一些情态选项,同时(也可能)增添其他未曾设想过的情态。如果克瑞斯和勒文描述了图像制造者实践的情态系统,那么软件设计者则设计出了这样的系统,以便于促进和规范图像制作实践。人们应当对两种类型的系统进行比较和对比。因此,深化研究的第一条途径是调查数字技术所支持的情态资源,采用类似于德约诺夫(Djonov)和勒文考察 Powerpoint 符号资源的路径(例如,参见 Djonov & Van Leeuwen,2011,2013; Zhao,2014;另见 O'Halloran et al.,2011,有关数字多情态文本问题的考察)。例如,如何通过特定技术配置颜色选项?是否有更精细的可选项,或是在某些领域里精细的选项减少了?引入了哪些新变量?滤镜的发展就是一个很好的例子:许多应用程序能支持在图像上叠加滤镜,这样就会产生不同的效果,其中就包括影响情态,就像我们在“怀旧情态”(archival modality)中所看到的那样。设计人员针对此类资源设置了哪些选项?正如我们所看到的,(视觉)运动还引入了许多新的情态标记物,例如拼接程度(degrees of co-articulation)、规整程度和速度变化程度(参见 Martinec,2000 的文章,参考关于迈克尔·杰克逊视频中的运动作为深化的出发点,以获得更多对运动的研究)。这些选项是如何被纳入不同类型的符号软件中的?

进一步研究的第二条路径是探索新的编码方向以及探索定义编码方向的现实标准。例如,"历史真实性"(historical authenticity)的编码方向是通过标记物来实现的,而这种标记物过去依靠时间流逝形成(褪色、划痕和其他破损印记),但如今只要"看起来具有历史真实感"便可形成标记物;面向未来编码方向的规划可能性(的探索),审慎地将自然主义特征与图式的、未完成的表征方式混合起来,这也值得展开深入考察。此外,多种编码方向以复杂的方式交织在一起的可能性意味着这种无穷无尽的变化正在成为"视觉语言"的一部分,体现了用户现在能够更好地掌控自己。这表明了需要更深入、更精细地理解不同类型的编码方向是什么、它们可能用于什么、如何实现该编码方向,并且怎样对编码方向进行组合等。所有这些给小学教育、中学教育(参见 Unsworth,2013)以及日常生活中批判阅读素养和批判教育学的相关问题都带来了启发。在像我们所处的这般复杂的社会中,多种可供选用的情态使视觉真理(visual truth)变得碎片化:与受单一制度约束的"现实"(ratified version of "reality")(正如我们在传统新闻实践中所看到的那样)相比,如今出现了很多种"现实"。然而,正是因为情态框架专注于表征事物的正确性(true)或真实性(real),它才得以提供一种共通语言来理解差异,从而为情态的核心功能即社会协商提供了潜在基础。

这两种路径都与第三个领域有所交叉:这些选择意味着什么?是相对谁而言的?数字时代的情态意义引发了权力和身份的问题,但同样地,也引发了有关编码方向的问题以及关于人们将信息视为具有信度和效度的标准问题。一些研究人员正在研究这个问题,比如,扎帕维尼亚(Zappavigna,2016)建议用户可以利用自己的能力将情态选择作为创建从属关系(affiliation)的契机,围绕图像的"氛围"建立社区感。因此,相比历史真实感,使用棕褐色滤镜会产生一种虚假的怀旧感,意图影响事实和真相并获得其他人的认同,这些人往往有着相同的情感和主要观点(foregrounding opinion)(参见 Dean,2010)。进一步的实证研究包括用户访谈和参与式研究,这些研究有助于我们更深入地理解这些问题,并提醒我们,符号技术虽然能限制和影响符号实践,但这种限制和影响并不是决定性的,因为某一既定文本在生产中所使用的资源可能与对其进行解读时所使用的资源不同。

作为理解符号资源的重要部分,历史研究不可或缺(Van Leeuwen,2005:3)。推动图像制作和修改的数字化资源发展的动因是什么?为什么在某些领域有更多选择而在另一些领域的选择却较少?例如,Instagram 中提供了许多滤镜,但用户无法选择(在本文撰写时)不同的格式(format)或自动将所有图像裁剪为正方形。据我们所知,这种格式的规制、意义和更新历史,如纸张尺寸、屏幕制式(screen formats)、艺术作品形式(art work formats)等,尚未在社会符号学领域加以研究。除了重新审视编码方向的整体功能之外,对"同一种"文本的不同时期进行纵向比较研究的空间也很大,例如,针对特定杂志或特定报纸,可以追寻其情态的转变和编码方向随时间维度所产生的变化。

尽管如此,"真实"(real)和"再现的仿真"(represented as if real)之间的区别(如真实主义照片)仍然很重要。两种不同的阐释框架同时运作,一种是关于"什么可以真的发生"或"什么才能真实地存在"的理解,另一种侧重于研究我们能接受的有效视觉能指(visual signifiers)。幻想和虚构(make-believe)属于前一类,也就是说,他们关注某事物是否"真实"。因此,严格来说,它们不是与情态相关的问题(参见 Painter et al.,2013)。情态问题并不研究真实与否,它研究的是什么表征为(和我们所看到的)仿真,它承认多种真实标准的存在,也承认受历史变迁因素的影响,不同的编码方向在不同的社会语境和体裁(genres)中会以不同的方式被采用。这一点仍然是情态在计算机生成图像、虚拟现实和三维模拟时代极其重要的关键所在。

情态框架可能会持续不断地演进,继续为调查和理解在数字文本中看到的变化提供有用工具。克瑞斯和勒文的初创模型若想应用于我们这个时代的文本,就必须承认不同的人群对这些不同类型的真实标准可能会有不同的行为,[参见 Bourdieu,1990(1965); Machin & Van Leeuwen,2009],他们还会考察这些差异来自何处。

本文界定了数字时代对情态问题的一些影响,并提出了新的富有挑战性的研究议题。这对于分析、理解文学作品和教学法等问题,以及对我们在大千世界中再达成共同现实基础的理解程度而言,都是挑战。

资助

本研究未获得任何公共、商业或非营利部门的资助机构的具体资助,且不存在利益冲突。

参考文献

Abbate, J.(1999). *Inventing the Internet*. Cambridge, MA: MIT Press.

Bateman, J. A., & Schmidt, K-H. (2012). *Multimodal Film Analysis*. London: Routledge.

Bernstein, B. (1975). *Class, Codes and Control, Vol. III: Towards a Theory of Educational Transmissions*. London: Routledge & Kegan Paul.

Bourdieu, P. (1986). *Distinction: A Social Critique of the Judgement of Taste*. London: Routledge.

Bourdieu, P. [1990 (1965)]. *Photography: A Middle Brow Art*. Cambridge: Polity Press.

Bruns, A. (2008). *Blogs, Wikipedia, Second Life, and Beyond: From Production to Produsage*. New York: Peter Lang.

Caple, H. (2013). *Photojournalism: A Social-Semiotic Approach*. London: Palgrave Macmillan.

Dean, J. (2010). *Blog Theory*. London: Polity.

Djonov, E., & Van Leeuwen, T. (2011). The Semiotics of Texture: From Tactile to Visual. *Visual Communication*, 10 (4),541-564.

Djonov, E., & Van Leeuwen, T. (2013). Between the Grid and Composition: Layout in PowerPoint's Design and Use. *Semiotica*, 197,1-34.

Eggins, S. (1994). *An Introduction to Systemic Functional Linguistics*. London:Pinter.

Gillies, J., &Cailliau, R. (2000). *How the Web Was Born: The Story of the World Wide Web*. Oxford: Oxford University Press.

Halliday, M.A.K. (1978). *Language as Social Semiotic*. London: Edward Arnold.

Halliday, M.A.K. (2004). *An Introduction to Functional Grammar*. London: Edward Arnold.

Holsanova, J. (2014). New Methods for Studying Visual Communication and Multimodal Integration. *Visual Communication*, 11 (3), 251-257.

Hodge, R., & Kress, G. (1988). *Social Semiotics*. Cambridge: Polity.

Hodge, R., & Tripp, D. (1986). *Children and Television: A Semiotic Approach*. Cambridge: Polity.

Kress G. (2003). *Literacy in the New Media Age*. London: Routledge.

Kress G.,& Van Leeuwen T. (1990). *Reading Images*. Geelong, VIC: Deakin University Press.

Kress, G., & Van Leeuwen, T. (2001). *Multimodal Discourse: The Modes and Media of Contemporary Communication*. London: Arnold.

Kress, G., & Van Leeuwen, T. [2006 (1996)]. *Reading Images: The Grammar of Visual Design*. London: Routledge.

Lemke, J. (2002). Travels in Hypermodality. *Visual Communication*, 1 (3),299-235.

Lyons, J. (1977). *Semantics*. Cambridge: Cambridge University Press.

Machin, D., & Van Leeuwen, T. (2009). Toys as Discourse: Children's War Toys and the War on Terror. *Critical Discourse Studies*, 6 (1),51-63.

Martin, J. R., & Rose, D. (2007). *Working with Discourse: Meaning beyond the Clause*, 2nded. London: Continuum.

Martinec, R. (2000). Construction of Identity in Michael Jackson's Jam. *Social Semiotics*, 10 (3), 313-329.

McMurtrie, R. (2010). Bobbing for Power: An Exploration into the Modality of Hair. *Visual Communication*, 9 (4),399-424.

O'Halloran K. L., et al. (2011). Multimodal Analysis within an Interactive Software Environment. *Critical Discourse Studies*, 8 (2),109-125.

Painter, C., Martin, J. R., & Unsworth, L. (2013). *Reading Visual Narratives: Image Analysis of Children's Picture Books*. Sheffield: Equinox.

Palmer, F. R. (1986). *Mood and Modality*. Cambridge: Cambridge University Press.

Ravelli, L. (2000). Beyond Shopping: Constructing the Sydney Olympics in Three-dimensional Text. *Text*, 20 (4),489-515.

Ravelli, L. (2006a). *Museum Texts: Communication Frameworks*. London: Routledge.

Ravelli, L. (2006b). Genre and the Museum Exhibition. *Linguistics and the Human Sciences*, 2 (2),123-141.

Ravelli, L. et al. (2013). Extending the Notion of 'Text': The Visual and Performing Arts Doctoral Thesis. *Visual Communication*, 12 (4): 395-422.

Senft, T. M., & Baym, N. K. (2015). What Does the Selfie Say? Investigating a Global Phenomenon. *International Journal of Communication*, 9,1588-1606.

Stenglin, M. (2008). Binding: A Resource for Exploring Interpersonal Meaning in 3D Space. *Social Semiotics*, 18 (4),425-447.

Unsworth, L. (2013). Reconfiguring Image-Language Relations and Interpretive Possibilities in Picture Books as Animated Movies: A Site for Developing Multimodal Literacy Pedagogy. *Ilha Do Desterro*, 64,15-48.

Van Leeuwen, T. (1999). *Speech, Music, Sound*. Basingstoke: Macmillan.

Van Leeuwen., T. (2005). *Introducing Social Semiotics*. London: Routledge.

Van Leeuwen, T. (2006). Towards a Semiotics of Typography. *Information Design Journal*,14 (2),139-155.

Van Leeuwen, T. (2015). Looking Good: Aesthetics, Multimodality and Literacy Studies. In Rowsell J., & Pahl K.(Eds.), *The Routledge Handbook of Literacy Studies*. London: Routledge.

Zappavigna, M. (2016). Social Media Photography: Construing Subjectivity in

Instagram Images. *Visual Communication*, 15 (3),271-292.

Zhao, S.,Djonov, E., & Van Leeuwen, T. (2014). Semiotic Technology and Practice: A Multimodal Social-Semiotic Approach to PowerPoint. *Text and Talk*, 34 (3),349-375.

从“待价而沽”的女性气质到“委身式奋斗话语”:自媒体平台中“修正主义女德”的复归与父权文化再生产

Womanliness for the Highest Bid: Reconstructing the Traditional Chinese Female Virtue and Patriarchal Culture on We-Media Platform

◎ 丁闻捷　刘于思*

Ding Wenjie　Liu Yusi

摘要:在当今新媒体商业环境下,自媒体平台中以婚恋为中心的性别话语实践不断涌现,成为具有话题性的文化现象,反映出一种当下中国社会对于家庭、婚姻、性别的深层观念危机。本研究以自媒体Ayawawa的“情感理论”为例,运用话语分析,考察这一性别话语体系如何致力于社会生活中客体的生产、变化和再生产,以及其中的主体性、社会身份、自我性等问题。研究发现,Ayawawa的话语体系以一种新姿态拥抱了中国传统家庭伦理和性别观念,用科学语词的转换来塑造话语主体的权威,并用矛盾性别偏见作为其情感逻辑,利用修辞技术建构其话语体系中女性的委身式主体形象,不断地将“女德”修正为一种虚假的“女权”和“男女平等”,显示了与其话语体系相勾连的当下中国性别地位与性别思想的现状,以及与其所代表的父权文化再生产相勾连的意识形态。

Abstract: As a relatively topical gender culture phenomenon in the current new media society, the online reconstruction of gender discourse is now reflecting Chinese society's deep concept crisis of family, marriage, and gender. This study takes Ayawawa's “emotional theory”as an example, and uses discourse analysis to examine how this gender discourse system is committed to the pro-

* 丁闻捷,伦敦大学金史密斯学院媒体传播与文化研究系政治传播学硕士研究生;刘于思,浙江大学传媒与国际文化学院副教授。

duction, change and reproduction of objects in social life, as well as its subjectivity, social identity and selfhood. This study finds that discourse system embraces traditional Chinese family ethics and gender concepts with a new attitude, uses the conversion of scientific discourse to shape the authority, and uses ambivalent sexism as its affective logic. In this system, Ayawawa uses rhetorical techniques to construct women's dwarfing subjectivity, constantly revising the traditional "female virtue" into an illusory "feminism" and "gender equality", showing the current status of gender in China and the ideology linked to the reproduction of patriarchy that Ayawawa's discourse system represents.

关键词:女性主义,矛盾性别偏见,父权文化,意识形态,话语分析

Keywords: Feminism, ambivalent sexism, patriarchy culture, ideology, discourse analysis

个人问题就是政治问题。

——贝蒂·弗里丹,《女性的奥秘》

一、引言:赛博女德的自我修正

进入21世纪的第二个十年,中国传统意义上的女德教育在大众视野中重现,并经过互联网空间的发酵,在公共话语中呈现出吊诡的再现:一方面,提出"贞操是女人最好的嫁妆"、提倡"三从四德"的女德讲师丁璇在全国多地开设女德班的视频经过报道后,在社交媒体引起了轩然大波,甚至被称为"大清未亡人"(杨红,2017);另一方面,早在若干年前,一位被其粉丝称为"娃娃"、坐拥数百万微博粉丝的社交媒体红人Ayawawa,以其多样的技术性话语、对外行人的隔绝和以女性获益为表征的话语策略,吸引了众多自媒体用户更加狂热地拥抱其提出的"贞操是女孩的贵重陪嫁"(摘自Ayawawa的博客,2011年3月6日)这一与封建女德别无二致但广受追捧的"修正主义女德"精神内核。自此,Ayawawa重演了她在世纪之初从猫扑、天涯社区成名的传奇经历,通过其自媒体平台不断贩售经过精心包装的"情感理论"和出格言论,在社交网络上颇具话题性,出版了多本情感类畅销书,同时通过情感咨询、婚恋培训、美妆淘宝店、微商等模式盈利,成为极具代表性的新媒体商业现象。

在女德班广受欢迎和引发争议的背后,可以看到传统社会根深蒂固的对女性的态度以及现代社会对于传统女性德性宣扬的抵抗。从另一面来看,明示的传统“女德”正面临着叙事的正当性危机。然而,“修正主义女德”——一种消解了实质的父权结构中的性别不平等并合法化这种权力结构的女性自我矮化式道德规训,却得以流行,受到大量女性的欢迎。对于 Ayawawa 的信奉者来说,在面对来自父权社会主体的敌意态度以及情感问题和危机的时候,这种“理论”似乎真的能够成为缓解性别焦虑,收获完美婚姻家庭生活的捷径或良方。因此,Ayawawa 的话语体系,不仅可以被看作一个成功微商、情感网红的偶然个案,更应该被当作一种类型化的大众文本来进行评析。而从大众文化批判的视角来看,“修正主义女德”话语作为一种流行的大众文本,总是以某种方式投合大众的某种心理状态和主流意见;作为一种互为文本性的“情感教程”,以一种新姿态拥抱了中国传统的家庭伦理和两性观念,并不可避免地,或者说,有意地引入了工业文化主导下消费社会中的新符号与象征,反映出了当下中国“男女平等”情境下的一种父权制无意识模式以及家庭、婚姻、性别观念的深层危机。

由于 Ayawawa 的主要活跃平台和最具影响力的平台是新浪微博,本研究选取账号@Ayawawa 2009 年 9 月 1 日(即第一条微博发布的日期)至 2018 年 3 月 10 日的所有单则微博为研究单位。对于这些文本的解读,本研究将遵循三条分析路径:首先是话语实践的分析,侧重点是话语样本的互文性和互为话语性。其次是文本分析,目的在于描述相互作用的大范围的组织特性,例如,Ayawawa 作为话语操控者如何设立和维护其议题,并在什么程度上激发和控制经过协商成为参与者的粉丝的共同行为。最后是社会实践层面的分析,目的在于阐释与话语实践相勾连的社会实践性质以及话语实践对于社会实践的影响。如费尔克拉夫(Fairclough,2003)所说,作为一种意识形态的话语从权力关系的各种立场建立、培养和改变世界的意义。因此,本研究将不局限于微观意义上文本的字面意义,进而发掘 Ayawawa 的话语体系如何致力于社会生活中客体的生产、变化和再生产,以及其中的主体性、社会身份、自我性(selfhood)等问题。

二、常识化的“进化心理学”:修正主义女德的准理性包装

Ayawawa 的修正主义女德话语之所以能够流行,不仅在于其作为在客观的父权制度中对女性敌意的性别偏见下的虚假婚恋成功学宝典的部分实用性,

也在于其思想和情感上的特征。在思想逻辑上，Ayawawa 自称自己的“情感理论”来源于进化心理学，并通过术语化的文本、常识与科学的混杂以及对自身“研究者”“专家”等身份的标榜，高度迎合现代人对“知识”的普遍性渴求与焦虑以及对权威的迷信。

Ayawawa 话语中最核心的部分是准体系化的“情感理论”。在她的“情感理论”中，有两个其自称“引用自进化心理学家 David M. Buss”的概念被反复提及——伴侣价值（Mate Value, MV）和亲子不确定性（Paternity Uncertainty, PU）（取自 Ayawawa 的微信公众号，2017 年 9 月 13 日）①。根据 Ayawawa 的解释，伴侣价值指女性在婚姻市场上的受欢迎程度，而亲子不确定性则指男性对后代的不确定感。为了彰显与传统女德话语的区别，Ayawawa 对其“情感理论”进行了现代性的修正，包括指出在有着亲子鉴定技术的今天，男人们也依然沿用这种生物本能的心理机制来选择和确定终身伴侣，以及为 MV 和 PU 提供了简化的“现代理性”式理解——MV 是质量，PU 是价格。与上述两个概念相配套，Ayawawa 对女性提出了一套相应的行为准则，这两个概念围绕着性、生活方式、婚恋情感等方面，与女性德行紧密联系在一起：

> 高 MV 低 PU——物美价廉人人喜，他把一切献给你；高 MV 高 PU——物美价高愁煞人，爱你但又要不起；低 MV 低 PU——低质低价先娶到，见到靓妹魂儿掉；低 MV 高 PU——低质高价狗不理，赶紧看书来得及。
>
> 不要把时间浪费在不爱你的男人身上、把自己的青春浪费在不值得的人身上。要在最青春貌美的年纪里提升自己，要多读一点书，要有自己的思想，要趁着年轻多经历多见识。要像个女人多穿裙子，多梳妆打扮，穿衣要优雅，保持小蛮腰和好皮肤。没事不要总哭哭啼啼，遇事要沉稳有主张。

---

① 对于 MV，Ayawawa 给出了“算法”：受欢迎程度/需求度 * 伴侣选择权＝每个人最终的婚姻价值。具体而言，一个男人的伴侣价值衡量标准主要有八项：年龄、身高、长相、财富、智商、情商、性能力和长期程度。与之相对应，衡量一个女人的伴侣价值的八项标准为：年龄、长相、身高、罩杯、体重、学历、性格、家庭环境。PU 则是指“进化心理学”中，男性在长期进化过程中奠定的一种心理机制：在整个人类进化历史中，男性一直面临父亲身份不确定的问题，女人可以百分百确定自己的孩子，但男人永远无法确定孩子是否是自己亲生的，这种存疑性构成了整个男人心理的基石，使得男女在情感中的意识截然不同。PU 的高低直接决定了大部分男性对于后代及伴侣的投入多寡。简单来说，当我们提到女人 PU 高时，意思是她看起来让男性不怎么放心，所以可以简单理解为：PU 是男人的安全感，也就是这个女人看起来可靠不可靠。

> 平时要注意不要穿太暴露的衣服,不要总发裸露的照片,不要穿比基尼和其他男人合照,走路不要和别人勾肩搭背,平时不要和男孩搂搂抱抱。晚上不要总是混迹在夜店,不要总在朋友圈发搂搂抱抱的照片,不要总发喝酒照片,不要让别人觉得你的私生活很乱。说话的时候不要总是一副盛气凌人的样子,不要太作,不要太矫情,不要太强势,不要总仗着自己是女孩就欺负对方,不要总让对方给你买这买那,不要不讲道理。不要吃着碗里的看着锅里的,不要和别的男人暧昧不清,不要劈腿,不要把男人当傻子。女孩子要有礼貌,行为要淑女,举止要大方,说话要温声,语气要温柔,动作要轻缓。要明理,要懂事,要懂得体贴他人,要学会换位思考。走路要不疾不徐,笑容要抿嘴就好。要专一,要矜持,会自爱,有自尊,要像一个女人,而不是女汉子。
>
> ——《关于 MV 和 PU,你应该知道的那些事》[①]

除此之外,Ayawawa 还原创了一套"剪子石头布"理论,[②]这套理论在其"情感理论"和情感咨询中扮演着重要角色,从中也同样可以看到与进化心理学千丝万缕的联系。通过对进化心理学,或者说《进化心理学》一书的内容和术语的片段式搬用和再创造,Ayawawa 完成了对其"情感理论"的建构,也完成了其话语的互文本性创造——一种学术文章的类型和日常话语类型的混合。围绕着上述理论,Ayawawa 以情感专家、研究者等身份,站在权威的位置上展开了情感相关内容话语的生产。而作为"情感专家",她对两性价值的认知是:"男女的分工是2∶2,男人主要负责提供养育价值和情绪价值,女人负责提供观赏价值和生育价值。"(取自每日人物微博,2018 年 3 月 7 日)

Ayawawa 所提及的进化心理学(evolutionary psychology)是 20 世纪 80 年

---

① https://wap.youzan.com/v2/showcase/mpnews? alias=yslza4i7&from_source=pzshouye.

② 剪子、石头、布分别是人在两性关系中的固有属性:剪子在男性中的表现是偏好窃偶制,善于提供情绪价值,较少进行物质投资,不愿意参与雄性竞争,愿意坐享其成,等待女性投资,偏好短择(短期择偶)而非长择(长期择偶);剪子在女性中的表现为善于提供情绪价值,有传统意义的女性气质(例如,女人味),情绪比较稳定;石头在男性中的表现为偏好单偶制,对女性长相要求高,性格温顺体贴,愿意进行亲职投资["亲职投资"为 Ayawawa 的说法,其来源应当是特里弗斯(Trivers,1972)的亲代投资理论,即亲代为增加后代生存的机会、让其成功繁殖而进行的投资——作者注];石头在女性中的表现为单纯和勤劳朴实,对男性的物质投资和相貌要求较高;布在男性中的表现为偏好多偶大房制,奉行大男子主义,愿意进行物质投资,对女生性格要求高,要求对方服从自己;布在女性中的表现是性格强势,善于参与雄性竞争,需要被提供情绪价值。然而大部分人很难被归类为单一属性,而是往往具有多个复合属性,并区分表面属性和核心属性,例如剪布和布剪在 Ayawawa 的解释中就是截然不同的属性。

代末社会生物学的分支(钟建安、张光曦,2005)。进化心理学试图将进化论和现代众多科学的最新研究成果引入认知心理学,系统地阐释人类的本质、起源、结构、功能、表征及其理论和应用,其支持者们认为进化心理学在全部以人为研究对象的人文社会科学领域中构成了一次革命,为"全部社会科学和行为科学"提供了一个统一的框架(杨硕,2011)。进化心理学所得出的结论有大量的实证材料支撑,但是 Ayawawa 往往将证据抽离,而对概念进行一定程度的曲解和再创造。

与 Ayawawa 的"情感理论"相对应的是进化心理学中对择偶问题的研究。进化心理学家认为人类祖先在长期择偶中进化而来的偏好影响了现代人的择偶方式(杨硕,2011)。例如,图比和科斯米德斯(Tooby & Cosmides,1994)的研究显示,男性的择偶偏好以婚姻为中心,他们的欲望集中在未来配偶的生育潜力上,而样貌和身材正是判断未来配偶生育潜能的可靠线索。除此之外,图比和科斯米德斯(1989)的另一项研究表明,男性比女性对婚前贞洁重视得多,并将此归因于人类进化历史中漠视父子关系不确定性问题的男性可能冒着抚养别人子女的危险而浪费大量精力却不能成功养育后代的现象。Ayawawa 的"情感理论"看似获得了以上述研究结果为代表的进化心理学成果的支持,但实际上却隐藏着逻辑的断裂。

进化心理学因为学术观点与政治观点的呼应而受到争议,经常被指责为支持右翼政治。乔姆斯基(Chomsky)就曾指出,进化心理学家经常忽略可能损害政治现状的证据:自然史家和无政府主义者克鲁泡特金(Kropotkin)从他对动物和人类生活和社会的调查中得出结论:"互助"是向共产主义和无政府主义自然进化的一个主要因素,当然,克鲁泡特金因为其准达尔文式(quasi-Darwanian)的猜测导致了不希望的结论而并不被视为该领域的创始人物,并且如果被提及,通常会被驳斥。乔姆斯基还表示,人们对人类天性的了解程度不足以指向任何政治结论(Bricmont & Franck, 2010)。这也与进化心理学式的理论受到欢迎背后的逻辑及其在中国的市场根基有关。哲学家齐泽克(Zizek, 2017)批评将常识和(表面上)冷静的科学论证与"我们社会的自由基础正在遭受威胁"的愤恨相结合,得出对左翼化的政治趋势不满的立场。齐泽克指出,反"政治正确"的"事实"实际上存在着逻辑断裂,即依赖一种偏执狂式的结构来解释人们所认为的事实,以此来反对"妇女在整个历史中受压迫"的观点以及将性别视为一种社会建构的想法(Zizek, 2018)。而在中文社交网络上,这样对"政治正确"和"女权主义"的批驳的支持也成为流行的论调(张之琪、傅适野,

2018）。这种用冷静事实对社会建构理论的反对迎合了中国社会在社会达尔文主义传播以来塑造的整体“强者逻辑”价值观——在个人层面的体现是成功学盛行和竞争意识强烈（蒋方舟，2012）。

如前面所举例，Ayawawa 的大量概念和结论引述自《进化心理学》，但却往往抛开了进化心理学的实证研究进行概念的推演（例如“剪子石头布理论”）。进化心理学的结论指涉的范畴往往是一般的、大概的趋势，而 Ayawawa 在其所谓的“进化心理学”的应用中，却抛开了这种趋势之外的个体差异和例外的存在，将群体的趋势推广到每一个具体的人身上，以此发展出一套放之四海而皆准的“情感理论”——并指责此体系外的现象是不符合自然的、错误的。由此，Ayawawa 进一步用科学论证以及对其的曲解来包装和强化既有的性别偏见的“常识式”观念，以生物学意义上的本质主义和还原论来批判性别议题上的社会建构主义和进步主义，将语词之间的关系和语词意义之间的关系以特殊建构形式重构，用科学术语“重新表达”了原有的语词表达及其政治和意识形态的意义，以此重塑了传统的父权制意识形态的霸权形式（Fairclough，1993）。

三、“性别平等”的自反性：修正主义女德话语的情感逻辑

作为在娃粉们看来行之有效的应对婚姻关系、家庭关系的策略，Ayawawa 的“情感理论”在认知逻辑之外，无疑也顺应着中国社会中女性的情感逻辑。在社会中，男性中心观念被当成中性理念被广泛接受，无须诉诸话语而使自身建立或强化合法性（Bourdieu，2001）。而在 Ayawawa 话语体系中，父权制在异性恋亲密关系中的影响遁形了。它失焦了父权支配通常“将女性视作不完全能力的成年人，并将女性对高级男性形象的需要合法化”这一真正问题所在，提供了一种迎合父权制的两性问题的解决方案——女性分析自身状况，改变不符合“婚恋标准”的举止——来达到将女性自发地与善意性别偏见合流，归位于父权想象下的妻子、母亲和浪漫对象的角色中并以此获得或维持和谐婚恋关系的目的。

（一）要女德，不要女权：“再造平等”标签下的女权消解

尽管 Ayawawa 是“修正主义女德”的宣扬者，“性别平等”却成为其作为一个在表面上亲女性的“情感理论专家”叙事正当性的基础。而与西方女性主义浪潮中对性别平权的诉求不同的是，Ayawawa 否定了“性别不平等”的社会现

实,或者说从"性别不平等"的事实用其断裂的逻辑和巧妙的话语技巧进而得出"男女平等已经实现"的结论。[①] 作为在 Ayawawa 话语中被频繁使用的要素,一种被重新理解和赋予含义的"男女平等"讽刺地为其维护父权制社会现实提供了动力。通过大量文本,我们可以清楚地看到这一"社会现实"是如何被制造的。Ayawawa 对于男女不平等的案例并不避讳,尤其是在其 2011 年以前的微博中,往往可以看到其对于男女不平等事实的指责。然而,通过对这些事例的引述,Ayawawa 却能将矛头指向对"男女平等"的呼吁,展现出话语的矛盾之处:

> 希望男女双方都能给予对方一点体谅。特别是男性,不要说什么女人一面叫着男女平等一面要男人买单。实际上叫着男女平等的那些强势女人并不需要你们买单,你们自己乐意买,要男人买单的弱势女人也不需要男女平等。再说,为什么要呼唤男女平等,当然就是因为男女根本上就不平等。(2010 年 1 月 13 日)[②]
>
> 对部分女性,我一直很想说:不要因为自己占据了优势地位,就不去考虑其他女性的实际困难。你们的男女平等,让男性下意识忽视女性天生生理上的劣势,对女性提出太多过分的要求。总之要男女平等的,就不要指望太多福利;要老公养家的,就乖一点。另外,要相互理解,特别是前者不要歧视后者。(2010 年 1 月 13 日)[③]

上述文本显示了 Ayawawa 对性别不平等的社会基础的认识,但却以此批驳了对于男女平等的诉求。通过对女性身体劣势的强调,当她将女性置于男女不平等的关系之中时,通过"男人买单"与"男女平等"的矛盾关系的隐喻,女性被构建为男女平等的受害者——失去男人买单的弱势群体。这无疑是男性主导的两性关系中女性从属地位的一个小小体现,却被 Ayawawa 用"福利"的表述进行了概念偷换,通过对物质性事物的强调简化了两性关系,从而使得女性成为这一论述中的受益者。在其话语结构中,对于"男女平等"的指涉是在强调

---

① Ayawawa 对"男女平等"的理解可以归纳为:(1)生物学上存在性别的不平等,但是社会中通过性别各方面的差异达到了结果上的平等;对绝对男女平等的呼吁是利于男性的,而忽视各性别的性别优势是真正的男女不平等。(2)个人之间存在不平等,但是人类社会整体上是男女平等的。

② https://weibo.com/1218639357/4CbLicwX? from = page _ 1005051218639357 _ profile&wvr = 6&mod=weibotime.

③ https://weibo.com/1218639357/4CbLicB6? from=page_1005051218639357_profile&wvr=6&mod=weibotime.

家庭价值的前提之下,局限于传统性别角色规范之下的经济关系之内的,鲜有涉及对政治权利的争取,更不用说对于社会建构的反思。在这样的语境之下,男女平等意味着女性在承担传统女性的妻子/母亲角色的义务之上,还要担负起经济义务,自然成为一种对女性"不公平"的主张。其暗含的逻辑可以简单地概括为:生物学上的性别差异使得女性处于弱势地位,但在现有的男女不平等的关系中,女性成为受保护的一方,而对男女平等的呼吁则打破了这种状态,使得女性失去保护。上述逻辑不断得到完善,使"修正主义女德"话语逐渐丰满。在其话语体系的发展过程中,这种"女性的弱势地位"随着"男女平等"的重新建构被转换为"女性性别优势",而这也与"修正主义女德"话语体系中对女性主体性的建构密切相关。

值得一提的是,Ayawawa 文本中频繁指出生物上的"性别不平等",并利用前文提及的进化心理学假设作为定论加以佐证,继而用这种"不平等"的结论将男性和女性限制在各自性别的竞争中,将男性与女性在话语中进行了一种"隔离"的处理。从这一还原论的逻辑基础出发,加以对女性主义思想的曲解,女权主义理论中"性别平等"的主张成为被颠覆的对象:

> 前段时间看了本女权主义者写的书,说实话那是相当好看,包括波伏娃的书也是相当好看。但是她们的书没有尊重生物界的自然规律。女性参与雌性竞争,男性参与雄性竞争,这是天经地义的事情,争取男女平等,恰恰是最大的不平等,因为它让女性在参与雌性竞争的时候,还同时参与更加激烈的雄性竞争。(2011 年 3 月 7 日)①
>
> 人分为男女两性,本身就意味着肩负的使命不同。男性更粗犷、力量更加强大,更善于主外;而女性更细腻,力量更小,更适合主内。而很多女孩子由于生在"只生一个好"的时代,被家庭当成男孩培养,总试图忽略自己的性别。实际上强求男女做一样的事,才是真正的不平等。女性作为后代的主要抚育者,应该花更多钱。(2011 年 1 月 5 日)②

在《第二性》中,波伏娃援引了哲学、心理学、人类学、历史、文学等学科材料

① https://weibo.com/1218639357/5KD1hVW8Ubx? from=page_1005051218639357_profile&wvr=6&mod=weibotime.

② https://weibo.com/1218639357/5KD0rlS5qlR? from=page_1005051218639357_profile&wvr=6&mod=weibotime.

论证女性自由的障碍不是生理条件，而是政治和法律的限制造成的（波伏娃，1998；李银河，2005）。Ayawawa 文本中的那个“女权主义者著作”则与真正的女性主义相去甚远。“女性主义”作为一个符号从女性主义思想及话语体系中抽离出来，用以颠覆那个批判性别歧视、性别主义和男性权利的“性别平等”为不平等。如巴特勒（Butler，1993）所说，“性别”范畴一开始就是规范性的。从这里可以看到，女性无疑被规定在了与男性相异的女性竞争中。同时，Ayawawa 也通过对她口中“田园女权”“女权癌”“伪女权”等西方语境下“政治正确”观念的攻击来为“男女平等”赋予新的负面意义：

> 伪女权就是：只要你不用我的图，那你就是男权的走狗。你不录取我，你就是歧视女性。你不爱树墩子，你就是直男癌。闭口不提自己画技不如竞争者，能力不如竞争者，长得不如竞争者。那些竞争者，可也都是女性好不好？你落选，不是因为你不如男人，而是因为你不如同性好吗？别闹。（2015 年 3 月 10 日）①
>
> 如果一个男人追求男女平等，毫无疑问他是个失败的男人，因为他做不到正常情况下的强大，所以想要逃避自己的性别责任；如果一个女人追求男女平等，毫无疑问她也多半很失败。女人追求男女平等是因为她已经觉得自己和男人足以匹敌，所以她一定是比较雄性化的（撒娇不在此列），这类人往往不受异性喜欢。（2011 年 5 月 8 日）②
>
> 当代田园犬之政治正确逆鳞，呵呵。感情对她们来说就是买卖，一颗黑紫色的僵硬的心脏，里面流的都是铜臭和肉欲的腐水。原谅她们吧，她们心里只有“被男人养”和“养男人”，没有爱。她们不明白，携手一生的爱人最可贵；爱孩子的爸爸是母亲给孩子最珍贵的礼物；与真心爱人两人之间要互敬互爱，共同进步，携手走向未来。（2017 年 8 月 12 日）③

在上述文本中，“男女平等”的诉求在经历话语描述（discourse representa-

---

① https://weibo.com/1218639357/C7WKUia6N? from=page_1005051218639357_profile&wvr=6&mod=weibotime.

② https://weibo.com/1218639357/ezVaoUz8WNG? from=page_1005051218639357_profile&wvr=6&mod=weibotime.

③ https://weibo.com/1218639357/FgIHuxSBO? from=page_1005051218639357_profile&wvr=6&mod=weibotime&type=comment.

tion)后，与“极端”“激进”这样的形象联系起来，通过激烈的语调和侮辱性的语言，表达了对于“女权”和西方语境下“政治正确”负面形象的刻画和其中携带的敌意。无论 Ayawawa 口中的“女权主义者”还是“极端女权”，都成为现有的两性权力结构的外部入侵者，被用来解释父权制下两性关系展现出来的分裂和对抗，也消解了对其话语及与其相勾连的意识形态的质疑和指责。可以说，Ayawawa 的文本与其对抗的“女权主义”或“极端女权”文本存在着互文关系，通过模仿性的、讥讽性的、攻击性的利用而将它进行否定式的“再次的强调”(Bakhtin, 1981, 1986)，并在这样的文本基础之上，建立起自己的预先假设(presuppositions)，即追求“男女平等”是一种不合理的主张，暗含着对女性特质的强调。在这里，“男女平等”不是一个静止的客体，而是倾向于在女性主义的话语结构和 Ayawawa 这一特定的话语结构之间不断地进行变化(Fairclough, 1993)，最终成为被后者吸收的文本。

和“男女平等”主张对抗并行不悖的是 Ayawawa 在文本中建构的“男女平等”的社会现实，即用性别差异互补的论述来修正她关于生理上女性劣势的叙述：

> 以前我觉得男女太不平等了，当女人太苦了，我们要学会在男女不平等的社会把自己利益最大化。现今我却觉得男女其实是公平的，你表面上得到的利益会在另一个层面失去，你表面上失去的利益会在另一个领域补回。当女人，其实是很幸福的一件事。(2015 年 7 月 3 日)①
>
> 七年前出版的《恋爱厚黑学》要再版了，里面有一句话，说这本书，旨在教会女人们如何在一个男女不平等的社会实现利益最大化。这次再版，我要求出版社帮我把这句话备注为“系作者早期观点”。因为我在最近几年逐渐意识到，每个性别都有自己独特的优势和劣势，另一个性别是羡慕不来的。(2015 年 4 月 26 日)②

利益关系、物质性因素成为 Ayawawa 评价两性关系平等与否的重要因素或唯一维度，与前文所述的逻辑是一以贯之的。当然，在这里，Ayawawa 惊人

---

① https://weibo.com/1218639357/CpnY9uUif?from=page_1005051218639357_profile&wvr=6&mod=weibotime.

② https://weibo.com/1218639357/Cf1qxuruH?from=page_1005051218639357_profile&wvr=6&mod=weibotime.

地用对物质性因素的强化维护了"男女平等"的论断。在一个男性中心主义的社会现实下,这种论断似乎自然地包含了人们真实的情感和想法。而通过本质主义和历史性文本的调用,这种以利益为首、重视物质的观念被正当化,以光明正大的形式被表达出来并完成系统化。同时,在另一个层面,Ayawawa 强调着"社会整体平等"的虚假现实,而将不平等现象归结于个人以及个体关系:

> 我很早以前总觉得男女不平等,当女人好惨。后来我才发现,我所认为的不公其实是源于内心的贪欲,当正视这一点后,不平之气就自然消失了。很多既成的谚语、古训、章法、规章、法律,制定者或者遵循者往往比我想的要聪明得多。(2015 年 1 月 11 日)①
>
> 今天群里面在聊男女平等的话题。我个人认为:从整个人类整体来说,男女是平等的。当然,每个个体不一样,比如王思聪和某个特定的农妇肯定不平等;刘亦菲和某个特定的管道工人肯定也不平等。但是所有男人这个整体对应所有女人这个整体,是平等的。(2017 年 12 月 28 日)②

Ayawawa 用个人归因的手法和大而化之的"整体平等"来消解、掩饰和修正父权制和男性中心主义体现在权力结构之中的男女不平等。通过上述多种路径,Ayawawa 对"男女平等"诉求的攻击和她所建构的"男女平等"社会现实并行不悖,成为修正主义女德"话语共同体"的基础。必须指出的是,Ayawawa 构建的两性关系实质上不是一种平等的、独立的关系,而是一种虚假的、掩盖了父权制实质的平等假象。

(二)性别主义即性别歧视:父权制之下一体两面的女性自我矮化

1996 年,格利克(Glick)和菲斯克(Fiske)提出了矛盾性别偏见理论(ambivalent sexism theory),这一理论假定,性别偏见由善意性别偏见(benevolent sexism, BS)和恶意性别偏见(hostile sexism, HS)两部分构成。其中,恶意性别偏见是一种出于对女性敌对情感的性别偏见,往往通过贬损女性来证明男性的权力;而善意性别偏见则是一种主观上出于保护女性的积极情

① https://weibo.com/1218639357/BF3PXot8o?from=page_1005051218639357_profile&wvr=6&mod=weibotime.

② https://weibo.com/1218639357/FBIBMAosp?from=page_1005051218639357_profile&wvr=6&mod=weibotime.

感,通过特定角色限制而对女性形成一种性别偏见态度。矛盾性别偏见源于男性在社会中的主导地位、劳动分工的性别划分和异性恋亲密关系三大社会现实(Glick & Fiske, 2010)。尽管人类学家不完全同意男性主导是人类文化的特征(Stockard & Johnson, 1992),但他们确实同意拥有经济、法律和政治制度结构控制的男性父权制(patriarchy)普遍存在于各文化中。

在通常的话语体系中,家长制(paternalism)和性别偏见也往往被近义地使用。一般来说,家长制被定义为与他者"以一种父亲与孩子打交道的方式"相联系,混合了父权支配(dominative paternalism)和父权保护(protective paternalism)双重含义。父权支配通过将女性视作限制行为能力的成年人,并将其对高级男性形象的需要合法化。针对异性恋浪漫关系中的权力研究也证实了父权支配作为一种规范的存在(Brehm, 1992; Peplau, 1983)。而男性父权保护则与父权制共存:男性二元地依赖于作为妻子、母亲和浪漫对象的女性,因此女性要被爱、珍惜和保护——她们的弱点需要男性来充当保护者—提供者的角色(Glick & Fiske, 1996)。除此之外,男性与女性之间的生物学差异产生了两性之间的社会差异,表现为性别认同和劳动的性别分工。男性可能因其体型较大而承担了家庭以外的职责,而女性可能因为有能力生下孩子而从事家务活动。在这些事实的共存中,男性和女性出于与异性的亲密关系和生殖需要,创造了一个社会主导群体(男性)依赖于从属群体(女性)的独特情景(Glick & Fiske, 2010)。这样的情景为女性提供了二元权力(dyadic power)(Guttentag & Secord, 1993),并创造了性别之间互相矛盾的意识形态。

矛盾性别偏见中的善意和恶意性别偏见互为补充,同时维持并合法化现有的父权制。而在修正主义女德话语中,矛盾性别的意识形态产生了共存与共同作用。Ayawawa 针对异性恋爱关系的"情感理论"强调善意性别偏见,重申父权制下女性的二元角色:作为妻子、母亲和浪漫对象,同时指向了父权制下对女性气质的理想化和浪漫化的想象,而"价值"和"价格"理论则无疑解释了对女性的商品化和客体化——女性需要迎合婚恋市场中的标准来获得能够帮助自己达成利益最大化的浪漫对象/买方——并以一种心照不宣的方式,要求男人至少在表面上在两性关系中占主导地位。而在功用上,上述理论的阐释却指向了一番女性理想婚恋关系的图景:女性只要按照 Ayawawa 的"理论"来自我规训,就可以获得与自身条件匹配的理想男性伴侣来扮演保护者—提供者的角色,并提供爱、珍惜和保护(Glikck & Fiske, 1996),共同承担育儿的责任,这种在方法论上对理想伴侣的接近也意味着遇到来自男性一方及其家庭成员敌对态度

（如婆媳关系、生育问题的矛盾等）的可能性大大降低：

> 我一个同学，每次发生婆媳矛盾，她的丈夫总是毫无理由地站在自己妈那边……果真生了儿子之后，绝大多数时间，他们倒也过得相安无事，可她自己也很清楚：要不是她生的是儿子，可能早被（婆婆）扫地出门了。有一日，她忽然带着神秘的表情跟我说："推荐你去看Ayawawa的东西，她有一个著名的MV、PU理论，我觉得对我挺受用的。一般人我都懒得告诉她，让她们愚蠢而不自知吧。"她接着跟我解释，Ayawawa的理论，她实践了将近一年的时间，目前成效明显，让她很是喜出望外。对付自己婆婆和老公那样的男权主义者，这套理论非常好使。
>
> ——《为何我觉得Ayawawa的理论荼毒人心？》

可见，对于女性而言，接纳善意性别偏见是应对恶意性别偏见的方式之一。当男性具有较高水平的恶意性别偏见时，女性有强烈的诱因来接纳善意性别偏见以获得男性的保护、爱慕，作为一种免于男性敌意的方式（Glick，2000）。由于二者在经验世界中呈现出广泛的同构性（Glick & Fiske，2010），因此，当文化中的总体性别歧视高涨的时候，女性采取善意的自我性别矮化就成为一种自卫手段，这也正是修正主义女德话语得以运行的另一情感逻辑。

更深层次地，Ayawawa"情感理论"的善意性别偏见，在本质上可以被还原为恶意性别偏见，这种性别态度的核心是男性对高等地位的适合和女性对高等地位的不适合。在Ayawawa看来，男性毫无疑问是比女性更适合参与竞争的。因此她对于那些可能挑战男性优势的女性采取对抗立场（Sibley & Wilson，2004），对学历、职位的追求在她的认知中都属于雄性竞争的范畴，而女性不应该参与雄性竞争。当然，这种对于女性对男性优势进行挑战的敌视态度被一种对其受众友善的形式伪装了起来：

> 我觉得由女权主义者普及婚恋观是一件很值得商榷的事情，她们会讲很多挑唆的话，把好好的女孩子变成应激性很强的女战士。有时候我会阴暗地猜测她们是由计生委雇来的。（2014年4月18日）[①]

① https://weibo.com/1218639357/B0h2W1nRr? from = page _ 1005051218639357 _ profile&wvr = 6&mod=weibotime.

善意和恶意的矛盾性别偏见，共同让 Ayawawa 在情感上说服了大量女性。更进一步地，“MV”“PU”“亲职投资”等核心观念都包含着对女性的商品化，即以一种资本和商业的思维来将两性关系简化为利益交换的关系，且这种“修正主义女德”话语能够同时与消费社会特别是自媒体环境本身的商业逻辑相捆绑。从这个意义上来说，“待价而沽”的不仅是被这种话语所规范的女性气质，亦是自媒体商业模式下的性别主义话语模式本身。通过巧妙的话语转换，女性被构建为两性关系中的主体，以一种“谋取女性利益最大化”的、对女性虚假友善的立场，自发地对自身进行物化，并以此获得一种虚幻的权力感。这种商业化的情感模式似乎为女性们提供了一套行之有效的自我提高和自我实现的路径——在“自我投资”“提高自我”的感动中，自然而然地拥抱了矛盾的性别意识形态。

四、委身式的奋斗话语与女性虚假主体性的建构

在父权制文化的统治之下，女性从未真正拥有主体性，其地位是按照男性中心主义的思维逻辑进行建构的（都岚岚，2016）。然而，在父权制文化男性中心主义和女性处于从属地位的思维逻辑之下，Ayawawa 的“修正主义女德”话语却通过一种积极的“奋斗式”语调和主动的语态，奇妙地用“女性性别优势”的概念将女性构建为婚恋关系中的主体，也构建了一种虚幻的女性主体性和能动性。

> 您好，您的女性性别优势积分可以兑换以下礼品：1.和男神生孩子，自己养孩子。2.平配[①]，孩子拥有父爱。想兑换男神和孩子的父爱，则需要额外积分，比如容忍对方婚史（前妻及孩子），比如颜值压倒性优势，比如家世背景优势，比如人种优势，包括但不限于以上部分。友情提示：到时间不兑换，就会清零噢。（2016 年 1 月 5 日）[②]
>
> 女性生来占性别优势，占挑选异性的便宜。在大城市，女性不光享受女性性别优势，还享受男女平等。所以大城市对女性来说，门槛比男性低。所以在大城市的女性往往多于男性。因为女生容易留下

① “平配”一词系 Ayawawa 自造词，意为与和自己情况相当者婚配。

② https://weibo.com/1218639357/DbKLonHIK? from = page _ 1005051218639357 _ profile&wvr = 6&mod=weibotime.

来啊，男生留不下来啊……女人的钱，一般不是用来给男人花的，但是男人的钱，是用来给女人花的。一个千万富翁男，之所以显得有吸引力，是因为他的财富可以给女方或者后代花。（2017年10月24日）[①]

在上述文本中，女性似乎凭借着“女性性别优势”，成为两性关系中具有主导地位的性别。文本中的“挑选”“兑换”“用”等主动语态的动词将女性置于了两性关系中拥有主动权的位置，赋予其一种能动性，即自由选择的权力。当然，这种自由选择仅仅局限在两性关系中配偶的选择上，在她的话语体系中，女性仍然不可能离开家庭领域这一与女性角色相联结的地点。相反，来自男性权威对女性的身体规训，在这里被以“女性性别优势”这样一种对于女性在感受上友好和乐于接受的方式规定了下来。但如巴特勒（1990，1993）指出的那样，性别表达本身没有性别身份，身份是由被认为是其结果的那些表达操演建构出来的。通过“雌性竞争”资源—“雄性竞争”资源交换的解释原则，[②]Ayawawa选取和夸大了表面上的“事实”，用来对抗真实世界两性关系中女性权力无法填补的欠缺，用自然化的方式将女性置于男性的凝视和判断之下，并以语词的转换来改变女性对于身份的感知，赋予其一种虚幻的主体性和权力感。

在“女性性别优势”的基础上，Ayawawa进一步的训导便是女性要积极开发这种“优势”，其内核是来自男性权威的规训。开发这种“优势”意味着女性需要加强父权制标准的内化，在身体上进一步进行各种规训实践，加强女性气质的铭刻，延伸出一种在方法论上对女性的“奋斗式”规训。

凡是你所深切渴望的，多半都是你现阶段所不配得到的。那么，提高自己，努力跳起来够一够，或者放平心态，去除贪婪心。二选一，你的生活会更加美好（我推荐前者）。（2016年8月27日）[③]

为什么我一直跟女孩子说要提高长相提高长相提高长相（重要的事情说三遍），因为你一旦不提高长相就很容易进入男貌女财的模式，

---

① https://weibo.com/ttarticle/p/show? id=2309404166323386108515#_0.

② Ayawawa的“女性性别优势”是指，基于诸多社会现状，女性不需要财富、学历等“雄性竞争”的资源，只需要颜值、身材、气质等“雌性竞争”的资源，就可以在“黄金择偶期”用来选择男性，换取情绪价值、好基因、资源、社会地位以及亲职投资等。

③ https://weibo.com/1218639357/E5slA0t9c? from=page_1005051218639357_profile&wvr=6&mod=weibotime.

而在这种模式里面女孩会觉得特别委屈特别辛苦。(2015 年 4 月 26 日)[①]

为什么我总和你们说,要提高情商,要打扮漂亮。因为你有了这两点,前述那种极品男根本不敢觊觎你。他们要的是白玫瑰,你要做红玫瑰,吸引的才会是爱你这个人的男人,而不是爱你钱的男人。(2015 年 1 月 1 日)[②]

在某种程度上,服从于 Ayawawa 的女性越是执着于发挥这种致幻的能动性,就越是沉湎于这种对女性气质的规训之中。从现实意义上来看,接受规训并不意味着能够达到这种理想的女性气质,因为其中强调的身体要素在很大程度上的确是由先天决定的,后天的改变需要经济上或技术上的大量投入。对于大多数女性来说,这种规训注定是要失败的,这也就使得女性认为其赖以生存的肉体是有缺陷的,又一种耻辱的衡量尺度被施加在女性身上(Bartky, 1988):她本来应该能够做得更好,但在提升自己这一点上却失败了。这种奋斗式话语中的矛盾,Ayawawa 通过"高攀"和"滥用"这样的叙述对"性别优势"的能动性再度进行了弥补[③]:

过得不太好的女孩,有的是在滥用女性性别优势,有的是并不知道如何用好女性性别优势。那些生活幸福的女孩子,都是很明白女性性别优势,尊重它,并且有意无意用得很好的人才。(2017 年 7 月 20 日)[④]

如果说没有避孕权和生育权是因为高攀,大多数女人不爱听。可是你摸着良心想想,嫁给那个对你呵护备至把你当女神生怕你生气的男人的话,你说什么时候发生关系他敢违令惹你生气吗?你说生男生女都一样他敢有意见吗?只有在你嫁给了那个你生怕得罪的男人的

---

① https://weibo.com/1218639357/Cf5BEcRRX? from = page _ 1005051218639357 _ profile&wvr = 6&mod=weibotime.

② https://weibo.com/1218639357/BDxVwylcD? from = page _ 1005051218639357 _ profile&wvr = 6&mod=weibotime.

③ 在 Ayawawa 的"情感理论"中,最理想的长期稳定关系是女性比男性在颜值上高一分,而在经济上低一分,因为女性大多比男性美,而男性大多在经济条件上更优越。如果在感情中因为"贪心"多要一分,都会付出代价,即获得一段短择关系,这就是所谓的"高攀"。

④ https://weibo.com/1218639357/FddAA2dQh? from = page _ 1005051218639357 _ profile&wvr = 6&mod=weibotime.

时候，你才会对整个局面缺乏控制力。(2017 年 9 月 16 日)[①]

在这种叙述下，婚恋关系的失败问题甚至女性对生育没有决定权的原因都被化约为“性别优势”的非正确使用，女性自身成为对这种问题的主要负责对象，而真正处于霸权地位的男性和社会对女性保护的缺位等结构性问题却在此刻隐形。Ayawawa 构建的女性主体地位的虚假性在这一话语矛盾之中一再凸显出来，“高攀”这样的叙述揭示的是对女性委身于两性关系中被支配地位的要求，但却通过与奋斗式话语的混合被掩饰了。在两性关系之外，委身式的奋斗话语也在 Ayawawa 对家庭关系尤其是婆媳关系的讨论中出现：

如果我一开始不争取权益，别人就会来摆布我，等到年龄见长，格局既定，要再翻盘就难了……对老公、公婆、父母带娃要表达感恩，凡事多为十年后想想。一个靠着女方的赚钱能力而力排众议、维系平衡的家庭，绝对不是一个和睦的家庭，而是危机四伏的……家庭是充满爱的环境，家庭成员不是你的敌人，战斗绝不是解决问题的最好方案。女斗士或许比受害者幸福，但是怎样不成为受害者而得到双赢，才是我们要做的。(2017 年 2 月 6 日)[②]

在“家庭权力的斗争”问题上[③]，Ayawawa 采取了“争取”和“顺应”话语相混合的叙述。而在家庭的“大局”上，Ayawawa 提倡的是依靠感恩、忍让、避免斗争来维系家庭的和睦达到“双赢”。李(Lee，1999)指出，中国父权制的部分中心特征是婚姻制度和继承制度，直到现代化时期，女性还一直保持着被排除在公共领域之外的状态。而在 Ayawawa 的叙述中，这种精神内核得以延续，“对老公、公婆、父母带娃表达感恩”暗含的意思是女性应当承担起家庭中照看孩子的责任，而将“女性赚钱能力”与“危机四伏的家庭”相联系，则意味着女性的活动范围应当被限制在家庭领域之内。虽然这种“修正主义女德”话语在文类(genres)和风格(style)上截然区别于传统意义上的“三从四德”，但我们依然能够发现，它们的“要素”实际上是同质的。在习俗被高度自然化的时候，历史异

---

① https://weibo.com/1218639357/Fkz2UhtUb? from = page _ 1005051218639357 _ profile&wvr = 6&mod=weibotime.

② https://weibo.com/1218639357/EuiwoApQg? from = page _ 1005051218639357 _ profile&wvr = 6&mod=weibotime.

③ 考虑到篇幅，笔者略去了她在“争取”中选取的事例，主要为“禁止老公抽烟”“自己不叠被子”等。

质性可以在不同条件下被体验为要素内的矛盾(Fairclough,1993),这里表现为一种女性德性话语秩序的重新介入,令女性委身于家庭和婚姻关系之中,并保持女性道德、女性气质和对男性式权威的绝对服从。

五、结语:父权文化的再生产与作为意识形态的修正主义女德

人的主体性由社会的主流话语界定,被主流的意识形态所建构,而Ayawawa的"情感理论"通过对社会现实的重新理解和塑造存在着意识形态工作潜能。话语表明意识形态斗争在语言功能范围内的作用,以及反之,语言的物质性在意识形态范围内的存在(Pêcheux, 1982)。与"修正主义女德"话语相勾连的,除了中国传统的父权制文化之外,还有中国社会当下的公共父权制和民族主义意识形态。

从女性主义的视角来说,与西方社会自发性的女性主义思潮不同,任何对于中国女性问题的考虑,必须认识到这是中国国家层面的政治,而不是引导女性广泛政治参与的纯粹女性运动(Lee, 1999)。在中国社会的语境下,女性的官方指称是"妇女"。汉学家汤尼·白露(Tani E. Barlow, 2012)指出,在18世纪和20世纪初的文化革命之间,在儒家控制的主流性别理论研究中,一直占主导地位的公式化历史性词语被误用的就是"妇女",它代表着儒家家庭教义符号体系中的女性亲属整体;而在20世纪初,中国共产党承担起组织妇女运动的职责,在中共的话语体系中,非传统的、大众的、政治主体的"妇女",最终取代了儒家遵循礼仪的"妇女"和情欲化的主体"女性"。由此,在国家中心话语中,"妇女"被重新定位:首先被定位于国家的范畴之内;然后,通过革命社会实践的神奇之力和意识形态的换喻之法,被置于现代家庭的范畴之内。而在这种女性运动受国家塑造和控制的情况下,"妇女"再造具有可能性。然而,国家引导的女性运动有着不牢固的基础,从中出现了20世纪80年代改革时期新的社会话语——"妇女回家",这种陈述试图根据社会主义市场经济和让女性重归家庭领域的原则重塑中国社会。Ayawawa的"修正主义女德"话语与这种官方性别社会话语在将女性置于现代家庭范畴之内的原则上完成合流,以一种全新的,科学化、系统化的方式,与更广泛的霸权机制相结合。

尽管"男女平等"是社会主义运动的有机组成部分,但在女性运动受国家塑造和控制的情况下,被限制于家庭范畴内的"妇女"具有再造的可能。从十九大

上习近平总书记对家风建设的强调(习近平,2016 年 5 月 11 日),到 2018 年三八国际妇女节表彰大会上“社会主义家庭文明新风尚”概念的提出(新华网,2018 年 3 月 8 日),都显露着公共父权制再度被纳入家庭机制的趋势。布尔迪厄和华康德(Bourdieu & Wacquant,1992)认为,所有的统治作用,包括男性秩序和整个社会秩序,都通过重大制度结构之间的客观同谋得以实现和再生产,例如国家,就围绕它男人的“右手”与女人的“左手”之间的对立构成。立于两性对立关系之中的“修正主义女德话语”也成为被归并于社会秩序之中的结构之一:国家通过公共父权制的规定和禁令来认可和加强私人父权制的规定和禁令,公共父权制被纳入所有负责管理和调节家庭单位日常生活的机制和结构之中,通过家长作风的、家庭主义的、保护性的右手与其指向社会的左手之间的对立(Bourdieu & Wacquant,1992),发挥了作为间接行使权力的工具的作用,生产出男女之间的对立关系。在这种公共父权制—私人父权制的生产关系之下,作为掌握规训女性话语权力、强调两性功能分化而将家庭变为男性统治的主要场所的“修正主义女德”话语,扮演着紧紧贴合社会的国家角色,而两种话语结构也因其内在的一致性而合流。Ayawawa 的话语体系不仅来源于而且维护着男性中心主义和父权制文化。

除此之外,Ayawawa 还能够通过一种片面的、“以优比劣”的比较方式,在探讨各国法律能否为女性提供必要保护的过程中,得出西方女性在法律规范下“根本无法进入婚姻”的结论。对于渴望拥有理想婚恋关系、以结婚为首要任务的女性来说,这种话语策略将使其在中国与其他国家性别平等现状的比较中,通过对“男女平等”的独特理解来增强国族意识和国家认同,例如:

> 西方法律对女人确实保护得都很周到,如果要离婚男方会损失惨重,所以西方男人不结婚的多,牵手接吻发生性关系了也不算男女朋友,同居十几年孩子好几个也不结婚。求婚大多是由男人发起的,男人觉得结婚划算的时候他们就愿意结婚,反之就不愿意结婚。那些闹着说西方国家保护离异女、中国法律不够保护离异女的女人,可能没想过,如果中国也像西方一样,她们根本一开始就结不了婚,更谈不上离婚。(2017 年 1 月 13 日)[①]
>
> 很多人拿中外法律比较,说外国离婚之后对弱者保护如何如何

---

① https://weibo.com/1218639357/EqCyeg0Kb?from=page_1005051218639357_profile&wvr=6&mod=weibotime.

> 多。可是国内外结婚率一开始就不同啊。国外生完几个孩子都还同居着呢，求婚的时候女方个个哭得稀里哗啦的。国内稀里糊涂亲亲抱抱见下家长就结婚了的不在少数。那些国内离婚了的伴侣，按百分比来说很多在国外是进不了婚姻的。(2017 年 3 月 26 日)[①]

从表面上看，父权文化的再生产与民族主义的勾连似乎难以想象。但实际上，民族主义提供了某种包容性，它并不排斥女人，又因其提供了集体的观念，而对女人具有强大的、独特的吸引力(Knezevic，1997)。一种“从属于”的感觉为女人提供了独特的进入公共领域或政治领域的机会，从而在某种意义上跟男人处于平等的位置。Ayawawa 在婚恋关系视角下对国族认同的牵引式话语，有意或无意地为女性创制了民族主义这样一个沉迷对象。民族主义看起来只是为妇女的行动开启了一个广阔的空间(Knezevic，1997)。在这一空间中，无论是维护政府权威，还是抵制外国、支持两岸统一等表达，只要女性提倡或支持的东西合乎主流政治，她们就被允许参与公共空间中的活动，并得到最为广泛的社会认同。不过，正如 Ayawawa 建构了“男女平等”的虚假社会现实一样，女性在这种话语幻象中拥有的政治参与权力同样是虚假的：女性并不是真正的女性主义者，而是获准在男性主导的政治领域中，扮演一个一贯存在的、为男性摇旗呐喊的角色。同时，民族主义为女性提供了一种“安全空间”，当女性处境困难时，局限她们的空间将成为一种稳妥的政治回应，即将其缩小到母职的角色上。国家权力将两性的公共空间隔离，公共空间中被设置了一些如尊严、社会认可等神秘因素，女性的空间属于次要的和次等的，女性可能认为，公共空间是唯一让她们逃避现状的地方，因而具有了吸引力(陈顺馨、戴锦华，2004)。在这种意义上，Ayawawa 的话语策略可以被视为将性别秩序重置于国际秩序中的一种尝试：两性在民族主义的维度上拥有同样的身份认同，成为在国际秩序中“受压制的同盟”。从而，在某种意义上，两性间的对立关系在这种语境下被消解了，父权制文化得以在民族主义的结盟下进行再生产。

综上，Ayawawa 的话语体系在当下中国社会所延续的传统的父权制和男性中心主义的性别意识形态的基础之上，通过其文本在网络空间的流传、被接受和再创作，我们有理由相信，其对科学与常识混合话语的互为文本性创作和矛盾性别偏见的运用在情感逻辑和认知逻辑上使其符合现代中国社会网络环

---

① https://weibo.com/1218639357/EByJcpuKU?from=page_1005051218639357_profile&wvr=6&mod=weibotime.

境中的感情特征和社会思潮取向。其话语作为一种在内在逻辑上与中国传统女德思想连通的体系，绝不能算作是一种有进步意义的话语，但通过其意义形构中赋予女性的“性别平等”假象、虚假主体性和虚幻的权力感，却揭示了一种女性在父权和传统家庭关系的规训下的朴素的主体意识。Ayawawa 的话语体系在更深入的内涵上是对于父权文化的再生产，通过其话语在线性时间维度上的增生，例如相当部分的民族主义话语实践，可以看到其与公共父权制和民族主义意识形态在内涵上相勾连。需要指出的是，本研究对于 Ayawawa“修正主义女德”话语与社会实践和意识形态勾连关系的揭示尚有不足，包括在文本的搜集、选择和分析上未免以偏概全，而信息通信技术的即时性、动态性和互动性也使本研究存在更多的探索空间。在中国当下意识形态和思想特征流变的过程中，文本创作者无疑需要在此之中展开文化实践的创新，对性别关系的话语秩序进行争夺和重构，而 Ayawawa 的文本正是其中的一部分。

参考文献

Ayawawa 的博客(2011 年 3 月 6 日)，《也说贞操是否是女孩的贵重陪嫁》。引自 http://blog.sina.com.cn/s/blog_48a2f5fd01017ty1.html。

Ayawawa 的微信公众号(2017 年 9 月 13 日)，《关于 MV 和 PU，那些你应该知道的事》。引自 https://wap. youzan. com/v2/showcase/mpnews? alias = yslza4i7&from _ source = pzshouye。

贝蒂・弗里丹(2005)，《女性的奥秘》(程锡麟、朱徽 、王晓路译)。广州：广东经济出版社。

陈顺馨、戴锦华(2004)，《妇女、民族与女性主义：妇女民族与女性主义》。北京：中央编译出版社。

从零开始的博客(2016 年 1 月 21 日)，《为何我觉得 Ayawawa 的理论荼毒人心?》。引自 http://blog.sina.com.cn/s/blog_580673590102wyq4.html。

都岚岚(2016)，《朱迪斯・巴特勒的后结构女性主义与伦理思想》。北京：外语教学与研究出版社。

蒋方舟(2012 年 7 月 30 日)，《达尔文改变中国》。引自 https://cn. nytimes. com/culture/20120730/cc30jiangfangzhou/。

李银河(2005)，《女性主义》。济南：山东人民出版社。

每日人物微博(2018 年 3 月 7 日)，《在女性觉醒的时代，她却教导女性不要醒来》。引自 https://weibo.com/ttarticle/p/show? id=2309404214917765941763#_0。

汤尼・白露(2012)，《中国女性主义思想史中的妇女问题》(沈齐齐译，李小江审校)。上海：上海人民出版社。

习近平(2016 年 5 月 11 日),《把家风建设摆在重要位置》。引自 http://news.cnr.cn/native/gd/20160511/t20160511_522121382.shtml。

西蒙娜·波伏娃(1998),《第二性》(陶铁柱译)。北京:中国书籍出版社。

新华网(2018 年 3 月 8 日),《"三八"国际妇女节纪念暨表彰大会在京举行 王沪宁出席并颁奖》。引自 http://www.xinhuanet.com/politics/2018-03/08/c_1122508126.htm。

杨红(2017 年 6 月 6 日),《女德背后的捞金链:一个丁璇倒下了,千千万万个丁璇站起来》。引自 http://news.newseed.cn/p/1333170。

杨硕(2011),《进化心理学的人类学哲学批判》。吉林大学博士学位论文。

张之琪、傅适野(2018 年 2 月 12 日),《借龙虾合理化父权制:假的科学道理,真的另类右翼》。引自 https://www.jiemian.com/article/1940262.html。

钟建安、张光曦(2005),《进化心理学的过去和现在》。《心理科学进展》,第 5 期,页 694-703。

Bakhtin, M. M. (1981). *The Dialogic Imagination: Four Essays*. C. Emerson & M. Holquist (Trans.), M. Holquist (Ed.). Austin, TX: University of Texas Press.

Bakhtin, M. M. (1986). *Speech Genres and Other Late Essays*. C. Emerson & M. Holquist (Eds.), V. Mcgee (Trans.). Austin,TX:University of Texas Press.

Bartky, S. L. (1988). Foucault, Femininity, and the Modernization of Patriarchal Power. In I., Diamond, & L., Quinby (Eds.), *Feminism and Foucault: Reflections on Resistance* (pp. 94-111). Boston: Northeastern University Press.

Bourdieu P.(2001). *Masculine Domination*. Polity Press.

Bourdieu P., & Wacquant L.(1992). *An Invitation to Reflexive Sociology*. Polity Press.

Brehm, S. S. (1992).*Intimate Relationships*. New York: McGraw-Hill.

Bricmont, J., & Franck, J. (2010). *Chomsky Notebook*. Columbia University Press.

Butler, J. P. (1990). *Gender Trouble: Feminism and the Subversion of Identity*. London:Routledge.

Butler, J. P. (1993). *Bodies That Matter: On the Discursive Limits of "Sex"*. London: Routledge.

Cosmides L., & Tooby J.(1994). Beyond Intuition and Instinct Blindness: Toward an Evolutionarily Rigorous Cognitive Science. *Cognition*, 50(1-3): 41-77.

Fairclough N.(1993). *Discourse and Social Change*. Polity Press.

Glick P., & Fiske S. T.(2010). The Ambivalence toward Men Inventory Differentiating Hostile and Benevolent Beliefs About Men. *Psychology of Women Quarterly*, 23(3): 519-536.

Glick, P., & Fiske, S. T. (1996). The Ambivalent Sexism Inventory: Differentiating Hostile and Benevolent Sexism. *Journal of Personality & Social Psychology*, 70(3),

491-512.

Knezevic, D. (1997). Affective Nationalism. In J. W. Scott, C. Kaplan, & D. Keates (Eds.), *Transitions, Environments, Translations*. London: Routledge.

Lee, S. (1999). The Patriarchy in China: An Investigation of Public and Private Spheres. *Asian Journal of Women's Studies*, 5(1), 9-49.

Pêcheux, M. (1982). *Language, Semantics and Ideology*. London: Macmillan.

Peplau, L. A. (1983). Roles and Gender. In H. H. Kelley, E. Berscheid, A. Christensen, J. H. Harvey, T. L. Huston, G. Levinger, E. McClin- tock, L. A. Peplau, & D. R. Peterson (Eds.), *Close Relationships* (pp. 220-264). New York: W. H. Freeman.

Sibley, C. G., & Wilson, M. S. (2004). Differentiating Hostile and Benevolent Sexist Attitudes toward Positive and Negative Sexual Female Subtypes. *Sex Roles*, 51(11-12), 687-696.

Stockard, J., & Johnson, M. M. (1992). *Sex and Gender in Society* (2nd ed.). Englewood Cliffs, NJ: Prentice Hall.

Tooby J., & Cosmides L. (1989). Evolutionary Psychology and the Generation of Culture, Part I. *Ethology and Sociobiology*, 10(1-3): 29-49.

Zizek, S. (2018, February 13). Why Do People Find Jordan Peterson So Convincing? Because the Left Doesn't Have Its Own House in Order. Retrieved from https://www.independent.co.uk/voices/jordan-peterson-clinical-psychologist-canada-popularity-convincing-why-left-wing-alt-right-cathy-a8208301.html.

医疗纪录片的受众解读框架和情感研究*

——以《急诊室故事》的弹幕为例

Research on Audience Interpretation Framework and Emotion of Medical Documentary

—Taking the Bullet Screen of *Emergency Room* as an Example

◎ 李 激 董道力 黎 思**

Li Ji Dong Daoli Li Si

摘要:医患关系是健康中国战略中重要的一环。然而,近年来医患冲突愈演愈烈,医患关系越发紧张。本研究从受众对医患事件的解读框架和情感的角度出发,分析受众在观看医疗纪录片《急诊室故事》时的弹幕。研究发现,受众对医患事件的解读框架有两类——支配式解读和协商式解读;当医患事件与社会热点事件结合时,受众的情感起伏较大。

Abstract: The doctor-patient relationship is an important part of the "Health in China" strategy. However, in recent years, the doctor-patient conflict has been gaining momentum, and the doctor-patient relationship has become tenser. This study analyzes the audience's bullet screen when watching the medical documentary *Emergency Room* from the perspective of the audience's interpretation framework and emotion of the doctor-patient event. The study has found that there are two types of audience interpretation frameworks for doctor-patient events: dominant interpretation and negotiated interpretation; and when doctor-patient events are combined with social hot events, ups and

---

* 本文的资助项目:国家社科基金重点项目"国家治理现代化视域下的全媒体传播体系构建研究"(项目编号:20AZD057);广州市人文社科重点研究基地"广州城市舆情治理与国际形象传播研究中心"课题资助;广东外语外贸大学新闻与传播学院"跨文化传播与国际传播院级创新团队"项目。

** 李激,广东外语外贸大学新闻与传播学院网络与新媒体系副教授,硕士生导师,广州城市舆情治理与国际形象传播研究中心研究员,本文通讯作者;董道力,广东外语外贸大学新闻与传播学院硕士研究生,本文通讯作者;黎思,广东外语外贸大学新闻与传播学院硕士研究生。

downs of the audience's emotion are greater.

关键词:受众解读,弹幕,医疗纪录片,医患关系,计算传播,文本挖掘

Keywords: audience interpretation, bullet screen, medical documentary, doctor-patient relationship, computational communication, text mining

一、引言

(一)背景

2017年10月18日,习近平总书记在十九大报告中提出要实施健康中国战略,要完善国民健康政策,为人民群众提供全方位全周期的健康服务。健康中国战略里,医患关系是其中最为基础也是最为重要的关系。然而,由于目前中国的医疗体系并不完善等原因,近年来医患冲突愈演愈烈。2017年发布的《中国执业医师状况白皮书》调研数据显示,高达72.86%的医师或多或少遭受过暴力事件。由此可见,医患关系紧张已经成为一个严重的社会问题,亟待解决。

就医过程中,医务人员和患者之间形成的关系被称为医患关系。医患关系仅限于医疗过程中,是医疗实践关系中最基本的关系单位(钱明、张颖、沈小红,2016)。现在的医患关系有一个明显的特点,即由以往医生开具医嘱、患者服从的命令式单向沟通方式,向逐渐增多的医患间反复交流和答疑的双向沟通方式转变(杨璐、张曼华,2019)。在这样的医患关系中,如果医患之间出现沟通障碍,发生情绪误解,很容易导致医患矛盾,进而引发一系列如暴力伤医等医患事件。理解受众在面对医患事件、医疗纠纷时的认知和态度对医患关系十分重要。

(二)研究意义

有关医患关系的研究从临床医疗到新闻报道领域都取得了丰硕的成果,但我们不难发现,以往的研究往往是事发之后被动的研究,缺少关于主动建立良好医患关系的研究。而医疗纪录片对于主动建立良好的医患关系有积极的作用,不必等到正常人变成患者、出现医患矛盾之后才进行补救。本研究从受众对医患事件的解读框架和情感角度出发,通过对医疗纪录片中的受众框架进行分析,试图找出缓解医患关系紧张的办法。

虽然弹幕被引入中国已有十余年,但国内对于弹幕的研究较少,大部分还

停留在综述类研究阶段,缺少对弹幕具体数据的研究。本研究通过计算传播学的方法对弹幕评论进行文本挖掘,可以为视频弹幕的研究提供新的思路。

此外,李和董(Li & Dong,2019a)的研究发现,手术急诊室的环境下最能反映医患关系,也是医疗纠纷发生频率最高的地方。因此,医疗纪录片《急诊室故事》直击医患矛盾的重灾区,对其受众进行分析有助于研究医患关系。

二、文献综述

(一)受众研究

受众是传播学领域中重要的研究对象。以往大部分对于受众研究的文献只能被称为"受众调查研究"(曹越,2004)。在利物浦大学教授约翰·科纳撰写了一篇关于"接受研究"的文献综述之后,"新受众研究"的浪潮在学界开始兴起(曹书乐、何威,2013)。"新受众研究"这一概念也被人们广泛接受。根据曹书乐和何威(2013)对相关文献的综述,新受众研究的特征就是"认识到不同受众对文本有不同的解读"。随着互联网时代的到来,传播的载体由文本扩展到了全媒体,新受众研究的概念也随之丰富起来。本研究的受众研究可以被认为是"认识到不同受众对医疗纪录片的不同解读"。

(二)解码与编码

斯图亚特·霍尔(Stuart Hall)提出的"编码与解码"对传播学研究产生了非凡的意义(黄顺铭,2002)。本研究将围绕霍尔的"编码—解码"模式展开。传统的传播模式是线性传播,但"传播者—信息—受众"这一线性模式太过简单。霍尔认为,在传播过程中,传播的媒介意义是由传播者有意图地进行编码而形成的;然而,当传播者将制作好的信息进行传播时,由于种种原因,传播者本来的意义可能被扭曲或者并不能被完全地传达给受众(黄顺铭,2002)。即使是将意义较完整的信息传达给受众,但由于受众身份的多样性,受到价值观念、政治观念、文化背景等不同因素的影响,受众在解读时会根据自己的理解进行解码,同样可能招致对信息的误解。

(三)弹幕研究

喻国明和杨颖兮(2018)认为,目前是一个传播盈余的时代,传播的特征之一是反馈式传播，即能激发反馈的传播更有可能成为有效传播。通过受众的反馈，发现受众对哪些传播内容更感兴趣，进而调整传播内容，这是传播的未来趋势。因此，我们可以根据受众的反馈，分析受众在观看纪录片时情感的变化，从而对纪录片的内容进行改进。

以往关于受众观看视频内容的反馈，往往都是在受众观看之后对其进行问卷或者访谈调查得到的，很难避免被调查者的感受完全不发生改变或不受到影响，因而无法获取受众正在观看视频时不受影响的第一手数据。随着网络视频技术的不断发展，弹幕的出现对该问题的研究带来了极大的便利。弹幕是指覆盖在屏幕上瞬时飘过的字幕形态。弹幕的出现满足了人们对视频内容即时评论的要求。郑飏飏、徐健和肖卓（2015）认为，弹幕评论相较于传统的留言式评论更能反映受众的即时反馈。弹幕作为一种新型的视频评论形式，从2007年被引入中国以来，经过数年的发展，已经成为年轻人最喜爱的评论形式之一。目前哔哩哔哩是中国最大的弹幕视频网站，而《急诊室故事》在哔哩哔哩的弹幕评论数量达到了86,097条。本研究基于医疗纪录片《急诊室故事》在哔哩哔哩中的弹幕进行受众解读和情感分析，进而得出什么内容的医疗纪录片容易引起受众的关注、调动受众的情感，能够更好地培养受众的共情能力。

（四）文本挖掘

传统的研究方法如问卷调查、访谈或实验法等，很难获取如此大规模的数据，并且也很难通过人工的方式对这86,097条数据进行逐一分析。随着计算机科学和传播学的不断融合，计算传播学诞生了，这为我们带来了新的解决方法。计算传播学是一门计算机科学与传播学的交叉学科，是计算社会学在传播学领域的延伸（祝建华、彭泰权、梁海、王成军、秦洁、陈鹤鑫，2014）。计算传播学借助计算机技术和大数据技术对传播学领域的问题进行研究。例如，使用文本挖掘中的主题建模、情感分类等方法，使得传播数据的实验具有客观性、全面性（张伦、王成军、徐小可，2018）。张伦和钟智锦（2017）通过主题建模，分析了社交媒体中不同类别的公共事件的话语框架。周莉、王子宇和胡珀（2018）通过情感分类，分析了反腐议题中群众表达的情感以及出现的原因。

三、研究方法与过程

(一)研究方法

本研究主要采用了情感分类和 LDA 主题模型的研究方法。首先,本研究通过对观众的弹幕进行情感分类的方法对观众的情感进行分析。情感分类是计算传播学中经常用到的方法之一。情感分类采用的是监督学习,即计算机通过人们事先标注好的数据进行学习,然后可以对新的数据进行自动化情感标注。情感分类常用的方法有情感词典法、基于机器学习的方法等等。本研究将采用基于机器学习的情感分类方法:先对部分文本数据的情感值进行人工标注,然后将文本数据转化为词向量;通过支持向量机算法建立模型,再对标注好的数据进行学习,训练模型;模型训练完后,可以将新的文本数据输入模型,模型会自动计算出情感值。

其次,本研究将通过对弹幕建立 LDA 主题模型的方法对观众进行分析。LDA 主题模型也是计算传播学中经常用到的方法之一。LDA 主题模型是一种非监督学习,可以自动生成文本的主题,以关键词的方式展示出来(Blei,Carin,& Dunson,2010)。LDA 主题模型是一种用来发现文本主题的聚类算法,适用于大数据场景,被广泛运用于文本主题聚类、社会网络分析、图像处理等场合。

(二)研究过程

1. 数据采集

本研究的研究对象为医疗纪录片《急诊室故事》在哔哩哔哩视频弹幕网站中的所有弹幕评论文本。我们通过 Python 爬虫接入哔哩哔哩视频弹幕网站的 API 接口,对弹幕数据进行抓取。截至 2019 年 12 月 5 日,共采集到 86,097 条弹幕数据。从哔哩哔哩视频弹幕网站所抓取弹幕的数据结构分为两部分,第一部分是弹幕发送的时间、发送者 ID 等信息,第二部分是弹幕的文本内容。

2.数据预处理

弹幕数据为典型的文本数据,是一种非结构化数据,需要进行处理之后才能做进一步分析。所以本研究首先通过 Python 中的 jieba 库对弹幕评论文本进行分词。由于弹幕文本与日常使用的文本有所区别,我们在分词过程中加入了自定义词典以保证词语分词更加准确,例如,“23333”在弹幕中表示大笑的意思,“坐等打脸”表示期待承诺做空等。然后,我们依据哈尔滨工业大学的停用词词表,对弹幕数据中无意义的词(即停用词)进行清洗。

3.情感分类

本研究通过百度开源的 Paddle 平台对弹幕数据进行情感分类,从而对观众进行情感分析。我们采取 Paddle 平台上预设的 Senta_bilstm 模型的 API 接口对弹幕文本数据进行情感分类。该模型可以将文本情感分为积极情感和消极情感两类,积极情感标注为 1,消极情感标注为 0。后文将采用每一集所有弹幕评论的情感平均值作为每一集的情感值;当情感均值大于 0.5 时,说明这一集的弹幕评论倾向于积极情感,当情感均值小于 0.5 时,说明这一集的弹幕评论倾向于消极情感。我们随机抽取了 100 条弹幕文本数据进行人工情感标注(1 或 0),然后以此为测试集对模型的情感分类结果进行对比,对模型的准确度进行评估。从评估结果发现,模型的情感分类准确度达到了 88%,在可以接受的范围之内。

4. LDA 主题分析

本研究利用 Python 中的 Gensim 库进行文本的 LDA 主题模型建立,通过提取不同主题的关键词对弹幕进行分析。原始数据以 TF-IDF(Ramos,2003)为基础的关键词矩阵进行主题建模,TF-IDF 算法对文本中的词进行了加权,相比于词频更能反映词的重要性。在实际运用中,往往采取人工阅读的方法确定主题以及主题个数。通过不断尝试,我们发现,主题数为 6 时,《急诊室故事》弹幕的 LDA 主题建模效果最佳。

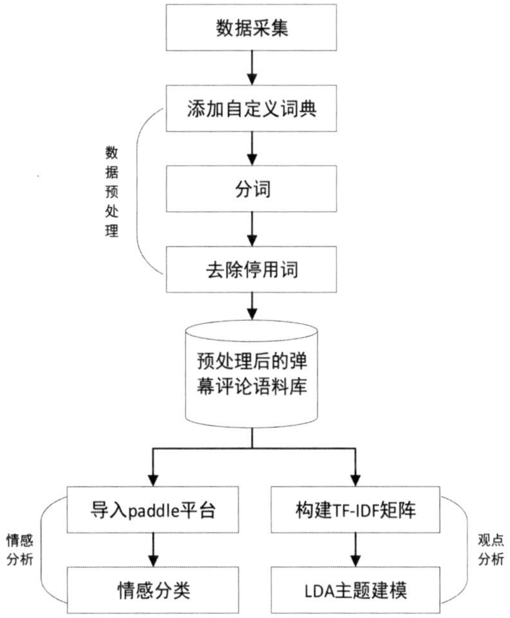

图 1　研究流程图

图 1 为研究流程图。

四、研究结果

(一)情感分类

《急诊室故事》共 36 集,每集都会围绕某一医患话题进行拍摄。因此,通过分析比较每一集的弹幕情感均值,可以更好地观察观众对于纪录片的情感,对于观众情感调动能力越强的剧情,越适合培养观众的共情能力。表 1 展示了《急诊室故事》中情感均值最高的三集和最低的三集的医患话题以及情感均值。图 2 展示了《急诊室故事》每一集的情感值。每一集的情感值通过每一集中所有弹幕评论的情感值平均计算而得;当情感均值大于 0.5 时,说明这一集的弹幕评论倾向于积极情感,当情感均值小于 0.5 时,说明这一集的弹幕评论倾向于消极情感。通过图 2 我们可以发现每一集的情感均值相差较大,其中第 12 集情感均值达到最高(约 0.6),偏向于积极情感;而第 18 集和第 21 集的情感均值最低(约 0.28),偏向于消极情感。由此可见,观众的弹幕情感在不同医患话题中会有显著的变化。

表 1 《急诊室故事》中情感均值最高和最低集数的医患话题及情感均值

集数	医患话题	情感均值
12	妻子重度昏迷老伴含泪放弃治疗	0.606
16	3 岁女孩被公交碾压险截肢	0.589
26	硬汉遭千斤顶砸断手意志惊人	0.574
21	电瓶车主醉酒闯红灯被碾压	0.283
18	29 岁青年欠巨款服毒自杀	0.285
34	七旬老人因感冒停治脑内大出血	0.301

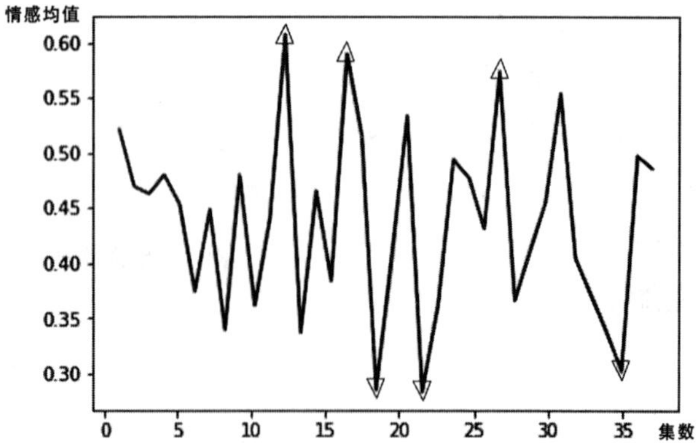

图 2 《急诊室故事》每集情感均值

(二)LDA 主题

LDA 主题模型通过关键词展示文本中包含的主题内容。根据主题内容，我们可以找出什么样的剧情容易引起受众的关注、调动受众的情感。如果增加这类剧情内容，对于培养受众的共情能力、建立和谐的医患关系会有较大帮助。表 2 展示了从《急诊室故事》的全部弹幕中提取的主题关键词。由于弹幕语言具有自身的特点，比如往往字数较少，语言较为随意，而且与视频内容结合紧密，通过 LDA 模型对弹幕提取出的主题关键词需要结合视频内容才能更好地理解。

表 2　基于《急诊室故事》全部弹幕的 LDA 主题关键词

主题	关键词
1	司机 穷啊 难受 可怕 可怜 情况 六院 骨折 妈呀
2	家属 痛死 坚强 小时候 没事 祝福 ct
3	厉害 生活 我妈 宝宝 主任 沟通 平安保住
4	哈哈哈 上海 家里 跪下 老婆 喜欢
5	手术 理解 父母 父亲 百草枯 难过 小孩子 文化
6	2333 脱臼 文案 190 支架 爷爷 老人

五、受众的解读策略与情感

本研究通过对弹幕构成的主题进行分析，发现存在两种受众解读的方式，分别是支配式解读和协商式解读。

(一)受众解读框架

1. 支配式解读——受众对纪录片内容认可

支配式解读(主导—霸权立场)是霍尔提出的第一个话语解码模式，即受众的解码方式与传播者的编码意图一致(黄顺铭，2002)。在本研究中的支配式解读方式，即受众弹幕与纪录片内容相符。

LDA 主题 1，主要出现于货车司机受伤后，由于家庭困难，没钱治疗。纪录片通过家属的自述和画面展示了货车司机在经济方面的问题。观众的弹幕则与纪录片内容一致，都是围绕着患者的贫穷展开的讨论(见图 3)。LDA 主题 5

与主题 1 类似,纪录片通过剧情脚本表现出患者种种行为是由于文化水平低所导致的,而观众的弹幕同样是从文化水平角度进行的解读。LDA 主题 5 主要体现了观众对于年幼病人的共鸣,如弹幕中的“我妈”“小时候”等,与纪录片剧情脚本所表达的内容一致(见图 4)。

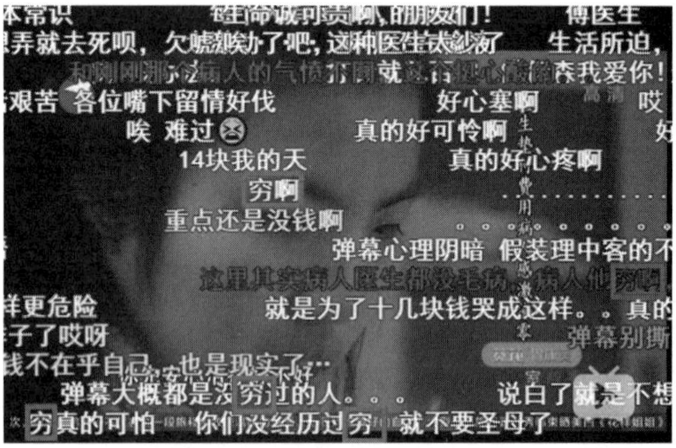

图 3 贫穷司机家属片段

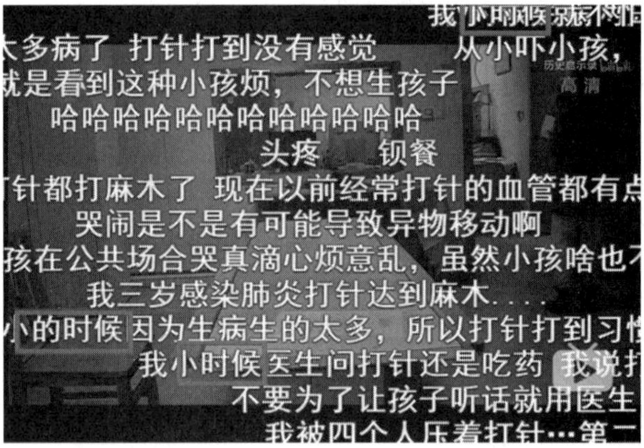

图 4 年幼病人片段

2.协商式解读——受众对纪录片内容重构

协商式解读是霍尔提出的第二个话语解码模式,即“在协调的看法内解码包含着相容因素与对抗因素的混合”(黄顺铭,2002)。在本研究中的协商式解读,即受众弹幕对纪录片内容进行了重构。

LDA 主题 4 在纪录片中主要出现在一对上海情侣就医的片段中。纪录片希望通过对情侣之间嬉笑打闹的描述来体现人情冷暖,而观众的弹幕却从上海男人怕老婆等方向进行了解读(见图 5)。此外,LDA 主题 6 在纪录片中主要出现在正骨医生的片段中。纪录片对正骨医生的描述主要是为了体现他的认真、负责,而观众的弹幕却抓住了"190"等正骨医生有特点的口头禅进行了解读(见图 6)。

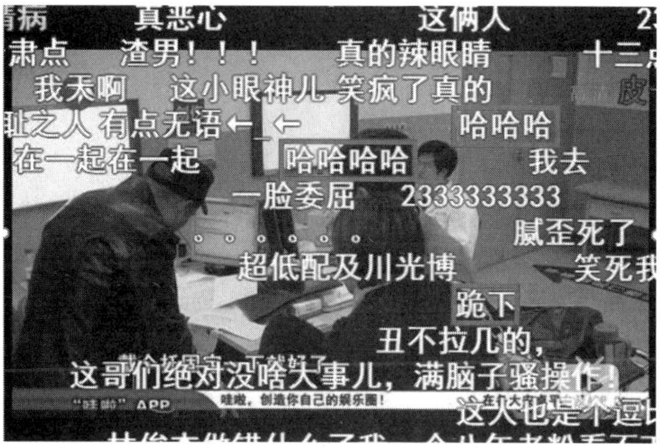

图 5 观众重构上海情侣就医的片段

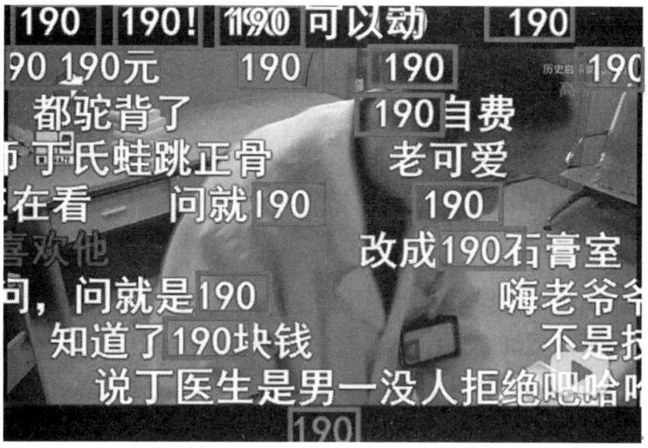

图 6 观众重构正骨医生片段

(二)受众情感分布

通过表 1 中的医患话题我们可以发现,《急诊室故事》中的医患话题以病人为切入点,讲述了不同病人求医的过程。其中情感均值最高的前 3 集(第 12、16、26 集)中,每一集的医患话题都含有正面积极的意义。例如,第 12 集的医患话题讲述了老年夫妻之间的坚定情感;第 16 集讲述了医生医术高明;第 26 集讲述了病人断手后意志坚强。在情感均值最低的三集(第 21、18、34 集)中,每一集的医患话题都包含了目前社会中争议较大的事件。例如,第 21 集中有醉驾、闯红灯等人们深恶痛绝的问题;第 18 集中有年轻人借贷问题;第 34 集中有老人不听医嘱、擅自停止治疗的问题。因此我们可以认为,医疗纪录片要紧抓实时热点,将社会中人们喜闻乐见或是深恶痛绝的故事与医生、医院结合起来,这样更能触动人们的情感,引起人们的关注。

六、结论与建议

本研究对受众在观看《急诊室故事》时的弹幕进行了 LDA 主题建模,发现受众对医患事件有两种解读框架,分别是支配式解读框架和协商式解读框架。在支配式解读框架中,受众认可纪录片所要表达的内容;而在协商式解读框架中,受众会对纪录片所要表达的内容进行不同角度的解读。我们以受众对纪录片的解读框架和情感的数据分析为依据,对医疗纪录片的内容提出以下改进建议:

第一,剧情结合社会热点。当医疗纪录片的剧情涉及社会热点时更能激发受众的讨论。虽然在社会热点剧情与医疗剧情结合时受众的注意力会偏向社会热点,但另一方面,受众也会因为对社会热点的关注而对医疗剧情的印象更加深刻。在社会热点剧情最激烈的时刻,适当增加医疗知识以及对医患关系的解读,效果也会更好。

第二,塑造有特色的医生。目前医疗类纪录片在介绍医生时,往往会从医生的专业背景、职称等方面进行描述。如果增加医生的口头禅或者绰号,可以让受众对医生的印象更加深刻,提高受众对医生的认可度。而此时,如果医生去讲述医疗知识、医患关系,则会更加有效。

第三,增加年幼患者的案例。医疗纪录片讲述的案例往往是疑难杂症,对病人本身的选择并不讲究。由于受众更容易对年幼的患者产生共鸣,如果在选择患者时多考虑选择一些年幼患者的案例进行拍摄,会让受众对医疗行业有更深刻的理解。

第四,关注弱势患者。医疗纪录片在取材上应关心和关注弱势患者。弱势患者很容易引起受众的同情心,但因为弱势群体的身份有些特殊,在拍摄时需要注意伦理问题。医疗纪录片在拍摄弱势患者时,可以通过弱势患者的自然表现让受众认识到他们的艰难,在思想和表达上用有益的方式对受众进行良好的引导。

参考文献

曹书乐、何威(2013),《"新受众研究"的学术史坐标及受众理论的多维空间》。《新闻与传播研究》,第 20 期,页 12,21-33。

曹越(2004),《试论 21 世纪我国受众研究的创新》。《新闻与传播研究》,第 1 期,页 29-32。

黄顺铭 (2002),《一个诠释典范 :霍尔模式》。《新闻大学》,第 12 期,页 9,15-19。

《急诊室故事》两季全(共 36 集)。引自 https://www.bilibili.com/video/av28138937?from=search&seid=6006378520031038055。

jieba 0.42。引自 https://pypi.org/project/jieba/。

钱明、张颖、沈小红(2007),《健康心理学》。北京:人民卫生出版社。

新华网(2017 年 10 月 27 日),《习近平:决胜全面建成小康社会 夺取新时代中国特色社会主义伟大胜利——在中国共产党第十九次全国代表大会上的报告》。引自 http://www.xinhuanet.com//politics/19cpcnc/2017-10/27/c_1121867529.htm。

学术博客(2018 年 4 月 15 日),《对谈计算传播学:起源、理论、方法、与研究问题》。引自 http://xueshu.blogchina.com/991722025.html。

杨璐、张曼华(2019),《医患关系视角下的共情研究综述》。《中国社会医学杂志》,第 36 期,页 589-591。

喻国明、杨颖兮(2018),《参与、沉浸、反馈:盈余时代有效传播三要素——关于游戏范式作为未来传播主流范式的理论探讨》。《中国出版》,第 8 期,页 16-22。

张伦、王成军、徐小可(2019),《计算传播学导论》。北京:北京师范大学出版社。

张伦、钟智锦(2017),《社会化媒体公共事件话语框架比较分析》。《新闻记者》,第 2 期,页 69-77。

郑飏飏、徐健、肖卓(2015),《情感分析及可视化方法在网络视频弹幕数据分析中的应用》。《现代图书情报技术》,第 11 期,页 82-90。

《中国执业医师状况白皮书》。引自 http://www.cmda.net/u/cms/www/201807/06181247ffex.pdf。

中文常用停用词表。引自 https://github.com/goto456/stopwords/。

周莉、王子宇、胡珀(2018),《反腐议题中的网络情绪归因及其影响因素——基于 32 个案例微博评论的细粒度情感分析》。《新闻与传播研究》,第 25 期,页 42-56,127。

祝建华、彭泰权、梁海等(2014),《计算社会科学在新闻传播研究中的应用》。《科研信息化技术与应用》,第 5 期,页 3-13。

Blei, D., Carin, L., & Dunson, D. (2010). Probabilistic Topic Models: A Focus on Graphical Model Design and Applications to Document and Image Analysis. *IEEE Signal Process-*

ing Magazine, 27(6), 55.

LI, J., & DONG, D. (2019a, August). Keyword Analysis and Topic Extraction of Hospital Violence News. Paper presented at the 14th International Conference on Computer Science & Education.

LI, J., & DONG, D. (2019b, December). Analysis of Weibo Comments Based on SVM and LDA Models. Paper presented at the 6th IEEE International Conference on Cloud Computing and Intelligence Systems.

Ramos, J. (2003). Using TF-IDF to Determine Word Relevance in Document Queries. Paper presented at Proceedings of the First Instructional Conference on Machine Learning.

Yang, J., Hou, M., & Wang, N. (2010, August). Recognizing Sentiment Polarity in Chinese Reviews Based on Topic Sentiment Sentences. Paper presented at the 6th IEEE International Conference on Natural Language Processing and Knowledge Engineering.

情感视域下社交媒体平台舆论分层与社群挖掘研究*

Research on Social Media Platform Opinion Stratification and Community Mining Using Sentiment Measurement

◇ 刘　昊**

Liu Hao

摘要:网络舆论热点事件中,用户的情感信息和意见是影响事件发展方向的重要因素。社会的情感往往是社会结构和文化的产物。特定公众群体情感种类及强度的差异可以反映宏观的社会生产,进而反映社会的阶层分布。研究舆论分化现象及其情感特征,使用情感分类及强度去识别网络社群具有重要的学术意义,但目前该领域的实证研究仍待开拓。本研究以"假疫苗"事件为个案,使用情感词典评价社交媒体用户的情感类型及强度,并进行聚类分析;基于聚类的结果,结合社交媒体用户账号标签、讨论文本、行为数据,对聚类结果进行社群画像,评价聚类的效果。研究发现,基于情感的社群识别结果具备阶层差异的典型特征,群际差异明显,群内成员聚合性高。不同社群在公共事件中会呈现情感表露的差异,这种情感差异在经过社交媒体平台信息及情感的流动后,会在群体内部形成情感趋同。更细粒度的情感分类考察,能让社群的边界更加清晰,提升聚类结果的可解释性。

Abstract: The users' sentiment and opinions are the important factors which influence the development of public opinion focusing on hot event in cyberspace. Social sentiments are generally produced by the social structure and culture. The sentimental difference of the types and intensity existing in different public groups can reflect macroscopic social production, which in turn reflects the social class distribution. It is of great academic significance to study the phenomenon of public opinion polarization and its sentimental characteristics, and to use sentimental classification and intensity to

* 本文系国家社科一般项目"基于社交媒体'一带一路'国际传播效果评估与提升路径研究"(项目编号:18BXW027)的研究成果。

** 刘昊,博士,四川外国语大学新闻传播学院教授,硕士生导师,研究方向为社交媒体舆情、计算传播。

identify network community. But at present, the empirical research in the field isn't well developed. Taking the incident of "fake vaccine" as a case, the sentiment dictionary was used to evaluate type and intensity of the sentiment pervading among social media users, and also cluster them. Use tags, discussion records, and behavioral data of social media user to portrait clustered community, and then evaluate clustering effects. The result of sentiment-based community cluster has the typical characteristics of class difference, obvious intergroup difference and high aggregation of within-group. Different communities behave differences, which form the sentimental convergence within the group because of the flowing of information and sentiment on social media platform, in sentimental disclosure when involving public events. The observation of finer-grained emotion classification makes the boundary of different community clearer and improve the interpretability of clustering results.

关键词:情感聚类,情感词典,社会阶层,社群画像,"假疫苗"

Keywords: sentiment clustering, sentiment dictionary, social class, community portrait, "fake vaccine"

一、引言

随着以微信、微博为代表的社交媒体应用的普及,网络用户拥有了简便快捷的接收、表达和传播信息及意见的渠道。社交媒体用户不但被动接收信息,更会主动表达观点,积极表露情感。情感是媒介环境中社会信息扩散的一个重要潜在驱动因素,特别是网络用户传播信息时这种驱动效应尤为显著(Stieglitz & Dang-Xuan,2013)。社交媒体平台不但信息极其丰富,而且弥漫着大量情感性信息。在网络舆论热点事件中,用户的情感信息和意见要么影响事件的走向,要么对事件的发展方向起决定性作用。情感对网络用户群体行为的巨大驱动作用,使情感的表露成为社交媒体舆论的一种呈现形式。因此,对社交媒体舆论的研究应有特别的情感关注,不但应将传统情感社会的研究延伸到网络空间,更应该重点观照社交媒体情感现象和问题。情感是一种结构性的社会事实,其存在是社会性的(Durkheim,1995)。而阶层亦是社会结构的一个重要的外在表征。一个社会的情感往往是社会结构和文化的产物。通过分析人们表达"情感"时的符号、话语,以及人们以情感为基础的行为方式,可以反映宏观的社会生产,进而反映社会的阶层分布。中国历来是一个重视人情和情感的社会

（成伯清，2011）。关注社交媒体阶层分化导致的舆论分化现象及分化的舆论情感特征，可基于社交媒体用户情感表露评价、构建特征向量。通过聚类分析，识别网络热点事件中用户的社群聚集，并对社群进行画像，识别不同社群在同一网络热点事件中的情感分布特征，具有重要的学术价值和现实意义。

二、文献综述

长期以来对社会分层的研究，已从单一的生产资料占有情况，扩展到经济、声望、权力（张磊，2016）和文化差异（刘欣，2003）。通过梳理阶层划分衍化的过程我们发现，阶层的划分呈现立体化和细腻化的趋势。皮埃尔·布尔迪厄（Pierre Bourdieu）的“文化资本”概念，以及斯宾塞·卡希尔（Spencer E. Cahill）的“情感资本”概念均是阶层划分细化的努力（Cahill，1999）。延续阶层划分的学术脉络，网络用户社交媒体的情感位置及影响力都可被视为虚拟空间内的一种资本，影响和强化社会成员的阶层意识（周葆华，2010）。随着我国社交媒体的普及，网络用户通过在线社交网络分享着自己的生活，也观看着他人的生活，寻找或构建着自己归属的社群，并固化自己的社群认同。在线社交网络的使用习惯和内容生产，可以体现不同社会阶层的文化品位，进而透视其文化资本的占有量。基于情感的关联网络用户聚集成有特定诉求的虚拟社群。在特定舆论事件中，同一虚拟社群基于相似的社会和文化背景，有着相似的利益诉求、意义诠释方式和情感唤醒模式。无论是情感聚集性还是情感资本的视角，均将情感看成社群结成的驱动力。社会学对社会分层有较多的考察，从经济维度到资本维度，再到文化、品位维度。学者们尝试引入更多的阶层分层维度对阶层进行更全面的考察。沿袭当下社交媒体舆论中的情感研究脉络，其实可以尝试增加情感维度去识别网络社群。基于社交媒体用户的行为及情感表露数据进行聚类，让阶层的虚拟社群识别成为可能。国外已有的研究揭示，使用情感构建社团发现框架可以有效辅助社会趋势预测、事件影响分析、市场政策制定等（Vakali & Kafetsios，2013）。瓦卡利和科特尼科拉（Vakali & Koutsonikola）等人尝试提出了一种基于情感感知的聚类方法，对推特用户群体进行情感聚类（Tsagkalidou，Koutsonikola，Vakali，& Kafetsios，2011）。现有的社交媒体社群挖掘的研究，较多使用的是用户的社交媒体属性及社交媒体文本语料，将情感维度引入社交媒体研究并应用于数据挖掘的比较少。情感变量引入是否会有效提升情感挖掘的表现和挖掘结果的可解释性，是个亟待研究的问题。

三、数据提取与清洗

本研究选择“问题疫苗”事件中参与社交媒体讨论的用户作为分析对象。考虑平台的代表性，社交媒体平台选择新浪微博，数据采集选择火车浏览器 6.0 编写脚本实现，时间范围为 2018 年 7 月 15 日 0 点至 2018 年 8 月 9 日 24 点，每隔两个小时采集一次数据。微博内容的提取使用事件核心关键词检索，主要关键词包括“假疫苗”“问题疫苗”等。使用关键词交叉组合筛选目标事件相关微博，在数据清洗剔除错误和重复数据后共计得到有效微博 223,903 条和微博账号 166,739 个。数据入库前对采集的账号数据进行了匿名化脱敏处理。使用采集的数据绘制以天为单位微博数量时序图与“假疫苗”百度指数波动曲线类似，两者数据能够交叉印证，数据质量可靠。

四、概念测量

情感强度是本研究的重要概念也是研究的基础工具。本研究选择大连理工大学林鸿飞教授的中文情感词汇本体库（徐琳宏、林鸿飞、潘宇、任惠、陈建美，2008），将情感分为三个等级，使用词典标注的方式进行情感的计算（见表 1）。为提升情感计算的准确度，在基础情感词典的基础上，引入程度副词词典、连词词典、否定词词典用于处理情感词的强化或弱化以及情感文本的反向。情感计算分为词语级、句子级和段落级。情感强度三级测量分类汇总，低级情感强度分类汇总后得到上一级情感强度。

表 1　情感三级分类表

一级情感分类	二级情感分类	三级情感分类	一级情感分类	二级情感分类	三级情感分类
正向	乐	快乐	负向	哀	思
正向	乐	安心	负向	惧	慌
正向	好	尊敬	负向	惧	恐惧
正向	乐	赞扬	负向	惧	羞
正向	乐	相信	负向	恶	烦闷
正向	乐	喜爱	负向	恶	憎恶
正向	乐	祝愿	负向	恶	贬责
负向	怒	愤怒	负向	恶	妒忌
负向	哀	悲伤	负向	恶	怀疑
负向	哀	失望	负向	惊	惊奇
负向	哀	内疚			

注：本表根据大连理工大学中文情感词汇本体库说明文档 V1.0 整理而成。

1.词语情感强度

$$E(w)=\frac{S(w)\times P(w)\times w(da)}{max\ (w(da))\times max\ (S(w))} \tag{1}$$

公式(1)词语情感强度的计算,依据情感词典查出情感的强度和正负极性。考虑程度副词的权重,并对程度副词和情感强度进行 min-max 映射。$E(w)$是单个情感词的情感强度。$S(w)$是情感词在情感词表中的强度值。$P(w)$是情感词的情感极性。$P(w)$的取值存在四种情况,情感词是中性词 $P(w)=0$,情感词是褒义词 $P(w)=1$,情感词是贬义词 $P(w)=-1$,情感词是褒贬两性词 $P(w)=0$。$W(da)$为程度副词权重(徐琳宏、林鸿飞、杨志豪,2007;蔺璜、郭姝慧,2003;陈国兰,2016)。

2.句子情感强度

$$E(s)=\frac{\sum_{i=1}^{n}E(w)\times(-1)^{m}\times W(s)\times W(na)}{max\ (W(s))} \tag{2}$$

公式(2)是将句子中的情感词按情感强度,对否定词进行情感取反,对不同的句型、感叹句、反问句进行句型权重 min-max 标准化引入。$E(s)$是句子的情感强度。$E(w)$是单个情感词的情感强度。n 是句子情感词的数量。m 是句子否定词出现的次数。$W(s)$为情感词句型结构权重,处理感叹、反问等情况,疑问句 $W(s)$值为-1,感叹句以一个感叹号结尾 $W(s)$值为 1.5,感叹句以多个感叹号结尾 $W(s)$值为 2,反问句 $W(s)$值为-1.5(刘玉娇、琚生根、伍少梅、苏翀,2015)。$W(na)$为否定词权重,存在否定词其值是 0.8,否则其值是 1(张成功、刘培玉、朱振方、方明,2012)。

3.段落情感强度

$$E(p)=\sum_{i=1}^{n}E(s) \tag{3}$$

公式(3)是对句子情感强度累加后得到段落情感强度。$E(p)$是段落的情感强度。$E(s)$是句子的情感强度。N 是段落中句子的个数。

五、分析过程

(一)情感向量构造

对全部采集到的微博文本进行情感强度的计算,绘制“假疫苗”事件二级、三级情感强度分布旭日图(见图 1)。从图 1 可以看出二级情感不同,情感类型差异明显,选择二级7种情感构造向量用于聚类。三级情感类型强度向二级情感类型强度汇总计算方法见公式(4)。对166,739个用户基于参与“假疫苗”事件的微博数据进行二级情感分类的强度评分。

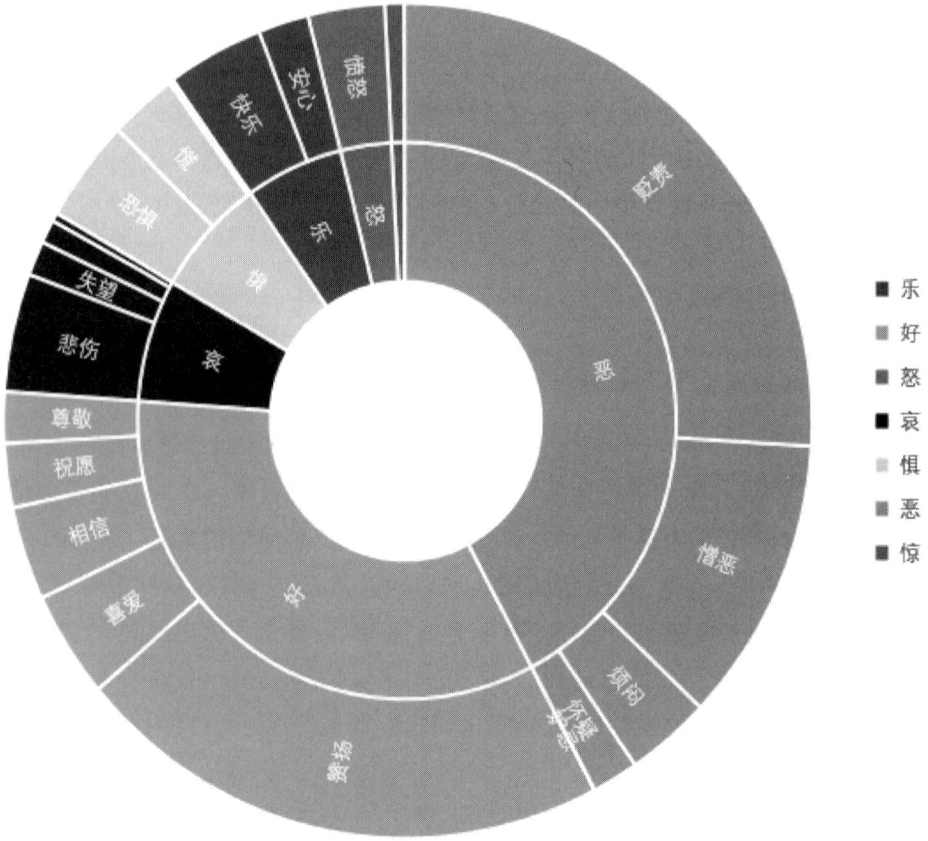

图1 “假疫苗”事件二级、三级情感强度分布旭日图

$$二级情感分类强度=\frac{\sum 情感类情感强度}{用户微博参与次数} \tag{4}$$

(二)用户情感聚类分析

使用SPSS对用户情感强度进行标准化后,使用因子分析获取7个情感维度的相关性矩阵。相关系数矩阵显示(见表2),不同二级分类情感强度变量之间,相关系数最大值为“乐”和“好”,值为0.156,最小值为“怒”和“惊”,值为0,绝大多数相关系数在0.1左右摆动。因此,7个维度的大类情感强度变量数据独立性较强，数据不需提取公因子降维，使用 K-平均值法，对“乐”“好”“怒”“哀”“惧”“恶”“惊”7 个分类情感强度变量标准化后进行聚类。使用 2、3、4、5、6、7、8、9 的聚类数进行比较，最大迭代次数设置为 100 进行迭代。最终选择聚类数 5 为最优做 K-平均值聚类，迭代 63 次后数据收敛。聚类后 5 个类别的中心见表 3，社群成员个数分布为聚类 1 个案 133,477 个，聚类 2 个案 17,639 个，聚类 3 个案 8,594 个、聚类 4 个案 5,616 个，聚类 5 个案 1,413 个。

表 2 “假疫苗”事件“乐”“好”“怒”“哀”“惧”“恶”“惊”情感强度相关系数矩阵

		乐	好	怒	哀	惧	恶	惊
相关系数	乐	1.000	.156	.020	.042	.032	.071	.059
	好	.156	1.000	.057	.110	.102	.119	.028
	怒	.020	.057	1.000	.110	.109	.108	.000
	哀	.042	.110	.110	1.000	.090	.142	.009
	惧	.032	.102	.109	.090	1.000	.098	−.002
	恶	.071	.119	.108	.142	.098	1.000	.010
	惊	.059	.028	.000	.009	−.002	.010	1.000

从情感聚类结果(见表 3)来看，社群 1 聚类中心，在情感强度“乐”“好”“怒”“哀”“惧”“恶”“惊”大类情感分布相对均匀，该群体的中心情感分布与整体情感分布基本一致；社群 2 聚类中心，情感强度在“哀”“惧”“恶”大类情感分布较强，且远高于“乐”“好”“怒”和“惊”大类情感，社群 2 的用户主要的事件情感为负向情感。社群 3 聚类中心，“乐”的大类情感强度最高，其值远高于其余 6 类大类情感强度，其情感主要集中于“乐”。社群 4 聚类中心，“怒”的大类情感强度远高于其他 6 类大类情感，其事件情感主要为“怒”。社群 5 聚类中心，“惊”的大类情感强度远高于其他 6 类大类情感，且这种情感强度差异是 5 个分类中最大的一个群，因此社群 5 的事件代表性情感为“惊”。

表 3 “假疫苗”事件最终选择的聚类中心

	聚类				
	1	2	3	4	5
Zscore(乐情感强度)	−.21782	−.12012	3.52410	−.00564	.66429
Zscore(好情感强度)	−.14563	.71207	.58730	.23751	.35163
Zscore(怒情感强度)	−.17179	−.14133	−.12697	4.72394	−.01130
Zscore(哀情感强度)	−.19530	1.28512	.04712	.50835	.09939
Zscore(惧情感强度)	−.17263	1.16159	−.03279	.52091	−.06461
Zscore(恶情感强度)	−.22769	1.48961	.17062	.46969	.00870
Zscore(惊情感强度)	−.08049	−.08898	−.07997	−.08973	9.55735

(三)用户分层数据画像

1.标签画像

使用 SPSS 对 5 个社群的属性变量参与次数、关注微博数量、微博粉丝数量、发布微博数量、微博等级、会员等级、平均被点赞量、平均被评论量、平均被转发量、正面情感强度、负面情感强度、情感强度进行描述统计,结果见表 4 至表 8。

表 4 “假疫苗”事件聚类类型 1 属性画像

	数字	最小值(M)	最大值(X)	平均值(E)	标准偏差
参与次数	133,477	1	246	1.38	2.040
关注微博数量	133,477	0	20,000	509.25	879.171
微博粉丝数量	133,477	0	78,824,343	53,755.88	861,589.370
发布微博数量	133,477	0	752,571	5,008.67	14,244.761
微博等级	133,477	0	48	19.99	12.910
会员等级	133,477	0	7	.83	1.686
平均被点赞量	133,477	.0000	181,242.0000	7.852220	666.0586749
平均被评论量	133,477	.0000	52,814.0000	2.944309	167.2007382
平均被转发量	133,477	.0000	77,403.0000	3.616832	250.2062671
有效 N(成列)	133,477				

表5 “假疫苗”事件聚类类型2属性画像

	数字	最小值(M)	最大值(X)	平均值(E)	标准偏差
参与次数	17,639	1	80	1.24	1.164
关注微博数量	17,639	0	20,000	514.27	867.288
微博粉丝数量	17,639	0	19,854,562	23,680.67	350,644.621
发布微博数量	17,639	0	455,116	4,724.68	13,234.116
微博等级	17,639	0	48	20.45	13.053
会员等级	17,639	0	7	.83	1.699
平均被点赞量	17,639	.0000	58,491.0000	6.774564	443.1379493
平均被评论量	17,639	.0000	768.5000	1.312591	14.1435594
平均被转发量	17,639	.0000	26,796.0000	3.016616	203.0042075
有效 N(成列)	17,639				

表6 “假疫苗”事件聚类类型3属性画像

	数字	最小值(M)	最大值(X)	平均值(E)	标准偏差
参与次数	8,594	1	81	1.14	1.102
关注微博数量	8,594	0	18,066	509.10	842.032
微博粉丝数量	8,594	0	34,776,019	31,084.27	519,377.039
发布微博数量	8,594	0	260,708	3,827.56	11,112.082
微博等级	8,594	0	48	19.41	12.375
会员等级	8,594	0	7	.81	1.671
平均被点赞量	8,594	.0000	20,005.0000	7.226935	305.9447917
平均被评论量	8,594	.0000	3,362.5000	1.828655	40.6757341
平均被转发量	8,594	.0000	25,326.0000	5.077947	285.0833691
有效 N(成列)	8,594				

表 7 “假疫苗”事件聚类类型 4 属性画像

	数字	最小值(M)	最大值(X)	平均值(E)	标准偏差
参与次数	5,616	1	49	1.14	.802
关注微博数量	5,616	0	18,275	475.98	869.891
微博粉丝数量	5,616	0	5,172,686	16,012.11	144,473.889
发布微博数量	5,616	0	335,328	3,558.24	10,330.510
微博等级	5,616	0	48	19.94	12.773
会员等级	5,616	0	7	.85	1.701
平均被点赞量	5,616	.0000	1,362.0000	3.356721	28.2822828
平均被评论量	5,616	.0000	904.0000	1.667871	17.8212695
平均被转发量	5,616	.0000	1,515.0000	1.468534	26.3419678
有效 N(成列)	5,616				

表 8 “假疫苗”事件聚类类型 5 属性画像

	数字	最小值(M)	最大值(X)	平均值(E)	标准偏差
参与次数	1,413	1	14	1.14	.553
关注微博数量	1,413	0	15,045	513.75	856.466
微博粉丝数量	1,413	0	2,314,212	22,889.86	117,977.701
发布微博数量	1,413	0	272,487	6,573.21	16,249.118
微博等级	1,413	0	48	21.67	13.620
会员等级	1,413	0	7	1.03	1.888
平均被点赞量	1,413	.0000	27,532.0000	36.684772	916.7598436
平均被评论量	1,413	.0000	8,987.0000	12.502536	308.3761426
平均被转发量	1,413	.0000	28,403.0000	24.589610	764.1433223
有效 N(成列)	1,413				

使用 SPSS 对 5 个社群属性变量账号类型和会员类型分别进行频率统计，结果见表 9、表 10。

表 9 “假疫苗”事件聚类得到分类账号类型分布

账号类型		类 1			类 2			类 3		
		频率	百分比	累积百分比	频率	百分比	累积百分比	频率	百分比	累积百分比
账号类型	普通用户	102,817	77.0	77.0	14,031	79.5	79.5	6,701	78.0	78.0
	名人	13,167	9.9	86.9	1,695	9.6	89.2	811	9.4	87.4
	政府	3,359	2.5	89.4	196	1.1	90.3	178	2.1	89.5
	企业	3,353	2.5	91.9	345	2.0	92.2	258	3.0	92.5
	媒体	1,770	1.3	93.2	76	.4	92.7	68	.8	93.3
	校园	126	.1	93.3	12	.1	92.7	3	.0	93.3
	网站	86	.1	93.4	4	.0	92.7	1	.0	93.3
	团体	195	.1	93.6	24	.1	92.9	9	.1	93.4
	企业(待审)	1	.0	93.6	1	.0	92.9	0	.0	93.4
	微博女郎	119	.1	93.6	14	.1	93.0	7	.1	93.5
	初级达人	489	.4	94.0	71	.4	93.4	34	.4	93.9
	中高级达人	7,995	6.0	100.0	1,170	6.6	100.0	524	6.1	100.0
会员类型	非会员	96,374	72.2	72.2	12,727	72.2	72.2	6,223	72.4	72.4
	付费会员	19,666	14.7	86.9	2,615	14.8	87.0	1,271	14.8	87.2
	未续费会员	17,437	13.1	100.0	2,297	13.0	100.0	1,100	12.8	100.0
	总计	133,477	100.0		17,639	100.0		8,594	100.0	

表 10 “假疫苗”事件聚类得到分类账号类型分布

账号类型		类 4			类 5		
		频率	百分比	累积百分比	频率	百分比	累积百分比
账号类型	普通用户	4,346	77.4	77.4	1,021	72.3	72.3
	名人	642	11.4	88.8	173	12.2	84.5
	政府	31	.6	89.4	28	2.0	86.5
	企业	168	3.0	92.4	92	6.5	93.0
	媒体	16	.3	92.6	16	1.1	94.1
	校园	7	.1	92.8	10	.7	94.8
	网站	3	.1	92.8	0	.0	94.8
	团体	5	.1	92.9	2	.1	95.0
	企业(待审)	0	.0	92.9	0	.0	95.0
	微博女郎	5	.1	93.0	0	.0	95.0
	初级达人	20	.4	93.4	3	.2	95.2
	中高级达人	373	6.6	100.0	68	4.8	100.0
会员类型	非会员	3,984	70.9	70.9	969	68.6	68.6
	付费会员	890	15.8	86.8	263	18.6	87.2
	未续费会员	742	13.2	100.0	181	12.8	100.0
	总计	5,616	100.0		1,413	100.0	

2.意见识别

使用聚类的分类标示,按类别不同分别提取5类用户与事件相关的微博,分别得到用户聚类1微博184,345条、用户聚类2微博21,797条、用户聚类3微博9,767条、用户聚类4微博6,383条、用户聚类5微博1,617条。使用TF-IDF(词频—逆文档频率)算法,对微博内容关键词进行权重评估和关键词提取(王小林、杨林、王东、镇丽华,2013)。从识别结果看,5个分类前三位权重关键词覆盖"疫苗""长生""事件""生物",关键词选择指向准确,使用TF-IDF算法,基于提取的高权重的100个关键词,对文本进行梳理,5类用户微博内容意见识别如下。

聚类1用户关注与意见:

聚类1用户主要关注长春长生生物疫苗不合格且狂犬病疫苗造假;武汉生物40万支假疫苗,监管部门行政处罚偏轻;过往疫苗造假事件的处理结果是只罚款,没有严肃处理;质疑本地疾控部门管控疫苗质量能力;关注国家药监局的各级部门"假疫苗"处置策略;山东省疾控中心官员自杀事件,自杀官员曾是百白破疫苗评标委员;疫苗补种工作;疫苗事件的问责问题;职能部门监管不力及权力腐败问题;基于疫苗事件对比我国政府与美国、日本等国家处置策略;"假疫苗"事件衍生话题,比如婴儿奶粉等问题;疫苗事件相关责任人应该被重罚;强烈质疑各种澄清声明,陷入敏感、焦虑、恐慌;呼吁重视公众健康、公众安全、公众利益、公众知情权,避免公众注意力的转换和遗忘曲线。

聚类2用户关注与意见:

聚类2用户特别关注孩子群体,对无辜孩子表示心疼;呼吁保护好孩子,救救孩子,对无辜的孩子有个交代;孩子接种的90%是涉事公司的疫苗,孩子的预防针也不敢打了;涉事企业没有良心,其背后存在腐败问题;疫苗造假屡次出现,归根结底是历史类似事件的惩戒没有震慑力,缺少让人信服的重拳,对涉事企业和责任人应问责到底;反思山西疫苗事件得不到很好处理,导致疫苗事件在全国重演;疫苗事件突破法律底线、道德底线;希望网管部门勿对"假疫苗"舆情进行屏蔽,期待主管部门果断斩杀害群之马;呼吁事件被转发,网民积极传播,希望早日查出事实真相,给公众一个满意交代,监管能吸取教训,在根本上完善监管机制;疫苗事件是信任危机,民众对国产疫苗的信任崩盘;横向类比其他国家疫苗问题处置,认为本次疫苗事件处理偏轻,纵向类比毒奶粉问题。

聚类3用户关注与意见:

聚类3用户认为涉及孩子的生命安全是底线,对涉事人和企业要公诉,真正彻查到底;同时多对问题进行深度和广度的引申;对比假疫苗,认为 B 站对孩子的危害更大;毒疫苗和高房价无法让家长放心;国内各种造假问题令人痛心疾首,强调监督的重要性,呼吁用户勿忘记、多转发、多围观;庆幸给孩子接种的是高价进口疫苗;因为涉事企业长生生物是上市公司,对投资者维权和股票有较多讨论。

聚类 4 用户关注与意见:

聚类 4 用户主要意见是愤怒,愤怒于事件处置中缺少"假疫苗"会对已接种的孩子造成什么影响的评估;愤怒于没有人给出补救孩子身体的措施;疫苗事件伤了万千宝宝妈妈的心,愤怒、焦虑、恐慌在妈妈群蔓延;企业为赚钱丧失底线,毒奶粉、假疫苗令人出离愤怒;转发媒体观点不能任由恐慌愤怒情感蔓延,相关部门须及时回应公众关切,公布调查结果。

聚类 5 用户关注与意见:

聚类 5 用户主要认为涉及孩子的生命安全是底线,没商量;对比类似事件在其他国家发生的处理结果,显示当下的处罚偏轻;转发与传播《疫苗之王》文章,关注长生公司老板儿媳炫富。

六、研究发现

社群 1 平均参与次数最高,均值为 1.38,对比其他社群其标准差最大为 2.040,说明社群 1 中存在大量高频参与事件的用户。从微博粉丝数量来看,社群 1 的微博粉丝数最多,平均粉丝量为 53,755.88,远高于其他社群。另外从发布微博数量来看,社群 1 微博发布数量均值为 5,008.67,在 5 个社群中位列第二,说明在社群 1 中存在大量传媒类或大 V 类微博账号。社群 1 平均被点赞量、平均被评论量和平均被转发量均值在 5 个社群中位于前列,且标准差偏大,同时其正面情感强度、负面情感强度、情感强度三个值都很低,分别为 0.133186、0.063187 和 0.069999,远小于其他分类。社群 1 聚类中心,在"乐""好""怒""哀""惧""恶""惊"大类情感分布相对均匀,且值为 −0.21782、−0.14563、−0.17179、−0.19530、−0.17263、−0.22769、−0.08049,都偏低,说明在社群 1 中存在大量传媒类专业微博账号,对情感的表达比较谨慎。从关注与意见维度来看,社群 1 关注点最为多元,意见较为全面,这与传媒强调发布新闻事实、淡化情感的专业操守相印证。综上,社群 1 是个包含专业媒体账号,观点较为稳重,意见相对中性,影响力巨大,但较为理智的群体。

社群 2 微博等级相对比较高，在 5 个社群中位列第二，均值为 20.45，其平均被点赞量、平均被评论量、平均被转发量的值分别为 6.774564、1.312591、3.016616，均处于中等水平。微博粉丝数量平均为 23,680.67，处于较低水平，说明社群 2 是社交媒体中较为资深的用户。从情感角度分析，社群 2 情感多分布在“哀”“惧”“恶”大类上，其强度值分别为 1.28512、1.16159、1.48961，远高于“乐”“好”“怒”和“惊”大类情感。其正面情感强度为 0.800288，是 5 个社群中最高的群。对比其他社群，社群 2 普通用户占比最高，为 79.5%。从关注和意见来看，社群 2 的观点更激进，意见更张扬。综上，社群 2 是个互联网使用能力强、情感表达直接、正负情感兼具，影响力一般、但观点鲜明，容易情绪化的群体。

社群 3 的平均被点赞量、平均被评论量和平均被转发量是 5 个社群中最高的，其值分别为 7.226935、1.828655、5.077947。社群 3 发布的内容比较容易被点赞、评论和转发。社群 3 聚类中心，“乐”的大类情感强度远高于其余 6 类大类情感强度，其多使用反讽和戏谑的表达。社群 3 正面情感强度均值为 0.557724、负面情感强度均值为 0.381903、情感强度均值为 0.175822，在 5 个社群中处于中下水平。社群 3 中付费会员账号比例较低。从关注意见来看，社群 3 对疫苗事件有较多深度挖掘和话题引申，并对财经有一定了解。综上，社群 3 是 5 个群体中互联网使用能力最强，思考问题最为全面，情感表露含蓄，影响力最强，观点稳重，擅长使用网络语言进行调侃和戏谑表达的群体。

社群 4 在 5 个社群中，微博粉丝量最少，均值仅为 16,012.11，发布微博数量最少，均值仅为 3,558.24，平均被点赞量、平均被评论量和平均被转发量最低。从社群 4 情感聚类中心来看，其主要情感聚集于“怒”情感大类。整个事件的情感分布“怒”仅占 5%，所以尽管这一维度的大类情感归类为“怒”，但其负向情感不像其他社群那么强烈。从关注意见来看，社群 4 愤怒的原因在于没有补救孩子身体的措施，各种负面事件让社群 4 成员愤怒蔓延。这个群体中应该有较多家长且与事件直接相关。综上，社群 4 是个充满愤怒，使用社交媒体作为情感宣泄，影响力和内容生产力稍弱的群体。

社群 5 参与事件次数均值为 1.14，且数据标准差在 5 个社群中最小，成员普遍对疫苗事件参与频次较低。社群 5 微博粉丝数量并不多，均值仅为 22,889.86，但其发布微博数量在 5 个社群中排第一，均值为 6,573.21。从平均被点赞量 36.684772、平均被评论量 12.502536、平均被转发量 24.589610 三个指标来看，社群 5 均是 5 个社群中最高的，远远领先于其他 4 个群。社群 5 的会员等级均值和微博等级均值都是 5 个社群中最高的，分别为 1.03 和 21.67。从账号类型和会员类型来看，名人账号占比 12.2%，付费会员账号占比 18.6%，都是 5 个社群中最高的。从关注和意见来看，社群 5 发布的内容多为我国与日本疫苗处置的类比和长生公司老板儿媳炫富。由此推论社群 5 大量存在企业或组织类微博，蹭热点涨粉现象普遍。综上，社群 5 是个更关注疫苗事件热点，以惊奇博关注，善于叙事和表达，情感表达较含蓄的群体。

七、结论与讨论

从聚类结果 5 个社群的群体描述和群际差异比较来看，群际差异明显，群内成员聚合性高，且基于群特征的描述具备一定的解释性和合理性。因此，使用情感对社交媒体舆论事件中的用户聚类具备可行性且聚类结果解释性比较强。聚类识别的 5 个社群可以归聚并映射到不同的经济水平、社交媒体资本和情感表达，具备阶层差异的典型特征。用户通过情感交换聚集成社群，用户在社群中的地位由其情感动员能力和情感网络位置决定。情感已然成为一种资本，这种资本与经济资本、文化资本一起重构用户主观的社会认同和客观的社群分布。用户在舆论事件的矛盾冲突与情感表露中，不但形成了对世界的拟态印象，同时也锚定了自己在社会中所处的位置，聚集成特定社群，建构"我们"与"他们"的认同边界。用户在虚拟空间的交互行为数据让社会分层中不同地位群体的面貌更加清晰。不同社群在不同媒介事件中，会因为自己归属群体的不同，呈现情感表露的差异。这种差异经过社交媒体的互动，会在群体内部形成情感趋同，趋同的情感会固化群体的社群认同。更细粒度的情感分类的考察，不但对情感的描述更加深刻，也能让社群的边界更加清晰，提升聚类结果的可解释性。

参考文献

埃米尔·迪尔凯姆(1995)，《社会学方法的准则》(狄玉明译)。北京：商务印书馆。

陈国兰(2016)，《基于情感词典与语义规则的微博情感分析》。《情报探索》，第 2 期，页 5-10。

陈力丹(1999)，《舆论学——舆论导向研究》。北京：中国广播电视出版社。

陈少华(2008)，《情绪心理学》。广州：暨南大学出版社。

成伯清(2011)，《"体制性迟钝"催生"怨恨式批评"》。《人民论坛》，第 6 期，页 21。

古斯塔夫·勒庞(2018)，《乌合之众：大众心理研究》(马晓佳译)。北京：民主与建设出版社。

郭景萍(2008),《情感社会学:理论·历史·现实》。上海:上海三联书店。

蔺璜、郭姝慧(2003),《程度副词的特点范围与分类》。《山西大学学报(哲学社会科学版)》,第2期,页71-74。

刘建明(1988),《基础舆论学》。北京:中国人民大学出版社。

刘欣(2003),《阶级惯习与品味:布迪厄的阶级理论》。《社会学研究》,第6期,页33-42。

刘玉娇、琚生根、伍少梅等(2015),《基于情感字典与连词结合的中文文本情感分类》。《四川大学学报(自然科学版)》,第1期,页63-68。

乔纳森·H. 特纳(2007),《情感社会学》(孙俊才、文军译)。上海:上海人民出版社。

塔尔科特·帕森斯(2003),《社会行动的结构》(张明德等译)。南京:译林出版社。

王小林、杨林、王东等(2013),《改进的TF-IDF关键词提取方法》。《计算机科学与应用》,第3期,页64-68。

沃尔特·李普曼(2006),《公众舆论》(阎克文、江红译)。上海:上海世纪出版集团。

徐琳宏、林鸿飞、潘宇等(2008),《情感词汇本体的构造》。《情报学报》,第2期,页180-185。

徐琳宏、林鸿飞、杨志豪(2007),《基于语义理解的文本倾向性识别机制》。《中文信息学报》,第1期,页98-102。

张成功、刘培玉、朱振方等(2012),《一种基于极性词典的情感分析方法》。《山东大学学报(理学版)》,第3期,页50-53。

张磊(2016),《情感、利益对群体性事件参与的影响及其阶层差异》。华中科技大学社会学系博士论文。

周葆华(2010),《新媒体使用与主观阶层认同:理论阐释与实证检验》。《新闻大学》,第6期,页29-40。

Cahill S. E.(1999). Emotional Capital and Professional Socialization: The Case of Mortuary Science Students (and Me). *Social Psychology Quarterly*, 62(2):101-116.

Stieglitz S., Dang-Xuan L.(2013). Emotions and Information Diffusion in Social Media—Sentiment of Microblogs and Sharing Behavior. *Journal of Management Information Systems*, 29 (4):217-248.

Tsagkalidou, K., koutsonikola, V., Vakali, A., & Kafetsios, K.(2011, October). Emotional Aware Clustering on Micro-Blogging Sources. Paper presented at Proceedings of the 4th International Conference.

Vakali, A., & Kafetsios, K.(2012, January). Emotion Aware Clustering Analysis as a Tool for Web 2.0 Communities Detection: Implications for Curriculum Development. Paper presented at Proceedings of the 22nd International World Wide Web Conference.

实践观察

电商平台个人数据跨境流动的政策困境与治理进路*

Policy Dilemma and Governance Approach for Transborder Flow of Personal Data on E-Commerce Platforms

◇ 邹 军 胡小燕**
Zou Jun Hu Xiaoyan

摘要:伴随电商平台的大数据导向和全球化趋势,跨境业务中个人数据流动愈发频繁,国家安全、产业发展和个人信息保护的张力也越来越明显。由于各国的个人数据保护水平和主要关切点不同,电商平台个人数据跨境流动面临着数据合规要求多样化、数据存储本地化、外部监管复杂化等政策困境。要走出这一困境,电商企业需调整自身数据政策,提升个人数据保护水平,同时提升适应各国不同法制环境的合规水平;国家应完善个人数据保护的立法,同时加强国际合作,排除电商企业全球经营的阻碍,提升产业水平,增进社会福祉。

Abstract: With the big data orientation and globalization trend of e-commerce platforms, the flow of personal data in cross-border business is becoming more and more frequent, and the tension of national security, industrial development and personal information protection is becoming more and more obvious. Due to different levels of personal data protection and major concerns in different countries, transborder flows of personal data on e-commerce platforms face policy dilemmas such as diversification of data compliance requirements, localization of data storage, and complexity of external supervision. To get out of this dilemma, e-commerce companies must adjust their own data policies to improve the level of personal data protection, and simultaneously improve the

---

* 本文系教育部人文社会科学研究规划基金项目“跨境数据流动治理中主权原则的争议、调适与实践路径研究”(项目编号:19YJA860033)以及国家社会科学基金重大项目“大数据时代计算传播学的理论、方法与应用研究”(项目编号:19ZDA324)的研究成果。

** 邹军,广州大学新闻与传播学院教授;胡小燕,南京师范大学新闻与传播学院 2017 级硕士研究生。

level of compliance that suits different legal environments in various countries. The nation should improve the legislation on personal data protection, and strengthen international cooperation, remove the obstacles to the global operation of e-commerce companies, improve the industry level, and enhance social well-being.

关键词:电商平台,数据跨境流动,数据治理,网络治理

Keywords: e-commerce platform, transborder data flow, data governance, network governance

一、引言

在中国互联网发展的20多年中,电子商务几乎是最早发展且处于领先地位的互联网应用。从20世纪90年代第一家电子商务网站——易趣网成立,到现在琳琅满目的网购平台,电子商务在中国得到飞速发展。中国互联网络信息中心(CNNIC)发布的第45次《中国互联网络发展状况统计报告》显示,截至2020年3月,中国网络购物用户规模达7.1亿,占网民整体的78.6%。随着互联网基础设施的完善和移动互联网的普及,电子商务逐渐从城市覆盖到农村,网络购物成为人们普遍选择的一种消费方式。

近年来,在网络购物中提供交易服务和支付功能的电商平台(指在电子商务中为交易双方或多方提供网络经营场所、交易撮合、信息发布等服务的平台,如淘宝网、亚马逊、京东商城、拼多多等)表现出了明显的大数据导向和全球化趋势。作为连接买卖双方的中介服务方,电商平台掌握了海量的数据,包括用户个人身份信息、消费订单记录、银行卡号、卖家商品及交易记录等,并将其作为营销与服务创新的根本。与此同时,得益于国际金融支付和跨境仓储及物流的发展,电子商务平台还呈现出明显的全球化趋势。亚马逊、淘宝网、Shopee等购物网站不断扩展服务范围,发展跨境电子商务,逐渐成为跨区域的网络购物平台。以全球最大的电商平台——淘宝网和亚马逊为例:亚马逊在全球开设了14个站点,服务覆盖了65个国家,是最具全球性的电商平台。淘宝网的零售服务则覆盖了亚太地区,并逐渐向北美和欧洲扩展。他们一方面要求海外卖家提供个人信息和营业信息,以此作为开店的基本条件,另一方面收集买家个人信息,再根据其浏览行为分析其偏好,以更快锁定买家涉猎产品领域,为其提供有

效的引导和推送服务。用户的个人数据成为跨境电子商务中最重要的资源，个人数据的跨境流动也构成了跨境电子商务发展的内在动力。与传统贸易模式相比，跨境电子商务有着高效率、低成本、客源广、开放度高等优势，逐渐成为对外贸易发展的重要组成部分。艾媒咨询(iiMedia Research)提供的数据显示，2018年中国跨境电商交易规模达到9.1万亿元，2019年预计达到10.8万亿元(艾媒咨询，2019)。

伴随电商平台数据驱动和全球化趋势，跨境业务中产生的用户个人数据逐渐增多，国际流动也愈发频繁，国家安全、产业发展和个人信息保护的张力越来越明显，个人数据跨境流动受到广泛关注，也成为学界的热门议题。有学者指出，在当前网络空间治理政策中，没有哪类议题能够像数据跨境流动一样包含如此复杂的讨论面向：数据主权、隐私保护、法律适用与管辖乃至国际贸易规则(王融，2018)。诸多学者(姚维保，2008；Newman，2008；Kuner，2013；黄道丽、胡文华，2019)关注个人数据流动的立法情况，分析了在个人数据流动中处理敏感数据和跨国际传输时面临的一些困境，并提出了相关策略。2012年欧盟开始修订《通用数据保护条例》之后，针对个人数据跨境流动的规制研究获得了学界较多关注(Ryz & Grest, 2016; 吴沈括，2018；许多奇，2018)。事实上，个人数据既是数据经济的基石，也是消费者获得更好、更具个性化服务的前提。在数据经济发展的过程中，对保管个人信息的企业、酒店、购物或社交网站等数据控制者赋予更多责任是现有规制框架的核心(邹军、吕智娴，2020)。然而，个人数据收集与流动的必要性与数据保护的困难面临着复杂的局面，特别是在跨境流动中矛盾更加尖锐。本研究以淘宝网和亚马逊为例，通过分析电商平台用户数据跨境流动的具体场景、现有政策及面临的困境，探讨基于电商平台的个人数据跨境流动治理的未来进路。

二、基于电商平台的个人数据跨境流动场景

电商平台在开展业务时，个人数据的跨境流动一般有以下几种情况：①消费者个人数据的境外存贮。买家在境外电商网站上注册账号进行商品浏览或购买，留下个人身份信息、物流信息和财务信息等。②卖家个人数据的境外存贮。卖家在境外电商网站申请开店、注册账号时，提交个人身份信息、财务信息和经营信息等。③跨境电商在不同国家或地区的子公司因业务需要传输用户数据。④跨境电商云计算中心从各个国家的数据中心复制用户数据用以分析

和利用。⑤外国电商向本地居民提供基于位置的多样化服务时自动收集的个人数据传输至电商所属国等。上述数据流动包括但不限于数据的传输,更多的是自然的数据收集与共享。在这些不同情况的数据跨境传输中,经过匿名化或其他去标识化处理的数据包不算在个人数据的范围内。但需要指出的是,即使有些国家对数据本地化有强制要求,但数据的可复制性使得其即便被存储在本地,也依然存在一定程度的跨境流动。

从淘宝网和亚马逊的跨境电子商务看,他们主要经营的是零售业务,更多面临的是卖家和消费者个人数据跨境流动的问题。自 2019 年 1 月 1 日起实施的《中华人民共和国电子商务法》第 27 条规定,电子商务平台经营者应当要求申请进入平台销售商品或者提供服务的经营者提交其身份、地址、联系方式、行政许可等真实信息。跨境电商业务同样遵守此项规定。淘宝网的海外买手店和海外品牌店是跨境电商的重要组成部分,这类电商的卖家要通过淘宝网规定的渠道提交个人信息,这些数据被收集且受到淘宝网控制,而参与海外购物的用户也需要提交身份信息(涉及关税)、联系方式、物流地址等个人数据到海外的卖家。淘宝网中越来越多的国际品牌旗舰店也会将收集到的客户个人数据进行分析和使用,甚至根据业务需求传输到国外公司。在亚马逊,卖家要开网店必须根据所选择的站点提交所规定的个人信息与经营信息,例如在欧洲站点开店,则需要解决 KYC(Know Your Customer)和 VAT(Value Added Tax)两个问题。KYC 审核是对亚马逊账号持有人的身份进行确认和备案的过程,VAT 则是欧盟国家普遍征收的售后增值税。这些由用户主动提交的详细个人数据完成跨境流动后,由该经营站点所控制。亚马逊掌握并充分利用着大量的此类数据。在卖家与他国消费者的交易中,卖家能够获取到消费者的部分个人数据,双方以邮件形式直接沟通。随着平台国际业务的拓展,上述个人数据跨境流动越来越广泛和频繁。

而针对跨国公司业务交流和云计算所推动的用户个人数据流动场景,以企业为主体的数据跨境传输活动同样存在,且涉及的数据量一般较为庞大。由于淘宝网和亚马逊都在其隐私政策中表示不会将用户个人数据进行转让或者售卖(企业合并、收购或破产清算除外),因此,在淘宝网和亚马逊中大规模用户数据的跨国性流动只存在于企业内部业务交流中。如果出现数据泄露或被盗取,企业会受到数据主体所属国相关法规的惩罚。如 2018 年脸书被曝有超过 5,000 万用户(大部分为美国用户)的个人数据被传输到英国剑桥分析公司,结果被美国联邦贸易委员会处以了巨额罚款。

三、电商平台个人数据跨境流动的政策困境

像淘宝网和亚马逊这样的跨国性网购平台，无论是在企业内部的业务流程中，还是在用户发起的具体交易中，个人数据的跨境流动都越来越重要，甚至直接影响着企业未来业务的发展。然而，由于业务运营地和用户所在地的不同，企业面临着各国不同的数据政策环境，个人数据保护的标准不一导致企业在数据跨境传输中需制定多样化的合规策略。全球对于数据主权的日益重视与维护，也使得企业面临的数据管辖环境更为严格与复杂，大大增加了企业在个人数据保护违规方面的风险与成本。

（一）数据合规要求多样化

目前各国数据保护水平存在较大鸿沟，全球范围内形成统一的数据跨境流动政策仍然遥不可及，现有规则主要由欧美发达国家引领。除了“数据自由流动”与“数据本地化”之间的冲突，在个人数据保护的具体规则方面各国也存在诸多差异，这意味着涉及数据跨境流动的企业需要面临复杂的法规政策环境，对企业的数据合规、数据保护成本及业务布局等方面有着深刻影响。欧盟和美国出于各自的历史传统和现实诉求，创建了个人数据跨境流动规制的两大范式，即欧盟经济区以《通用数据保护条例》(GDPR)为主，亚太地区以美国主导下的《跨境隐私规则体系》(CBPRs)和《跨太平洋伙伴关系协定》(TPP)为主的两大数据跨境流动规制体系。这两种范式之间既相互竞争，又相互妥协和融合，构成了全球个人数据跨境流动规制的基本格局(许多奇，2018)。电子商务企业在全球开展数据的收集与传输业务，面临着多样化的合规要求。

从对数据跨境传输的要求来看，欧盟的要求可谓最为严格。GDPR 规定，如果向欧洲经济区以外的第三国或地区传输欧洲的个人数据，该国或地区必须达到欧盟所认证的“充分性”保护水平。欧盟委员会通过“充分性”调查结果来评估第三国的个人数据保护水平，这些调查结果对所有会员国都具有全部约束力。一旦承认第三国的数据保护水平达到“充分”，就可以将个人数据传输到该国，而不必采取进一步的保护措施。现有的“充分性”调查结果都将在 GDPR 的框架下得到审查，这就是所谓的“充分性”决定(邹军，2019)。这对各跨国企业的发展造成了不同的影响。根据 GDPR 的规定，亚马逊欧洲有权向其美国主体公司或其他满足“充分性”条件的国家站点传输其经营过程中所收集的用户个

人数据,用于数据分析和业务发展。而由于中国未获得欧盟“充分性”保护水平认定,包括淘宝网在内的中国跨国企业则只能通过提供 GDPR 认可的企业约束规则,或者接受 GDPR 认定的集团内部数据传输相关的行为守则,才能向本国经营主体传输来自欧洲的数据。因此,中国跨国企业在欧洲地区的发展受到了更多阻碍,面临着更为严格的内部数据监管审查。

在亚太地区,依据 CBPRs 制定政策的国家对于数据跨境流动要求则相对宽松。企业通过对照自评以及问责代理机构评估,通过后获得 CBPRs 认证标志,即被认可为符合隐私保护标准的企业,可以在亚太各国从事涉及个人信息跨境收集、加工、利用以及传输的业务(弓永钦、王健,2015)。美国基于其信息科技产业的优势地位,在数据跨境流动方面坚持市场导向,减少干预,建立了个案事后监管的机制,极大减少了对于数据跨境流动的限制。中国并未加入 CBPRs 规则体系,国内企业还不能利用该框架中的跨境数据转移机制。中国目前对于数据跨境流动没有系统的法规政策,《中华人民共和国网络安全法》中规定了本国境内的个人数据应当在境内存储,如有数据传输至境外的需求,则应当按照国家网信部门会同国务院有关部门制定的办法进行安全评估。总体原则是严格控制数据对外流出,对外国企业的数据流动具有较为严格的规制。

不同国家和地区的数据合规要求不同,这给依赖大数据技术发展的企业业务带来了影响。全球海量的数据资源能够通过物联网、云计算、大数据分析等技术得以快速地聚集、分析加工并驱动业务发展,产生更多的经济价值。而全球分散且独立的数据流动规制直接影响了数据流动的效率与结果,甚至影响了跨国企业业务模式的创新与拓展。电子商务企业在迅速扩展全球性业务的过程中,面临着各种各样的数据违规风险,仅仅靠单一的技术手段和人才团队很难应对各国的数据合规要求,需要依靠更多的本地化团队,深入业务场景和技术实现方式中提出合规方案。

(二)数据本地化加重企业负担

随着数据变得越来越有价值,很多国家都主张对其辖区内产生的数据实施更多的管控。这些条例通常要求在某个国家收集的数据,必须存储在该国本地,在有限的渠道内才可向境外流动。实行数据本地化政策的国家主要关注两个方面的数据出境:一是个人信息,二是影响国家安全和国家利益的数据,着眼点在国家安全、个人权利保护和对境外数据的管辖困境等(顾伟,2018)。

中国是实行数据本地化的典型国家,《中华人民共和国网络安全法》中明确规定了在中国境内收集和产生的个人信息与重要数据应当在境内存储，因业务需要，确需向境外提供的，应当按照国家网信部门会同国务院有关部门制定的办法进行安全评估。国家网信办对此也制定了相关规定。这些规定的确可以有效避免数据的非法流动，能够有效维护国家安全和公民个人权利，但从企业经营的角度看，它会成为跨国业务发展的一大阻碍。特别是其中有些条款模糊不清，并未确立统一的数据本地化合规细则，而是以“有关部门评估”的方式进行评定。针对个案进行单个评定，不仅给予了审查部门很大的自由裁量权，也给他们带来了庞大的工作量，评估往往难以及时完成。个案评估的方式以及缺乏明确的规则条款也解释了在我国经营的电子商务平台（包括亚马逊中国）在关于数据跨境流动的政策条款中仅有简要说明而无细则的原因。

越来越多的数据本地化措施使跨国经营的公司产生了更高的成本。在有数据本地化要求的国家，企业必须在本国境内安装和维护数据服务器，所有的数据都必须在该国本地存储，面临着该国政府的监管和可能的调取审查，并接受由于法律尚未完善而带来的不可预测的处罚风险。这使得跨国企业在这些国家的持续投资变得具有挑战性。通过限制在全球各地自由共享数据，这些法规迫使公司在数据收集地雇用更多的本国人员（如亚马逊中国所隶属的亚马逊卓越有限公司雇用的大部分员工为中国本国公民），而不是让公司安排其员工在最适合开展业务的地方工作。这些限制同时抑制了潜在的生产力增长，迫使公司在本地数据基础设施上进行高成本投资以遵守当地法律法规。最终，企业及消费者通过更高价格和更少选择的方式承担着数据限制的成本。从长远来看，这些规则最终会导致在全球范围内形成规模较小的不健全的市场。

数据本地化措施也会造成商业战略困境，尤其对于数字支付公司的扩大化发展是严重阻碍。数字支付市场不仅包括交易费、转让费、利息收入和维护费等传统支付项目，数字支付的相关数据还可以转化为利润丰厚的收入来源，包括基于智能手机定位的定向广告，关于还款可能性分析的定制信息，以及客户对金融风险容忍度的精确测量。淘宝网在国内的发展主要依赖的支付平台是同一母公司的支付宝，支付宝在外国的推广和使用情况并不算顺利，面临着各国金融行业的各种合规限制和严格的信息保护与监管，这也是导致淘宝网海外业务与跨境电商业务受阻的重要因素之一。淘宝网的境外交易往往需要依赖国外 Apple Pay、PayPal 等数字支付工具，这意味着淘宝网需要与国外各种数字支付公司共享相应的消费数据和用户信息。考虑到这些公司与阿里巴巴之间存在国际业务的竞争，淘宝网却不得不将数据拱手让予竞争对手，损失更大。

亚马逊中国也面临着类似问题。数据本地化成为本地保护主义的重要组成部分,虽然有悖市场自由竞争原则,但已成为当今普遍现象。

(三)各国管辖冲突带来外部监管复杂化

在全球化浪潮下,跨国性的人员或资产流动、业务往来等都可能面临着国家管辖冲突,这种冲突在互联网经济中体现得更为明显。在跨国业务增长的同时,许多互联网企业在数据跨境流动中受阻:谷歌多次以侵犯或滥用居民个人数据为由被欧盟国家处以大额罚款;脸书也因同样的问题在欧洲遭到联名起诉。互联网是最典型的全球性市场,网络中的数据流动是全球性的,而其所适用的法律与监管手段却是本地化的。各国保护个人数据权利与企业跨境业务中数据流动的矛盾愈发剧烈。全球数据流动使这种管辖冲突愈发明显,尽管数据流动可根据所涉及的不同国家的法规政策而选择不同的合规方案,但各国的管辖冲突使其面临着更为复杂的外部监管环境。

本国政府要求对于本国的个人数据具备管辖权,是强调数据主权的合理体现。但是随着基于互联网的跨国业务普遍开展,以下情况可能成为常态:一个国家的民众使用某网络服务,而其服务提供方所用的服务器及收集并存储的相应数据并不在本国境内,甚至服务提供方在本国并无经营实体或代表机构。这些并未提出数据本地化要求的国家对于此类事件的管辖存在不确定性。可以设想一下,如果亚马逊日本通过合规化途径将用户数据转移到美国本地的数据中心,然后在美国发生了用户个人数据泄露事故的情况。在此假设案例中,用户数据来源于日本,却存储在美国,此时日本与美国针对此事故的管辖权即具有争议。在跨境电子商务的交易过程中某些情境下的个人数据跨境流动很容易产生此类问题。如亚马逊的中国卖家在欧洲站点申请经营,由于地理等外在因素限制,一般无法到当地办理申请业务,很多人将经营申请的相关个人资料委托给中国或欧洲当地专业服务机构代办相关业务,这类个人数据的跨境流动成为常态。而一旦发生数据泄露或买卖等事故,数据来源国与数据控制主体所在国对此的管辖就存在冲突。在微软诉美国司法部案中,司法部门认为无论数据存储在哪里,数据来源国都具有管辖权,这使得企业处于进退两难境地(Daskal,2016)。实际上,这不仅是大型跨国公司面临的问题,伴随互联网服务的全球化趋势,很多企业都将面临这类难题。

对于数据的管辖,最为强势和严格的当属 GDPR,其对于适用主体的调整扩展了域外管辖权。除了管辖欧盟境内的数据控制主体和跨国企业在欧盟的数据活动以外，连未在欧盟国家境内设立实体的企业或组织处理欧盟公民的数据，都要受到该条例的管辖。若欧盟公民在旅居中国期间，使用淘宝网等平台的服务，淘宝网对于这部分用户的个人数据收集、处理和存储、转移等活动也受到 GDPR 管辖。这在全球一体化日渐加深的今天，对于电子商务的跨国性发展显然是一种束缚。

四、电商平台个人数据跨境流动的治理进路

尽管数据跨境流动面临重重困难，但数据流动蕴涵的巨大商业价值令全球数据流动的规模越来越大，根据国际权威机构 Statista 的统计和预测，全球数据量在 2019 年有望达到 41ZB(中国信息通信研究院，2019)。建立一个既能充分保护个人隐私，又能促进数据高速流动的个人数据保护机制成为普遍呼声。这一机制预示了电商平台个人数据跨境流动治理的未来，需要电商平台企业和主权国家的共同努力。

(一)电商平台企业:建立适应不同国家的合规机制

对于用户数据的跨境流动，淘宝网和亚马逊作为全球最大的电商平台，在公开的规则文件中几乎都没有详细的规定，只在隐私政策之中明确了基本规则:数据的跨境流动遵从运营地本国的相关法律，用户在主动参与跨境电商过程中的个人数据流动不属于平台保护范围等。如淘宝网中国在《隐私权政策》中表示“在中国境内运营中收集产生的个人信息，存储在中国境内”，宣示作为平台运营方收集的数据会遵循本地化存储原则，但存储之后是否会根据业务需要将数据跨国传输未做说明。而且，这还不包括用户明确授权，或者参与跨境电商的交易中需要向境外传输个人数据的情况。用户在跨境交易中主动提交的个人数据和传输给卖家的个人数据，并不受到此规定的约束，平台亦不对此负责。亚马逊欧洲的《隐私政策》中说明:“每当我们在将个人信息传输到欧洲经济区以外的国家时，我们将确保数据传输依据本隐私声明以及遵循适用的数据保护法律。”

总体看来，电子商务平台对于跨境电子商务交易过程中所发生的用户数据跨境流动采取“不担责任”的态度，将其认定为用户在平台内的个人自愿行为。两大平台仅对数据跨境传输做了简单说明，强调以各国适用的法律为准，未明示可能存在的情况及规则。出现这一情况的原因就在于各国数据政策的不相

统一,全球数据跨境流动治理处于相互博弈的分散状态。

面对各国不相统一的个人数据保护水平和要求,对于电商平台企业来说,当务之急是完善自身的数据政策。它一方面要从数据流动的不同场景出发,运用技术手段加强数据安全保护,同时要成立专门的数据安全合规团队,认真研究各个国家和地区有关个人数据保护和流动的政策法规,制定相对应的数据策略与用户隐私保护机制,积极寻求多样化的数据合规渠道。比如在中国境内,主要是按照《中华人民共和国网络安全法》的规定进行数据本地化存储,如果有必要将数据传输至境外,则要通过国家相关部门的安全评估。若需要在其他国家开展业务,企业可选择在数据流动相对自由的地区进行布局。大型跨国企业可通过调整业务布局来实现数据安全合规,比如选择在欧盟成员国或欧盟认可的"充分保护认定"国家建立或选择数据中心作为"数据港",以尽可能降低数据跨境流动的传输成本和合规风险。

(二)政府:对内完善立法,对外加强合作

针对数据的跨境流动,欧盟有基于 GDPR 的规制机制和流程安排(邹军,2019),美国也有较为完备的法规,并与欧盟有合作框架保障数据的跨境流动。反观中国,现有的数据跨境流动法规不成系统,且在现实操作层面存在较多困难。《中华人民共和国网络安全法》中首次对关键信息基础设施的数据跨境传输从法律层面上进行了规定,但未明确关于数据跨境的具体细则。《个人信息和重要数据出境安全评估办法》第三条规定"个人信息出境前,网络运营者应当向所在地省级网信部门申报个人信息出境安全评估",明确了我国个人信息出境安全评估的基本管理框架。"2019 征求意见稿"是对 2017 版的进一步修改,似乎适用于从中国收集个人信息的所有海外实体,无论收集的个人信息量是多少,也无论此种收集是否针对中国的个人信息主体。这种管理框架以国家机构事前评估为主,除了巨大的行政工作量之外,也未提供明确的法律依据及合规细则,给企业带来了很多不确定性或过高的合规负担。因此,推动数据跨境流动的相关立法,为企业提供稳定的监管环境和合规预期,是当前需要着力解决的问题。这不仅是为个人数据的保护与跨境流动设立合法依据,也是为加入国际数据保护框架做好准备。

与此同时,要加强个人数据跨境流动治理领域的国际合作。尽管当前对于数据跨境流动尚未在全球范围内形成统一的规则或条约规范,但区域性的流动规则框架较为普遍,如美国与欧洲之间数据传输所依据的《隐私盾协议》,欧盟

国家之间的《通用数据保护条例》，亚太地区的《跨境隐私规则体系》等。中国作为亚太经合组织成员，未参与以美国为主导，加拿大、日本、韩国等多国参加的《跨境隐私规则体系》，也未加入任何关于个人数据保护的其他国际条约或框架。这样的境况使得中国的跨国性企业在业务发展过程中面临更多的数据合规困难。中国的个人数据保护未获得欧盟“充分性”保护水平的认证，且因各个国家对于信息安全的高度重视与规制，使得国际社会对于我国个人信息保护认可度较低。因此，中国更应该深入研究个人数据保护规则，积极参与区域性或全球性的规则对话，积极寻求其他合规手段，维护中国企业的利益。这种合作可以从建立一对一的国家间合作开始，到参与区域性甚至全球性规则体系，循序渐进，逐步建立国际社会对中国数据保护水平的信任。在这方面，美国的做法可供借鉴。美国与欧洲单独开展对话先后达成了《安全港协议》和《隐私盾协议》，为数以千计的美国企业在欧洲开展业务提供了合规保障。

随着中国国际地位的提升以及在国际事务中拥有更多话语权，充分发挥数据大国优势，在数据跨境流动的全球合作中提升影响力，在当前显得格外重要。这需要大量的基础性工作，如在对外谈判与合作中，深入了解企业在业务发展中的真实困境，广泛听取企业与相关利益体的意见和建议，作为协商具体条款的依据；做好对外沟通，提高国际社会对我国数据保护水平的认可，避免处于被动或孤立的境地。更重要的是，对数据跨境流动规则要有前瞻性的思考，在国际规则的讨论和制定当中发出“中国声音”，争取在国际规则建构中体现“中国方案”。

五、结语

个人数据跨境流动是电商平台开展国际业务的基础，它发生在电商企业运作的多个场景中。由于各国政策的差异，电商平台的数据跨境流动面临着多重困境。这是全球所有电商平台企业面临的共同现实，但我们更需要关注的是中国的电商企业。尽管中国互联网行业发展水平较高，有全球最大的电子商务市场和网购人群，在国际上具有明显的竞争力，但在数据跨境流动方面并没有享有应有的地位。要走出这一困境，电商企业要调整自身数据政策，加强个人数据保护，同时提升适应各国不同法制环境的合规水平；国家应完善个人数据保护的立法，同时加强国际合作，在提升个人数据保护水平的同时，排除电商企业全球经营的阻碍，吸引外资和外国企业参与我国数字经济发展，提升产业水平，增进社会福祉。

个人数据跨境流动是个具有复杂面向的议题，事关个人信息保护、产业发展和国家安全。电商平台的跨境经营为这一复杂议题提供了绝好的场景。在数据成为战略性资源的数字化时代，如何平衡个人、企业和国家的利益，实现有效的个人数据流动治理，不仅是企业制定数据政策时应该考虑的问题，更考验国家立法者的智慧。个人数据需要在使用中进行保护，一方面要保护好个人隐私，另一方面要促进数据的高效流动，让数据造福于更美好的生活。在推动电子商务企业个人数据科学治理的过程中，企业和政府都需要深入研究行业现状，广泛学习多国经验，共同为建立多方共赢的个人数据治理机制而努力。

参考文献

艾媒咨询(2019 年 3 月 26 日)，《2018-2019 中国跨境电商市场研究报告》。引自“艾媒报告中心”微信平台。

弓永钦、王健(2015)，《APEC 与欧盟个人数据跨境流动规则的研究》。《亚太经济》，第 5 期，页 9-13。

顾伟(2018)，《警惕数据跨境流动监管的本地化依赖与管辖冲突》。《信息安全与通信保密》，第 12 期，页 27-32。

黄道丽、胡文华(2019)，《全球数据本地化与跨境流动立法规制的基本格局》。《信息安全与通信保密》，第 9 期，页 22-28。

王融(2018)，《数据跨境流动政策认知与建议——从美欧政策比较及反思视角》。《信息安全与通信保密》，第 3 期，页 41-53。

吴沈括(2018)，《欧盟〈一般数据保护条例〉(GDPR)与中国应对》。《信息安全与通信保密》，第 6 期，页 13-16。

许多奇(2018)，《个人数据跨境流动规制的国际格局及中国应对》。《法学论坛》，第 3 期，页 130-137。

姚维保、韦景竹(2008)，《个人数据流动法律规制策略研究》。《图书情报知识》，第 2 期，页 38-42。

中国信息通信研究院(2019 年 12 月 10 日)，《大数据白皮书 2019》。引自 http://www.caict.ac.cn/kxyj/qwfb/bps/201912/t20191210_271280.htm。

邹军(2019)，《基于欧盟〈通用数据保护条例〉的个人数据跨境流动规制机制研究》。《新闻大学》，第 12 期，页 16-27，119。

邹军、吕智娴(2020)，《区块链与个人数据保护模式的转型》。《现代传播(中国传媒大学学报)》，第 7 期，页 46-50，60。

Daskal J. (2016). Law Enforcement Access to Data Across Borders: The Evolving Security and Rights Issues. *Journal of National Security Law & Policy*, (8): 473-475.

Kuner C. (2013). *Transborder Data Flows and Data Privacy Law*. Oxford: Oxford University Press.

Newman A. (2008). *Protectors of Privacy: Regulating Personal Data in the Global Economy*. New York: Cornell University Press.

Ryz L., & Grest L. (2016). A New Era in Data Protection. *Computer Fraud & Security*, 2016(3):18-20.

“流量”准则:算法机制下的新媒体赋权 *

——基于两种对立观点形成过程的分析

Traffic Criterion: New Media Empowerment under Algorithmic Mechanism

—An Analysis of the Formation of Two Opposite Conclusions

◈ 党明辉 **

Dang Minghui

摘要:基于互联网用户行为数据,学者们检验了网络媒介市场的幂律分布特征,乐观者得出了互联网技术完成了新媒体赋权、悲观者却得出了互联网社会完成了更为深刻的集权统治的结论。本研究层层解析了这两种相反结论的形成过程,发现相反的研究结论来源于二者分别观察到了相反的幂律分布变化趋势,而相反的变化趋势却共同来源于对网络“流量”的追逐。以“流量”为准则的新媒体赋权,强化了网络用户的消费者身份,其本质是商业与技术的合谋下媒介对用户的控制与宰制。

Abstract: Based on the data of Internet users' behavior, scholars have tested the power-law distribution characteristics of the Internet media market. Optimists have concluded that Internet technology has completed the empowerment of new media, while pessimists have concluded that Internet society has completed a more profound centralized rule. This study analyzes the formation process of these two opposite conclusions, and believes that the opposite conclusion comes from the fact that the opposite power law distribution trends are observed, while the opposite trends are derived from the pursuit of network "traffic". The empowerment of new media based on "traffic" strengthens the

* 本文系国家社会科学基金重大项目“大数据时代计算传播学的理论、方法与应用研究”(项目编号:19ZDA324)成果。

** 党明辉,西北大学新闻传播学院副教授。

consumer identity of Internet users. Its essence is that the media controls and dominates users under the collusion of commerce and technology.

关键词:新媒体赋权,幂律分布,网络"流量",平台媒体,"算法"推介

Keywords:new media empowerment, power-law distribution, network "traffic", platform media, "Algorithm" promotion

一、引言:新媒体赋权的两种对立观点

几乎从互联网扮演媒体角色的那一刻起,乐观者就将其视为民主社会的未来,认为互联网是一个去中心化的结构,每个人都可以建设自己的网站,发出自己的声音。互联网是最为民主化的发明,其对民主进程的意义甚至远胜于印刷机(Trippi,2005)。互联网技术为普通民众提供了更多的表达方式和表达权力,由精英来决定什么是新闻这一权力作为一种制度已经被打破了,发布文本的能力和权威在互联网时代已经完全民主化了(Hewitt,2005)。

然而,伴随着互联网的飞速发展,网络似乎并没有人们想象的那么民主,被视为民主希望的网络技术反而形成了对民主的威胁。当前社会的互联网媒介被高度控制于少数几家互联网公司,如美国的谷歌、脸书、亚马逊,中国的BAT、今日头条等。互联网用户不只丧失了选择权,同时也丧失了更多的隐私权力。自媒体人甚至发出了互联网已经"完蛋了"的感叹,认为互联网社会完成了再中心化,"互联网已经完全错了","普通用户和互联网公司、资本市场一起,创造了历史上最大的笼子,并且成功把自己关了进去"(霍炬,2017)。

学者们立足于不同的研究视角阐释了各自的观点,乐观者认为互联网赋予了普通多数更为平等的权力,完成了新媒体赋权,悲观者认为互联网创造了新的不平等,完成了更为深刻的集权统治。吊诡的是乐观者和悲观者都基于互联网用户行为数据,检验了互联网媒介市场的幂律分布特征,但却得出了完全相反的两种观点。本研究以此为研究切入点,探讨矛盾性结论背后的原因机制,以期能够在前人研究基础上对互联网赋权问题做出新的阐释。

我们层层解析了两种相反结论形成的过程:①基于对互联网幂律分布曲线的解读,乐观者和悲观者得出了"平权或集权"的观点;②"平权或集权"的观点来源于乐观者和悲观者各自发现了"平缓或陡峭"的幂律分布;③"平缓或陡峭"的幂律分布来源于二者观察了"不同类型的研究对象";④"不同类型的研究对

象”共同遵守了“流量”准则。即以“流量”为准则,“不同类型的研究对象”产生了“平缓或陡峭”的幂律分布,进而使得乐观者和悲观者得出了“平权或集权”的观点。乐观者和悲观者之间的对比情况如表1所示。

表1 乐观者和悲观者之间的异同

	乐观者	悲观者
不同	认为互联网赋予了普通多数更为平等的权力	认为互联网完成了更为深刻的集权统治
	发现了更趋于平缓的幂律分布	发现了更趋于陡峭的幂律分布
	以消费产品为研究对象	以新闻产品和平台媒体为研究对象
相同	消费产品的平缓化分布趋势来源于对网络“流量”的追逐	新闻产品和平台媒体的陡峭化分布趋势来源于对网络“流量”的追逐

二、相反的幂律分布变化

(一)平权或集权:对互联网幂律分布曲线的两种解读

1897年,经济学家佛雷多·帕累托(Vilfredo Pareto)研究发现,大约20%的人口掌握了80%的财富,占人口绝对多数的群体却只占有了社会总财富的绝对少数,并据此提出了著名的二八定律。1932年,语言学家乔治·齐普夫(George Zipf)的研究也发现了类似的规律,少数词汇经常被使用,而大多数词汇却很少被用到,把单词出现的频率按由大到小的顺序排列,用1除以每个词在所有词汇中的应用率排名的常数次幂,所得到的结果与这个词出现的频率呈现正比关系。二八定律和齐普夫定律所描述的现象都符合简单的幂函数,统称为幂律分布(power-law distribution),其通式可写成 y=c * x^(−r),其中 x、y 是正的随机变量,c、r 均为大于零的常数。

21世纪,学者们基于互联网用户行为数据研究了受众的注意力分布,检验了互联网媒介市场的幂律分布特征,但却得出了截然相反的结论。克里斯·安德森(Chris Anderson)发现了互联网的幂律分布特征,认为互联网创造了一条长长的尾巴,尾部的产品一旦汇聚起来,完全可以创造一个媲美于头部产品的大市场。安德森据此提出了互联网社会的长尾理论,强调不重要对象(即普通多数)在整体中的重要作用,认为互联网社会的权力更加分散了,互联网媒介赋予了普通多数更加平等的权力。马修·辛德曼(Matthew Hindman)等学者同样发现了互联网媒介市场的幂律分布特征,但却得出了与安德森完全相反的结论。辛德曼(2016)关注了互联网幂律分布中更加强烈的二八定律特征,强调少数对象在整体中的决定性作用,认为互联网社会的权力更加汇聚了,互联网并没有赋予普通多数平等权力,反而促使了更为深刻的集权统治。

(二)平权或集权观点的依据

1.不被截断的网络市场

同样发现了幂律分布特征,为什么会形成截然相反的两种观点?安德森对此做出过解释,他认为普通多数能够获得更加平等的权力的原因在于互联网创造了一个不被截断的网络市场。传统时代,"货架"限制了尾部产品进入市场,使得传统社会的幂律分布呈现出二八定律特征。互联网时代,网络使地域的概念从文化、历史和地理意义中解脱了出来,打破了以往的空间障碍,实现了对现实空间的生产,也实现了空间关系的共享和再造(刘涛,2014)。"流动空间"打破了现实空间的限制,跨地域社会关系的激活也创造了功能意义上的空间,解决了传统市场中"货架"的稀缺性问题。互联网社会中尾部市场不再被截断,使得尾部产品能够更为充分地进入市场,并产生完全可以媲美于头部的价值,呈现出长尾理论特征(安德森,2015)。

2. 不同的幂律分布曲线

辛德曼对安德森的解释提出了质疑,认为互联网的幂律分布中,尾部被进一步边缘化,根本无法产生影响价值,最小的信息出口加起来能够获得大多数的"流量",这根本不符合实际,而且还和实际相差很远。辛德曼明确指出:"克里斯·安德森及其他人的问题在于,他们没搞清楚所考察的现象的规模;他们将长尾巴就当成了整个的一条狗。"(辛德曼,2016)

安德森发现大热门和冷门之间的差别没有被放大,长尾市场是一个比财富分布曲线更为平坦化的曲线(安德森,2015),在幂律函数 y=c * x^(-r)中,r 值是一个小于财富分布曲线 r 值的常量。辛德曼(2016)发现用户浏览模型和搜索引擎都将用户送至已积聚了绝大多数链接的那些站点,网上资源甚至比帕累托发现的财富分布更为聚集化,在幂律函数 y=c * x^(-r)中,链入链接会产生 r 约等于 2.1 的数值,链出链接会产生 r 约等于 2.7 的数值,互联网幂律分布曲线的 r 值是一个大于财富分布曲线 r 值的常量(Adamic,2000)。

(三)陡峭或平缓:相反的幂律分布变化趋势

为了直观比较安德森和辛德曼所发现的不同的幂律分布曲线,在幂律函数 y=c * x^(—r)中,我们用 r 等于 1 的幂律分布曲线表示传统时代二八定律所描述的不均衡分布状态,并以其作为对比标准,可以发现 r 小于 1 的幂律分布曲线趋于平缓分布,r 大于 1 的幂律分布曲线趋于陡峭分布。如图 1 所示,实线表示传统时代所描述的不均衡分布状态,虚线表示幂律分布趋于陡峭(r 值越大)的情况,点虚线表示幂律分布趋于平缓(r 值越小)的情况。安德森描绘的长尾特征出现在网络不被截断,幂律分布曲线趋于平缓的条件下(如点虚线所示),辛德曼描绘的聚集化特征则出现在幂律分布曲线趋于陡峭的情况下(如虚线所示)。

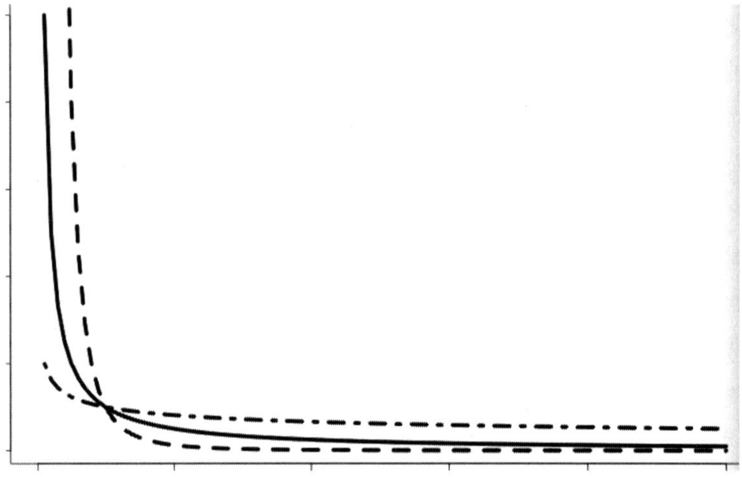

图 1　相反的幂律分布变化趋势示意图

为了检验上述理论模式,我们采用无标度网络(BA)模型模拟行动者网络市场,探讨行动者被不同程度截断时网络市场幂律分布函数的陡峭程度(r 值)的变化趋势。设定测试网络的总节点数为 5,000 个,探讨 5,000 个节点全部进入网络市场,以及有 1,000、500、200、100、50 个节点进入网络市场时的 6 种情况,用以代表总体网络市场被不同程度截断的情况。每种设定条件下各进行 100 次模拟实验,共计得到 6×100 个无标度网络模型。将网络市场中占据资源数前 20%的节点作为头部,占据资源数后 80%的节点作为尾部,头部与尾部的比值视为网络市场的聚集化程度,观测网络市场聚焦化程度与是否被截断之间的关系。拟合每个模型的幂律曲线,得到各自的 r 值,观察 r 值与不同截断情况之间的关系。

研究发现,市场被截断时资源更多地聚集于头部。各种被截断的情况下,头部与尾部的比值均大于网络市场不被截断时的情况,且在 0.001 水平上均达到了显著差异,截断越多时比值的离散化程度越高。6 种情况下头部与尾部比值的平均值(M)、中位数(Mdn)、最大值(Max)、标准差(Sd)的统计值如表 2 所示。

表 2　不同情况下头部与尾部的资源比值

头尾比	50	100	200	500	1,000	5,000
M	1.409297	1.493818	1.494843	1.451501	1.386960	1.143167
Mdn	1.407979	1.469611	1.486145	1.452289	1.385024	1.143883
Max	2.176282	2.055085	1.758573	1.645378	1.516703	1.165944
Sd	0.267919	0.181282	0.126816	0.086760	0.048476	0.010013

市场被截断时幂律分布曲线的 r 值均高于不被截断时的情况,且在 0.001 水平上均形成了显著差异。截断比例越高时,r 的平均值越高,离散度也越高。测试的所有模型中,r 值分布于 1 的两侧,最大 1.74,最小 0.43,5,000 个节点的网络市场不被截断时的平均 r 值为 0.45。6 种情况下 r 值的平均值、中位数、最大绝对值(即幂指数最小值,Min)、标准差的统计值如表 3 所示。

表 3　不同情况下的 r 值

幂指数(—r)	50	100	200	500	1,000	5,000
M	—1.23142	—1.106550	—0.841786	—0.641311	—0.550887	—0.454181
Mdn	—1.223537	—1.107949	—0.841221	—0.642206	—0.549778	—0.455053
Min	—1.741723	—1.371318	—0.961587	—0.735345	—0.595267	—0.487358
Sd	0.265707	0.090113	0.042405	0.027443	0.016188	0.011819

研究结果表明,网络市场被截断时,头部会出现更为聚集的分布,幂律曲线的 r 值会有增长的趋势,且截断比例越大时,r 值越大。研究结果能够解释安德森和辛德曼等人不同的研究结果,安德森观察了互联网时代不被截断的网络市场,发现了趋于平缓的长尾分布特征,辛德曼则观察了互联网时代被截断了的网络市场,发现了更趋陡峭的汇聚分布特征。

三、“流量”准则:相反幂律分布变化的共同来源

(一)不同类型的研究对象:平缓或陡峭变化趋势的来源

安德森分析了 RealNetworks 公司的音乐下载情况,分析了电影市场的排片情况、分析了乐高、面粉等产品,证明了其所主张的长尾分布特征。辛德曼考察了网络“流量”的整体分布,考察了新闻和媒体站点的访问量,考察了政治性站点的访问量,证明了其所强调的网络聚集特征。

不难发现,安德森的视角聚集在一般性消费产品(以下简称消费产品)上,而辛德曼等人的视角聚焦在新闻产品和平台媒体上。安德森发现了更趋平缓的幂律分布特征,大量的非热门产品汇集在一起可以产生与优势产品同等的市场价值。长尾理论中,消费产品的样式具有了多样性,同一产品的不同样式都能找到其相应的受众,网络媒介营造了一个多样性的选择环境,“丰饶世界”使得网络媒介市场的注意力曲线更趋平坦。辛德曼等人发现了更趋陡峭的幂律分布特征,网络受众实际更多聚集在极少数顶级媒体那里,少数受欢迎的媒体能够获得大部分的关注,不太成功的媒体或个人则几乎不能获得任何关注。互联网社会的整体注意力分布、新闻和媒体站点的注意力分布,以及政治倡议群落的注意力分布中,都出现了中间等级缺失的现象,信息比以往更加紧密地汇集于少数头部媒体(辛德曼,2016)。大量的新闻产品聚焦于少量的内容及相似的报道视角,窄化了新闻议程、新闻信息源以及媒介观点(特纳,2011),使新闻产品的网络市场呈现出陡峭分布特征。

基于以上分析可以得出,互联网解放了货架,使得消费产品的网络市场不被截断,消费产品的幂律分布曲线趋于平缓,呈现出安德森所述的 r 小于 1 的长尾分布特征(见图 2)。然而,互联网并不能解放人的时间,受限于人的注意力的新闻产品和平台媒体越是在社会网络无限扩大的情况下越会被严重截断,因而呈现出辛德曼等人所述的 r 大于 1 的汇聚分布特征(见图 3)。

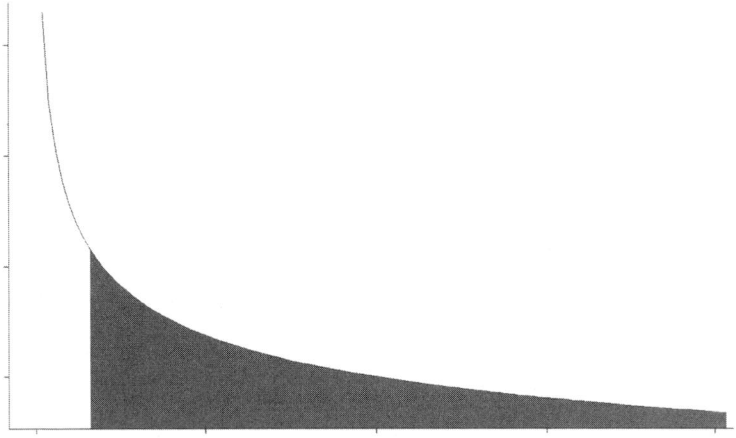

图 2　消费产品的长尾分布特征

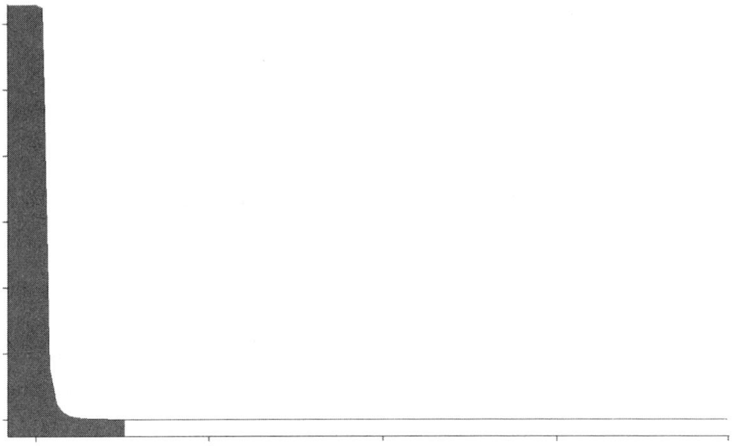

图 3　新闻产品等的陡峭分布特征

（二）“流量”准则：不同类型对象的共同准则

不同类型的研究对象（消费产品和平台媒体、新闻产品）呈现出两种完全相反的幂律分布变化趋势，但却共同来源于对网络“流量”的追逐。算法机制下，“流量”成为互联网媒介市场的价值衡量标准，以“流量”为纽带，平缓的消费产品分布特征、陡峭的平台媒体分布特征、陡峭的新闻产品分布特征三者之间具有了内在统一性，互联网技术完成了以“流量”为准则的新媒体赋权。

1.“流量”：算法机制下的价值衡量标准

算法是根据所收集到的用户行为数据，挖掘用户的兴趣偏好、行为习惯等特征,实现针对性推介的一套数据模型体系。算法推介引起万众瞩目是从将算法运用于新闻传播领域开始的(张香萍,2019),但算法早已有之,受众市场调查就是传统媒体时代的算法,大数据技术所带来的,无非是更加封闭、更加强大的受众调查算法(吴靖,2019)。算法推介也早已被各平台所采用,搜索引擎、购物网站、社交媒体,这些领域的互联网企业早已率先将算法应用于所要搜索的信息推介、可能需要的产品推介、有共同兴趣爱好的朋友推介等方面。

算法机制下,“流量”成为互联网媒介市场的价值衡量标准。算法能够成为新闻生产与分发的核心竞争力,根源在于其迎合受众需求,能够增强受众的黏性(张军辉,2019),吸引更多的“流量”和用户(史亮,2019)。传统媒体时代的编辑把关,把的是“质量关”,新媒体时代的算法把关,把的则是“流量关”(罗昕,2019)。依靠算法完成分发的平台媒体“一切围着流量转,唯点击量、转发量马首是瞻”(人民网,2017),以极致的“流量”价值作为开发算法的目标(张香萍,2019)。消费产品平台媒体靠算法精准推送有利可图的商品目录以刺激用户消费,新闻产品平台媒体依据算法推送投受众所好的内容以赚取“流量”(江作苏,2019),但无论是广告推荐还是对内容的推荐,都是因为“流量”能够变现(尚帅,2018)。

2. 消费产品和平台媒体之间相反的变化趋势共同来源于对“流量”的追逐

消费产品的平缓分布来源于对网络“流量”的追逐。消费产品是与“货架”紧密联系的商品,具有空间制约性隐喻特征,增加“货架”意味着成本的提升。传统时代,受“货架”限制,能够满足普通受众多样性需要的个性化产品落在了“科斯地板”[①]之下。为了实现利润的最大化,企业供给尽可能满足受众共性需求的产品,因而传统时代企业供给的消费产品是标准化、去个性化的产品,呈现出“二八”分布特征。互联网传播环境下,空间限制性的打破,“货架”稀缺性的解决,“科斯地板”的降低,使得企业可以经营更加具有多样性的产品。为了抢占“流量”市场,企业除供给能够满足共性需求的同质性产品外,同时还供给个性化产品,促使互联网时代的消费产品呈现出长尾分布特征。

平台媒体的陡峭分布同样来源于对网络“流量”的追逐。网络解放了“货架”,使得各类产品能够进入市场,在网络空间中找到其消费群体,使得产品的分布曲线越来越趋于平缓。与此同时,互联网解放了“货架”限制,也使得平台

① 罗纳德·科斯(Ronald Coase)提出,指能够满足个性化需求的产品虽然具有商业价值,但企业为了实现这种商业价值需要投入过高的组织成本,导致并没有企业自愿予以实施,可以认为这种个性化需求落到了“科斯地板”之下(舍基,2015)。

媒体能够经营更多的产品(如安德森所研究的 RealNetworks 公司),并以其企业声望帮助各类产品更便捷地找到消费群体,帮助受众更便捷地获取具有差异性的消费产品。为了获得更大的商业价值,平台媒体以普通用户为追逐对象抢占着互联网"流量"市场,优势企业不但能够更有力地占有优质市场,同时还能更有效地占领利基市场。平台媒体进行着多样性经营,为普通用户提供能够满足自身需求的各类产品,促使了更趋平缓的产品分布特征,但同时也汇聚了更多的产品机构。在对"流量"市场的追逐中,互联网零售市场更加强烈地汇聚到了淘宝网、京东商城、亚马逊等极少数消费产品类平台媒体,互联网信息产品更加明显地汇聚到了谷歌、百度、今日头条等极少数信息产品类平台媒体。

3.新闻产品的陡峭变化趋势同样来源于对"流量"的追逐

互联网的传播模式及媒介评价体系下,新闻生产以"流量"为导向,影响了新闻内容的多元化分布特征。传统时代的新闻产品,经由意见领袖的两级传播到达最终受众,意见领袖是新闻产品的重要受众群体。以意见领袖为重要受众群体的新闻产品,在一定程度上需要制造精英分子和普通大众之间的区隔,促进了新闻产品的公共性、深刻性、领先性、多样性、完整性等特征。新媒体传播环境下,媒介内容的直接受众从意见领袖转向了普通用户,传播模式从两级传播转向了"网络(network)传播"或"一级传播"(Katz,2017)。信息传播环境的对称化消解了意见领袖价值观传播中的先天优势,信息搜索技术的发展消解了意见领袖信息传授能力上的一些先天优势,意见发表的均权性特征使得意见领袖在传播渠道上的可用社会资源与普通受众趋于对等(杜骏飞,2001)。"一级传播"模式跃过了传统意义上的意见领袖,或者使意见领袖从人群中具有崇高地位的精英分子降维为网络空间中的活跃分子,普通用户成为媒介内容的直接受众,成为媒介意见的解读者和生成者。在意见领袖与社会地位以及精英群体之间失去勾连的传播模式中,媒介的审阅者、评价者,媒介的评价标准发生了转化,能够直接获取到的人口基数成为新闻产品的评价标准,使得新闻生产以"流量"为导向,媒介内容更多聚焦于普通大众的共性需求而忽视了新闻产品的多元价值。

此外,相比于受"货架"等物理空间限制的消费类产品,新闻产品更多地受制于人们的注意力,具有时间制约性隐喻特征。互联网技术对"货架"的释放并不能创造出更具多样性的新闻事实,也不能创造出更具多样性的新闻视角。恰恰相反,空间限制性的释放促使信息产品极大丰富,反而使得时间更为紧缺,受众的注意力成为更为可贵的资源。为了在海量的信息产品中迅速引发受众关注、获得网络“流量”，新闻产品则更倾向于选取最醒目、最符合受众已有观念的、最能满足受众共性需求的内容，更倾向于提供一套相对单一的思维方式。2017 年 11 月，新京报《局面》栏目发布了一系列当事人采访视频，将“江歌案”重新带回公众的视野。《局面》虽然秉持了客观性报道原则，但舆论却并没有在客观理性的路径上发展，“东七门”“咪蒙”“视觉志”“她刊”等公众号迅速占据了舆论高地，议题视角在“流量”的导引下迅速汇聚于情感宣泄和道德审判。新榜统计了阅读量、点赞量双高的文章，发现大号通过矩阵发布使得“流量”产生了聚拢，最多阅读量和被关注的文章中，有多篇来自同一个团队。尽管热文来自不同的圈层，但却有着相似的报道角度，并且均在标题中呈现出了强烈的情绪冲突(二维酱，2017)。

四、控制与宰制：“流量”准则下新媒体赋权的本质

以“流量”为准则的新媒体赋权，凸显了网络用户所具有的“流量”价值，强化了网络用户的消费者身份，却并未赋予网络用户作为人的“自由”权力，其本质是商业与技术的合谋下媒介对用户所实施的控制与宰制。

1.以“流量”为准则的个性化产品(消费产品)供应体系中，媒介完成着对用户的商业控制与宰制

后现代社会是一个消费主导的社会，对物的消费聚焦于物的符号意义(陈力丹，2007)，人们在个性化的消费权力的满足过程中，不是对产品的使用价值有所需求，而是对个性化产品所赋予的符号意义有所需求，人们的消费异化为符号控制下的消费。消费产品的长尾分布特征满足了普通用户多样化的物质需求，赋予了用户个性化消费的权力。但也不容忽视，这种个性化的消费抑制了符号价值以外的多元思考，“处身于技术统治的强力阴影下，有可能被终结的主体意志，将使得一种主体间的交往维度被彻底抹杀，代之以一种‘数据搜索者—信息’的主客模式”(袁光锋，2015)，实则让用户沦为符码操纵下的单向度的人。不仅如此，个性化消费推荐还将用户置身于“超级全景监狱”之中。获取个性化消费推荐的过程中，用户随时随地、无时无刻不处于网络媒介的监控之中，个人数据收集的维度越多、时间越长、信息越完整，推荐也就越准确。相比于福柯的“全景监狱”概念，波斯特提出的“超级全景监狱”概念，用以特指互联网数据库技术下的权力技术统治模式，是一种全新的模式。这种监视更加隐蔽且无处不在，权力的毛细血管会触及社会的每寸空间(张金鹏，2007)，处于“超

级全景监狱”中的人成为被“算计”的人，被施以“温和的暴力”，但却甚至意识不到自己处于“监禁”之中（江作苏，2019）。

2.以“流量”为准则的聚集化对象（媒介平台、新闻产品）运行体系中，媒介实现着对用户的控制与宰制

算法原本只是一种数据处理技术，本身并不具有权力，在技术无意识的层面上运作，但将算法应用于媒介市场，并且产生了以“流量”为准则的媒介运行体系，则勾连了技术与政治经济之间的意义，使得以“流量”为准则的媒介算法不只是一种技术，而且还包含了意识形态。哈贝马斯在其新近出版的《技术官僚统治的漩涡》一书中认为，技术精英已经接管了国家的权力，并修改了民主统治的形式（曹卫东，2014）。以“流量”为准则的媒介遵循大数法则而非新闻价值，机器成为新闻把关人和议程设置者，鄙俗化媒介内容（鸡汤、八卦、段子等）、即时报偿新闻（暴力、犯罪、丑闻等）由于点击量多而更趋于煊赫一时，具有公共价值的延期报偿新闻由于点击量少而更趋于沉默，大众媒介出现了类似于劣币驱逐良币的“瓦釜效应”（杜骏飞，2018），媒介市场实现着对用户权力的异化；以“流量”为准则的媒介遵循商业逻辑而非新闻作为社会公器的公共理性，丧失公共性的新闻，不但不能带来真正意义上的个性化和多样性，还势必阻断不同阶层、不同群体之间的沟通与交流，从而使公共领域出现再封建化趋势（吴献举，2018）；占据“流量”的少数强势媒体不仅能够通过“流量”测量结果评估潮流，还能在人类的从众心理、羊群效应影响下通过“流量”测量结果创造潮流，使得具有自主选择权的用户心甘情愿地受潮流摆布（韦伯斯特，2017），在算法黑箱下进入媒介所营造的信息茧房之中，成为媒介技术所控制的客体。互联网在技术层面赋予了普通民众平等表达的权力，但却在社会文化层面剥夺了多样性表达能够被对等传播的权力，在技术与商业的合谋下，普通民众以资本所鼓励的方式完成着民主参与，进行着公共表达，新媒体赋权的实质是资本在追逐商业价值的过程中，以技术层面的民主形式实现着社会文化层面对网络用户更为深刻的控制与宰制。

五、结语

综上，乐观派和悲观派发现了互联网具有更趋平缓或更趋陡峭的幂律分布特征，两者之间并不矛盾，而是对立统一的关系，共同以获取网络“流量”为准则。互联网社会的新媒体赋权，赋予了普通用户作为网络“流量”的权力而非

“自由”的权力，是以赋权的形式达成着对网络用户控制与宰制的实质。

参考文献

曹卫东（2014），《开放社会及其数据敌人》。《读书》，第 11 期，页 73-80。

陈力丹、陆亨（2007）。《鲍德里亚的后现代传媒观及其对当代中国传媒的启示——纪念鲍德里亚》。《新闻与传播研究》，第 3 期，页 75-79，97。

杜骏飞（2001），《泛传播的观念——基于传播趋向分析的理论模型》。《新闻与传播研究》，第 4 期，页 2-13，95。

杜骏飞（2018），《“瓦釜效应”：一个关于媒介生态的假说》。《现代传播（中国传媒大学学报）》，第 10 期，页 31-36。

二维酱（2017 年 11 月 14 日），《江歌惨案刷屏，我们接近了正义还是远离了理性?》。引自 http://www.sohu.com/a/204443066_119043。

格雷姆·特纳（2011），《普通人与媒介》（许静译）。北京：北京大学出版社。

霍炬（2017 年 8 月 3 日），《互联网完蛋了，已经》。引自 https://mp.weixin.qq.com/s?src = 11&timestamp = 1568009733&ver = 1841&signature = WZwyv3jmqJxIbSgiRnW1-lP32mnkEjxf4NTl3eCj-a9EJez7C60YU5ahBXZRIr45sPuKvP * U * tgOOFpiUJTaa-hoPQgQJqEo * JGu0 * rudDj5r0jLIptL3RnHaAvKHpJsx&new=1。

江作苏、刘志宇（2019），《从“单向度”到“被算计”的人——“算法”在传播场域中的伦理冲击》。《中国出版》，第 2 期，页 3-6。

克莱·舍基（2015），《人人时代：无组织的组织力量（经典版）》（胡泳、沈满琳译）。浙江：浙江人民出版社。

克里斯·安德森（2015），《长尾理论：为什么商业的未来是小众市场》（乔江涛、石晓燕译）。北京：中信出版社。

刘涛、杨有庆（2014），《社会化媒体与空间的社会化生产——卡斯特“流动空间思想”的当代阐释》。《文艺理论与批评》，第 2 期，页 73-78。

罗昕、肖恬（2019），《范式转型：算法时代把关理论的结构性考察》。《新闻界》，第 3 期，页 10-19。

马修·辛德曼（2016），《数字民主的迷思》（唐杰译）。北京：中国政法大学出版社。

人民网（2017 年 10 月 5 日），《不能让算法决定内容》。引自 https://opinion.people.com.cn/n1/2017/1005/c1003-29572906.html。

尚帅（2018），《传播的兴趣偏向和浑然不觉的符号暴力——基于〈今日头条〉的算法控制研究》。《现代传播（中国传媒大学学报）》，第 10 期，页 58-62。

史亮（2019），《“算法”时代新闻推介的利与弊》。《传播与版权》，第 1 期，页 22-24。

吴靖（2019），《“算法”具有自由意志吗？——算法主导社会行为背后的几个悖论》。《中国出版》，第 2 期，页 7-11。

吴献举(2018),《聚合媒体的新闻生产:方式变革、社会影响与优化路径》。《编辑之友》,第6期,页63-67,72。

袁光锋(2015),《“政治算法”、“幻影公众”与大数据的政治逻辑》。《学海》,第4期,页49-54。

詹姆斯·韦伯斯特(2017),《注意力市场:如何吸引数字时代的受众》(郭石磊译)。北京:中国人民大学出版社。

张金鹏(2007),《超级全景监狱:信息方式下的权力技术——波斯特论信息方式下的统治模式》。《南京社会科学》,第8期,页40-45。

张军辉、沈宇(2019),《理想的彼岸抑或意义的迷失:算法驱动新闻社会责任反思》。《中国出版》,第4期,页14-19。

张香萍、李军(2019),《新闻算法推送的困境、出路与展望》。《编辑之友》,第4期,页86-90。

Adamic L. A., Huberman B. A., Barabasi A. L., Albert R., & Bianconi G.(2000). Power-Law Distribution of the World Wide Web. *Science*,287(5461),1215.

Hewitt, S. (2005). *Blog: Understanding the Information Reformation That's Changing Your World*. Nashville, TN:Nelson Books.

Katz E., & Fialkoff Y.(2017). Six Concepts in Search of Retirement. *Annals of the International Communication Association*, 41(1),86-91.

Trippi, J. (2005). *The Revolution Will Not Be Televised: Democracy, the Internet, and the Overthrow of Everything*. New York: Regan Books.

图书在版编目(CIP)数据

中国网络传播研究．计算传播/夏倩芳主编.--北京:中国传媒大学出版社，2020.11
ISBN 978-7-5657-2846-4

Ⅰ.①中…　Ⅱ.①夏…　Ⅲ.①网络传播－中国－文集　Ⅳ.①G206.2-53

中国版本图书馆 CIP 数据核字(2020)第 232066 号

中国网络传播研究:计算传播

ZHONGGUO WANGLUO CHUANBO YANJIU:JISUAN CHUANBO

主　　编　夏倩芳
责任编辑　蒋　霞
特约编辑　于水莲
封面设计　宇宙尺度
责任印制　李志鹏

出版发行　中国传媒大学出版社
社　　址　北京市朝阳区定福庄东街 1 号　　**邮　　编**　100024
电　　话　86-10-65450528　65450532　　**传　　真**　65779405
网　　址　http://cucp.cuc.edu.cn
经　　销　全国新华书店

印　　刷　北京玺诚印务有限公司
开　　本　787mm×1092mm　1/16
印　　张　15.25
字　　数　263 千字
版　　次　2020 年 11 月第 1 版
印　　次　2020 年 11 月第 1 次印刷

书　　号　ISBN 978-7-5657-2846-4/G·2846　　**定　　价**　70.00 元

本社法律顾问:北京李伟斌律师事务所　郭建平